Heibonsha Library

柳田國男民主主義論

平凡社ライブラリー

Heibonsha Library

柳田國男民主主義論集

大塚英志編

平凡社

本書は平凡社ライブラリー・オリジナル編集です。

底本には『柳田國男全集』（筑摩書房、一九九八―二〇一五年）を用いました（各文末尾の書誌情報は初出媒体）。なお、「日本人の教育に社会科は必要である」「選挙と政治（小学校社会科教科書）」「選挙と政治（学習指導の手引）」は、各文末尾の書誌を底本としました。

表記は新字新かなづかいに改め、読みにくいと思われる漢字にはふりがなをつけています。

また、今日では不適切と思われる表現については、作品発表時の時代背景と作品価値などを考慮して、原文どおりとしました。

序　柳田國男を読み直すことは民主主義を取り戻すことである。

民俗学者として一般に知られる柳田國男は、その晩年である一九六〇年五月、公的な場（といってもそれは彼が多感な少年期を過ごした村からそう遠くない場所での小さな集まりだった）で「日本民俗学の頽廃《たいはい》を悲しむ」と題する講演を行ったとされている（本書末尾に収録）。聞き手は地元の教員が中心だった。

死の二年前である。

柳田はその晩年、彼の創り上げた学問が彼の望んだものとは違う形になってしまったことに憤っていたとされ、そのことが伝わってもくる題名である。聴衆の一人によってノートがとられ、息も絶え絶え、という印象だが、その最後の方にこうある。

憲法の芽を生やせられないか

民俗学者・柳田國男の公の場での彼の学問への絶望がこのように結ばれていることにまず驚いてほしい。

日本の民俗学は一九八〇年代に「落日」と揶揄され、今や妖怪研究の代名詞となり、アニメやラノベの「妖怪」キャラクターのソースとさえ化している。一方では、柳田を近代化の過程で失われていく民間伝承などの日本文化を記録保全しようとした、伝統主義者だとみなす表層的な理解がある。

だから、柳田國男という人とその学問は、気がつけばひどく見えにくくなっているのだ。柳田國男のこの「憲法」についての最後の呟きは、このような柳田や彼の学問のパブリックイメージとは全く一致しないだろう。あるいは、この最後の呟きを知って、今の人々はあるいは柳田をありふれた戦後民主主義者、「サヨク」だと穿った見方さえするかもしれない。しかし柳田は明治国家の官僚であり、貴族院書記官長として大正天皇の即位礼をとり仕切った人物である。

それでは柳田は何故「憲法」について、あたかも遺言の如く呟いたのか。

一つには、柳田國男が「日本国憲法」の成立に具体的に関わった一人だという歴史的事実がある。柳田は最後の枢密顧問官として日本国憲法案についてその審議に立ち会っている。枢密院は明治憲法制定時にその草案審議のために創設された。明治憲法下に於いては天皇の最高諮問機関と位置付けられている。柳田は敗戦の翌年、一九四六年七月十二日、いわば最後の枢密顧問官の一人として任じられる（左図）。そして、戦後憲法、すなわち「日本国憲法」の草案の審議に関わる。その審議は形式上に近いものと従来されてきて、柳田の発言は公文書上には残っていない。しかし、明治憲法下の制度の中で戦後憲法の成立に立ち会ったことは少なくとも柳田國男という人にとって「形式上」に留まるものではなかった。「憲法の芽を生やせられないか」という遺言の如き呟きは、最後の枢密顧問官としての自負なり責任に柳田が最後まで貫かれていたことを物語っている。

しかし柳田の憲法への拘泥は、戦後憲法の成立にただ立ち会った、ということには留まらないものだとぼくは考える。つまりこの国の近代における民主主義の積極的な推進者の一人としての柳田國男がそこにはいる。推進者というよりは運動家といったほうが、あるいは実態にあっているかもしれない。そう書くと今日の読者の多くは困惑するやもしれない。しかし、柳田自身はその名で呼ばれることに最後まで積極的ではなかった「民俗学」は、少なくとも彼にとっては一貫して民主主義の運動としてあった。柳田の「学問」（という言い方を好んだ）は、明治期は農政学を軸とする社会政策論、大正末から戦後にかけては普通選挙下の主権者教育が「目的」であった。柳田の「学問」はこのような社会的目標を自明のように掲げる。そしてそれが実現可能な方法を提示する。大正デモクラシーの時期には朝日新聞論説委員として普通選挙の実現を説き、あるいは有権者になる青年層に日本中を駆けめぐり、語りかける。敗戦後は憲法と同様に枢密顧問官として、教育基本法の制定に立ち会い、普通選挙を実践できる有権者育成のために国語科と社会科の教科づくりに没頭もする。このように民主主義のために「使える」学問が、彼が目指したものである。そ

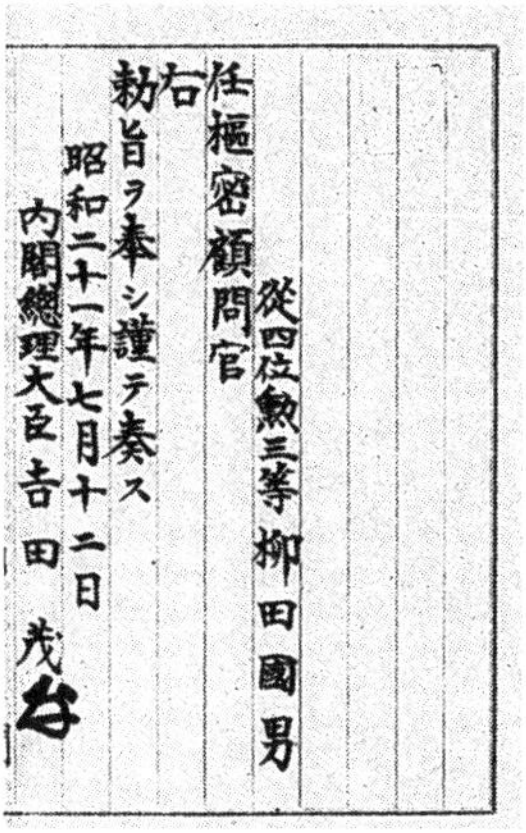
従四位勲三等 柳田國男
任枢密顧問官
右
勅旨ヲ奉シ謹テ奏ス
昭和二十一年七月十二日
内閣総理大臣 吉田茂

柳田國男の枢密顧問官任命状

れが今のアカデミズムとの根本的な違いである。こういう柳田観はあるときまでは自明で、そしてやがて見えにくくなったものだ。その過程はぼくにはこの国の戦後における民主主義の衰退の過程と確実に重なっているようにも思える。だから柳田國男をこのような視点から読み直すことは、この国が民主主義や、私たちがただなんとなくそこにあるが故に見失っている、普通選挙や私たち一人一人が主権者であるという意味を取り戻すことにつながると考える。そして何より明治後期から戦後に至る柳田國男のこのような営みを振り返ることで、この国の民主主義が戦後、占領軍に憲法とともに押し付けられたものでなく、きちんとした歴史の厚みを持つものだということが実感できるだろう。その果てに柳田の遺言とさえ取れる憲法発言が位置することがきっとわかるだろう。

本書はそのような柳田國男の遺言を理解する手立てとなる彼の論考をあつめ編集したものである。

大塚英志

二〇一九年十二月

目次

第四章　いかに選挙民をそだてるか――柳田國男の社会科教育

終章

一等むずかしい宿題

第一章　政治の圏外にいる人びとを投票場に連れ出す

——柳田國男の大正デモクラシー

青年と学問 より

公民教育の目的

最近に諸君と会談してから、早既に三年あまりを過ぎた。あの後日本には色々の事が起り、好い事もあったが好くない事の方が多かった。自分としてもこの三年の間に、少々弱ったと見えて生活が可なり重荷である。それにも拘らず、曾て我々が民族の前途の為に、幽かなる一道の光明の如く感じて居たものが、この三年間にも次第に成長して、世の中は大分明るくなって来た。通例人の通例の努力を以てしても、以前に比べると色々の事物が、稍《やや》はっきりと見えるようになった。智識の真の楽みが認められ又求められるようになった。学問のみが世を済うを得べしということを、信ぜざるを得ぬようになった。

なるほど我邦目前の社会相は、必ずしも美しく又晴れやかでは無い。人は皆互いに争って居る。欺き得べくんば欺かんとさえして居る。此形勢を以て押進むならば末は谷底であることは疑いの余地が無い。しかも最早打棄てては置けぬということと、在来の治療法では不十分であったことを、よほど多数の者が認めるようになったのである。此上は新らしい方法の発見、其次には必ず救おうという決心とを必要とするのみである。此二つのものに付ては、人々はまだ絶望しては居らぬ。ただ待遠しさの煩悶を見るばかりである。故に自分は救われるであろうと信ずる。

如何なる大災害の真中に於ても、日本の学問は進みつつあった。読み過ぎはせぬかと思うほど多くの書物が読まれ、講演なども少しは節約してはどうかと考えるほど盛んに催される。久しく外国に居て還って見ると、不良青年の増したのにも驚くが、純良なる研究者の多くなったことも見遁《みのが》すわけには行かぬ。そうして彼等が研究の傾向は、大体に於て悪くないと思う。

学問なんか何の為にするかという質問は、実はもと我々には不愉快なる軽蔑の言葉に聴えた。俗物め、何を言うか、凡そ人間の努力、人間の携わり得るほどの事業の中で、是が最も高い種類のものなのだ。実利世用の有無などは問うところで無いのだと、独りごとには言い切って居りながらも、実際は内心窃《ひそ》かに煩悶をした人が多かったのである。学問というものが、単に塵の浮世の厭わしい故に、暫しは之を紛れ忘れようとするような、高踏派の上品な娯楽であるか、はた又趣味を同じうする有閑階級に向って、切売小売を為すべき一種の商売であるならばいざ知らず、断じてその二つの何れでも無いことを信じながら、尚これほど眼前に痛切なる同胞多数の生活苦の救解と、未だ何等の交渉をも持ち得ないというのは、実は忍び難き我々の不安であった。それが此頃になってから、仮令《たとい》少しずつでも次第に其応用の途に目を著《つ》けようとして来たのである。

社会史の研究の如きは、何れの国でも一般に至って若い学問であるが、殊に日本に於てはつい近い頃まで、少しも進んで居なかったことは事実である。どの方面を向いても素女地《そじょち》ばかりで、耕すにつれて面白いほどの収穫があった。智識慾の多い者にはうっかりするとつい引込まれて、生涯を費してしまう程の珍しい発見が、そこに幾らでも転がって居た。しかも世の中からは、今頃そんな古い事を穿鑿《せんさく》して居る余裕があるかと言われ、又そう言われても一言も無いくらいに、煩雑なる現代社会相との間には、何の聯絡の途も得られなかったのである。

世の中の実務の方でも、年一年と学問から遠ざかって行くかの如き感がある。現に政治の方面などを見ても、故事や前例を引くような人は、多くは其説が迂愚笑うべきものであった。今日の実際に適切でない為に、人から軽く視られて居た。ところがよく考えて見ると、是には固《もと》より方法上の欠点もあったが、第一には世人が歴史の智識の応用を誤まって居たことが、此の如き悲しむべき疎遠を余儀なくしたのである。それから又斯ういう学問に対する世間の態度も、正しいとは言われぬように思う。史学は古い事を穿鑿する技術では決してない。人が自己を見出す為の学問であったのだ。がそういう風には自他共に考える人が少なかった。

現在のこの生活苦、若くは斯うして争い又闘わねばならぬことになった成行を知るには、我々の持つ所の最も大なる約束、即ち此国土この集団と自分々々との関係を、十分に会得する必要がある。それを説明する鍵というものは、史学以外には求め得られないのであった。我々が只漠然と国の姿と謂い、或は時代の風などと呼んで居たものを、具体的に理解する為には、何よりも先ず一個民族としての日本人を意識する必要があったのである。

今が今まで全然政治生活の圏外に立って、祈禱祈願に由るの外、より良き支配を求めるの途を知らなかった人たちを、愈々《いよいよ》選挙場へ悉《ことごと》く連れ出して、自由な投票をさせようという時代に入ると、始めて国民の盲動ということが非常に怖ろしいものになって来る。公民教育という語が今頃漸く唱えられるのもおかしいが、説かなければわからぬ人だけに対しては、一日も早く此国此時代、此生活の現在と近い未来とを学び知らしめる必要がある。しかもそれを正しく説明し得るという自信をもって居る人がそう多くないらしいのである。ここに於てか諸君の新らしい学問は、活きて大に働かねばならぬのである。

異人種観の改良

歴史の学問も現在の研究程度に止まって居るということは、無用なるのみか又有害でもあり得る。所謂軍事教育が日本人を「戦う国民」とするという懸念は、恐らく絶対に無いこととは思うが、少なくとも民族間の真の平和を、積極的に求めようとするには、是だけでは足りないことも確かである。我々は尚此以上に、公けに国際の正義を論じ得るだけの、力と自信とを養って置かねばならぬ。

申す迄も無く国防の第一線は、毒瓦斯《ガス》でもなければ潜水艇でも無い。先ず国と国との紛争を解決すべきものは、討論であり主張であり、不当なる相手方の反省であり屈伏であるわけだが、現在各国の持って居る国際道徳は、不幸にしてまだ我々の個人道徳と、同列にまでも進んでは来て居ない。省察もなければ悔悟も無く、また屢々《しばしば》曲解があり我執がある。今往古来是が為に無用の殺戮が行われ、亡びずともよい多くの国が滅んだ。而《しこ》うして敵を滅して之に由って栄えようとした国が、往々にして成功して居る。其結果戦争必要論は今以て有力なる政治家等の窃かに之を信ずる者が多いのである。併し世界一般から言うならば、もう沢山だと考え出したものが遥かに多数を占めて居る。遅々たる歩みには相違ないが、今や何か之に代るべき手段を発見しようということに、世の中がなって来たのである。代るべき方法はそう多く有るべき理由が無い。結局は自ら知り、互に今までよりも一段と精確に、争いの原因と結末とを考えて見ることの出来るようにするより以上、別に新奇なる発明があるべき筈はないのである。ところが所謂治乱興亡の跡を詳かにすという一つの学問が、如何なる理由があってか今日までは、まだ本当によく働いては居なかったのである。どの位完全に今ある史学の智識を消化しても、それのみではまだ平和本位の国際主義を、成立せしめるには足らなかった形がある。

過去の日本が此島々の中に於て、静かに仲よく一国限りの平和を楽しんで居た時代にも、外から来る者は皆敵なりと認め、日本国民でないものは皆一つに固まって恰《あた》かも舌切雀の婆の葛籠《つづら》の中から飛出す者の様に、いつかは寄ってたかって我々を犯すであろうと考えることは、無益にして且つ結局は損失であったが、いよいよ同胞がこの小さい島々に居りあまり、もう是から外へ出て何か仕事を見付ける他は無いという段になると、殊に其様な大ざっぱな異人種観は邪魔ものである。異人の中にも色々あって、顔でも言語でも服装でもする事でも千差万別である。傲慢で調子づいて居る者もおれば、遠慮ばかりして尚いじめられているのも居る。それが同じ国の者でも時と境遇によって、亦一様では無いのである。国と国との利害は錯綜して居り、彼等同士でもやはり争い又は和して居る。その間の交渉が日を逐うて面倒になり込入って来る上に、此方《このほう》の立場も人によって統一が無いわけで、斯うなると最早出先の外交官や、時の武人団の意向などに、和戦の判断の鍵を委ねて置くわけには行かぬ。国民自身が直接この重要なる根本問題を考えて見なければならぬ。即ち普選は言わば其為の普選であったのである。

それには何よりも先ず国と国との関係、殊に肝要なる一通りだけは、誰にでも知らせて置かねばならぬのであるが、是までは其方法と順序が当を得ず、我々の普通教育の外国地理などは、徒らに遠方の国の首府や人口などを暗記させて、却って目と鼻との間に在る隣の島に、如何なる人間が住み如何なる政治が支配して居るかをさえ説明しなかった。殊に面倒とは言いながら大切な知識が、あまりに専門の人に独占せられて居たのみか、他の部分には飛んだ誤解さえ打棄ててあったのである。国民は先ず最も平凡通俗なる方法を以て、既に知って居るべき筈の知識から、改訂をして貰う必要があるのである。

極端な一例をいうと、支那では古来の蛮夷思想がつい半世紀の前まで民間に横溢して居た。三千年近くも前からあった職貢図などの智識が、有識階級の一部をさえ支配して居た。飛頭蛮《ひとうばん》と謂って首だけ飛びあるく民族があると考えたり、或は所謂手長足長、腹に穴があって棒を通して担いであるくなどと、妖怪に近いもののように想像して何百代を経たのである。日本でも二百年前の和漢三才図会は、悉皆其画の受売で、それが一般国民の常識を構成した。碧眼紅毛の人が長崎に来て居て、折々江戸との間を往復した時代にも、尚見ぬ人々は有りとあらゆる空想を逞しくして居たのである。それが時代の変化で少し舶来を珍重し過ぎる今日となる迄の間に、段々に彼と我との相近いということだけは分って来た。尖っては居るが鼻はやはり顔の真中に在る。彼等も人であったということは、実は近世の一大発見であったのである。即ち打棄てて置くと人間の実験は、往々にして此の如く遅鈍なものであるが、しかも之に由って養い得た国際観念が、千百の鎖国攘夷論よりもより有効に、日本の立場を世界的に支持してくれたのである。

（『青年と学問』一九二八年四月、日本青年館）

普通選挙の準備作業

一

我々は屢次《るじ》新聞記者の口から、政治は芝居よりも面白いと云うことを聞きます。政治ほど真面目であるべきものを、芝居などに比較するとはけしからぬと申す人も、其実芝居を観ては時々泣き、政治に対しては常に其れ程の感動を受けることが無いのです。当節の政治は必ずしも真面目では無かったが、仮に大真面目であったにしても、尚観察者の之に対する態度では、歴史として視るべくあまりに現実味に富み、而も自然の力と人間の意思と感情とが、色彩鮮明に組合わされて行く政局の変化を、劇的の興味を以て迎えずには居られぬのであります。大戦以後は殊に此感が深い。例えば伊太利《イタリア》ではムッソリニの出現、近く其国会に対する掛引きの如き、まだ筋書を知らぬだけに、一層四幕目大切りを待って居る興味が深い。或は日本に好意を持って居る洪牙利《ハンガリー》の内政の如き、簡単な新聞電報だけでも、尚あわれに花やかなローマンスを繙《ひもと》く感がある。我邦最近二三年間の政局なども、渦巻から立離れて静かな同情を以て之を眺めると、やはり良い意味に於ての一種の芝居がかりでありました。

加藤首相の柩を送りて三日の後、世にも怖ろしい大地震大火事で、首府の市民が呻吟の声を放って居る中へ、咄嗟の間に計画を立てて山本伯の一団が乗込み、青山御所の芝生の上とかで、新内閣の部署を定めた。そうして第一着手には、大小の政党に対する方策を立て、やがて普通選挙即行の意の有ることを、非公式に新聞に公表せしめた。其当時私は西洋からの帰り途で、汽車汽船の中で見る小さな電報、かくれて届く日本の新聞に由って、後藤子であったか或は他の智慧者の案であったか知らず、兎に角こんな場合に場馴れた政治家の考え出しそうな、面白い一趣向を立てて現れて来た一幕には興味が深かった。数箇月の後には破綻百出で、とんと締めくくりの附かぬものにはなったが、最初の上場には中々よく考えた筋書が有って、此に天然の変化が錯綜して、更に一段とドラマチックであったのです。

あまり近い事で十分な批評もしにくいが、先ず第一に外国に出て居る者に、一般に奇異に感ぜられたのは、地震も無い前からの山本伯の挙国一致という語であった。挙国一致は結構だが、どうしてそんな希望を抱き得たかと云うのが不審であった。が後に考えて見ると、是は政友会に不一致即ち政局紛乱の責を負わせようとする為の、先手の一目らしく思われました。少しく小刀細工の嫌いはあったが、政府に普選を即行するの意があることを公表して置いて、之を政友会に反対させようとしたのは、今の世の政治家らしい遣り口でありました。政友会も永らく尚早論を唱えた手前もあり、殊に本来が敵党の主張に基く選挙法改正案を、三月や四月の間に態度を一変して、素直に賛同もしかねる事情がある。そうすると勢い此法案で衝突して議会は解散し、結局は大正十三年には旧法の下に総選挙を行う。従って事実は何の仕度は無くとも、内閣では衷心今年から普選を即行する考であったのに、政友会が頑固の為に又一期延ばすことになったと称し、世間の批難を不従順な政党に振向け、自分等は好い児になると云う注文で、ずるいかも知れぬが碁で言えば一つの「はめ手」であったのです。

此には大兵肥満の政友会も、大分弱らされてもがきました。そこで水を差して見たり突いて見たり、出来る限りこの一手を使わせぬ内に、内閣を倒してしまおうと企てました。政府としては成るべく早く臨時議会をすませ、片付くべきものは片付けて置いて、愈本議会で正面から争おうとしたのですが、内部にもごたごたが有ったようなり、復興予算にもけちが附き、すらすらと筋書の通りには運ばず、御承知の通りの何んともかんとも言えぬ変な引込みをすることとなりました。此の辺の処は殆ど芝居にも何にも成って居ませぬが、而も山本内閣の置土産の大きな一つは、此次にどんな内閣が起るとしても、選挙法を改正せずに元の儘の制限選挙にして置くことが、到底不可能だという状勢を作ってくれたことです。此点だけは前内閣の芝居の当りで、仮にあの引責辞職が無く、政友会を叩き付けたと云う場合でも、此以上の成功、例えば本年の総選挙から普選を即行するというわけには行かなかったのだから、帰着する所は同じであります。

二

併しながら、今一期を遡って、仮に政友会の為に弁じますと、原総理の普選尚早論なるものは、伸縮自在の巧妙なる対策であったと思います。同氏は自分の記憶する限り、未だ曾て約何箇年ほど早きに過ぎると、年数などを言ったことは無かった。世の中が急に変化して、どうしても昔の儘の選挙法では承知せぬ時代が来れば、仮令内心はいやいやながらも、もう時分は宜しかろうと言って、実行の期を引上げる考であったらしい。

実際又党内にも、早くせよと云う説が中々あった。今度政友本党に赴いた松田源治氏などは、其一人だったと伝えられて居る。同君の欧米見物旅行は花々しいもので、多分其土産談を聴いた人も、世間に多いことであろう。普選に就ては同君は何と言って居られるか知らぬが、昨年私がジュネブの町で同君と逢った時は、例の大きな声でこんな事を言った。自分は誰にでも言うのだが、如何に熱心な普選即行論者とても、大正十三年の総選挙から、普選で行われると予期する者はあるまい。此と同時に大正十七年の総選挙が、旧法の制限選挙で尚遣れるものと、考えて居る者も一人も無いだろうと。之に対しての私の挨拶は、全く其通りである。だから日本に還ったら、早速それだけのことを宣言するように、政友会の有力者たちを説得し、之を実行して少なくとも只徒らに頑冥な政党で無いことを、公に証明するように尽力したまえと申しました。処が政党などというものはいつも不必要に余地を取りたがり、態度を曖昧にすることを能事とするもので、此献策の如きも、果して党の幹部が採用しなかったか、はた松田氏が言わなかったか、もう分らなくなりました。此態度さえ宣言して居たなら、山本内閣の小策略に苦しめられる憂は無かった筈であります。所謂穏健着実党の天下は傾斜し又はひび割れずに済んだことと思います。

併しそれは別として、松田前副議長の言は当って居た。最初から時の問題であった所の普通選挙は、来ちゃいけないと言っても、もう来て門を叩いて居るのです。永年の普選運動者の労は正に酬いられんとして居ます。私などは実は此問題に対して些し熱が足らず、賛成反対の論も沢山には聴いて居りませぬが、夙《はや》くから斯うは考えていました。普選の要求は自然であり、従って力である、時期や得失の論を超越して居る。押返し捻合って論争しても、結着する所は今から見えて居る。一方は是非とも即時実行と言い、他方は只尚早と言って居る。はっきりした声で不賛成だと言った者は、片隅の田舎にも居なかった。さすれば今に実現するにきまって居る。果して然りとせば、是に対して我々は、如何なる準備支度をして置けばよいか。こんなことは毎度考えて居た所であります。

世の普選論者の多くは、之を実行すれば世中が善くなる、国の幸福が加わると論じたのだ。彼等は近き将来の成績を以て其言を証明し、其責任を果さねばならぬ。中にはまた結果の善悪は問うに及ばぬ、遣るべきものだから遣るという、荒い議論の人も無いでは無かった。併しそれでは我々は困る。若し之を実行しても成績がよく無いか、或は更に悪い新影響が生じたとすれば、如何に結構と信じた事でも我々は之を見合わせ、面倒を忍んで尚第三の方案を案出せねばならぬ。出来ることなら折角の普選だから、そんな不満足不平の無いようにして見たいものと思う。

三

元来普選尚早論の出かたは、四十年前の国会開設尚早の論と略《ほぼ》同じでありました。代議制は善い事に相違ない。が之が創立には一般選挙人の教育が先決問題である。故に小学教育の普及する迄、今少し待つがよいと謂うので、兎に角急いで教育の方に力を入れようとした。今度も同じ伝で、一時喰止めて見ようとする人はあったが、之が為には前例が誠に不利益でありました。成程教育は大袈裟な組織で、綿密な調査の後に之を普及することに力め、御蔭でもう投票の文字が書けぬという人も殆ど無くなった。が併し其為に選挙がちっとでも善くなったとは言われません。却って初期の正直な無邪気な、英雄崇拝的の投票に於ては、大きな労力無しに、兎に角年の若い当時の一流人物が、議員として出て来たが、此頃はどうであるか。三万円と四万円と五万円との脅競べで、金を持って来ぬと如何な人にも埒が明かず、金を無法に使いさえすれば、飛んだ奴が代議士になる。それだけでもいい加減耐えられぬのに、地方ではそれが当然と考えて、一人の之を怪しむ者すら無い。だから若し今迄の政府で定めた教育制度が、代議制度の下に活動すべき国民を養成するのを、第一の目的として居たのならば、其結果に於て正しく失敗だったと言い得る。従って普選は尚早なりなどと言う論者、果して待たせた間に何事をする気であったのかと、反問せられても一言は無いのであります。

近頃になって迄も政府では、思想善導と云う類の語を使い、和尚などを集めて居られるが、私には是が普選時代の良選挙人を作り出す道だとは、何分にも思われませぬ。所謂超然内閣の大臣たちに、こんな肝要な事務までも一任せねばならぬようでは、実の処普通選挙の甲斐も無いわけであります。見ようによっては今日迄の公民教育が、充分な効果を奏し得なかったと云うのは、寧ろ普選論の起る以前から、夙《つと》に政治の実力の一部が多数民衆の中に移って居たことを、我も人も心付かなかった結果なりとも言われます。即ち選挙の腐敗も平民の恥、投票の売買も我々の責任で、此弊を匡正《きようせい》し道理に合った人選をさせると云うことも、悉く皆選挙人仲間同士の任務であることを、深く考えて見なかった結果だとも思います。

斯う考えて来ると、選挙取締に関する近頃の政府の訓示などは、不愉快名状すべからざるものであります。厳刑を以て嚇されて、漸く選挙界の廓清を期し得る迄の浅ましい状態には、果して何人が之を悪導したのであるか。

四

地方々々に往《い》って見れば、あの男があの奴がと、名を指して憎むべき発頭人が有るかも知れませぬ。而も原因はそんな表層に止らず、我々は尚突進んで、斯る些々たる誘惑にも忽ち感染し、五年十年の短い歳月の間に、今日の選挙の実際に見るような、一種組織立った悪慣習の普及するのには或は何事か民衆生活の環境に於て、此が為に都合よき一般的の事情が潜在するのでは無いかを考えて見ねばならぬのです。

例えば棄権者の問題であります。普選になれば此数が殊に増加するのが通例で、瑞西《スイス》の如く数百年の長き自治の教養ある国民でも、私の滞在して居た一年半の間、いつの選挙にも一般投票にも、毎回三割強の棄権がありました。本来政治に不熱心な人々をして、如何にして公法上の義務を履行せしむるかは誠に難義な問題であって、此をうるさく無くて結構と思う類の人々の、教育に任して置くことは出来ませぬ。我邦などには冷淡な観察者の中には、国民の半分は何とも考えて居らぬのに、此人たちの為に普通選挙を主張するは物ずきというような批評をしました。併し我々には斯うして放任して置くことが出来ぬので、昔風の無智の満足を利用するのは、正しい政治家で無いと思うのです。

日本は此通りの小国である為に、既に制限選挙の時代にも、山奥の五戸七戸の在所から、投票に出て行くのは暇潰しだ、せめて弁当代でも出るならと言い、競争が激しくなればこんな人まで駆出す故に、丸で日当のつもりで無邪気に金を取った人も中々多かった。それが奥在所の人の物を知らぬ為のみで無く、平場町方の人までが、人を只働かせる法が無いと考え、いつかの時、何かの方法で、報酬を取って差支えが無いという思想が中々強い。此旧思想が折々法律をさえ無視せしめる。いやな奴の乗ずる所となるのも一つは是で、つまりは古い社会の経済組織から来た煩累であります。

所謂選挙運動者の跳梁も、同じ法則の発露であります。此徒は概ね小才覚あり、且つ世渡りに揩《す》れて居て、道徳律のあまり高く無い人物でありますが、単に彼等の個人的能力のみが、斯様に一世を風靡し、最初は理想選挙とかをやるつもりで起った人が、寝覚の悪い当選をするに至る迄の、ひどい悪感化を及す筈は無いのです。必ずやそれには一方に於て、日本国民の善い特色でもある所の負けぎらい痩我慢又は意地などいうものが、余裕も割引も無く選挙の折には現れて来る外に、他の一方には俗に顔役などと申して平生顔を売って置き、こんな時の為にとてよく人を世話し、又こんな時に大に働くつもりで甘じて世話になって居る習慣、我々の名《なつ》けて被管制度又は名子《なご》制度と云う旧慣が、殆ど封建時代の絶頂の時と同じように、恩と義理、親分と子分と云う眼に見えぬ網の目となって、田舎も町も限なく行渡って居るからであります。

是が一概に昔の悪い癖とのみは言われませぬ。唯古い世中の必要から発生した為に、其機能がどこ迄も私法的であります。義理とか人情とか謂うのは美しい語である。併し我々が之を重ずるのは内容であるのに、通例人の間には時として此が呪文ダラニの如く、惰性を以て外形の束縛を為して居ります。例えばあの人には媒人《なこうど》をして貰った、喧嘩の仲裁を頼んだことがある。だからあの人の言って来た候補者は、馬鹿のようだが入れねばならぬとか、又は今出られなくなると、あの老人も飯が食えぬようになる、可愛そうだから投票しようと云う如き、極端な例が若しあったら、人は誰でも無茶だと評するが、実際の場合にも、此半分三分の一ぐらい馬鹿げたのが随分あります。人物や政見の批判が二の次になるから、所謂戸別訪問をして、膝を折って頼むに如くはなしと云うことに成り、頼まれれば情に絆《ほだ》され、或は頼み手が一癖有りそうな、よくして置けばよくして呉れそうな人なら、何かの時には世話にもなろうからと、乃ち村の顔役の言には背かぬので、金は着服せずとも、是も亦利益交換の条件附きであります。目前に金や物と引換えたら犯罪、「大きに有難かったきっと恩に着るよ」と言われて、還って往っただけなら清き一票だとも言われない事情があります。つまりは此類の安直なる義理人情の為に、政治以外の動機から甲を断り乙に就き、乃至《ないし》はどうでもいい人を投票しますのは、悉く精確なる意義に於ける選挙では無いのであります。

五

併しながら私は一箇人として、必ずしも之を責むるに厳峻ではありませぬ。何となれば此等の行為の基礎を為す道徳律は、人が父祖伝来大切に守って来た旧社会一般のもので、之に背けば他から人非人のように謂われたものばかりだからです。只世中が立憲代議制になり、一平民までが参政権を得た結果として、或種の新なる社会事務には之を応用しては害があるということを、我々がよく考えて見なかった点が悪いだけであります。こんな事ぐらいを教えるのはわけは無かった筈です。ほんの只一言注意してやればよかったのです。尤も人がまだ素直で悪摺れのせぬ間に、之を聴かせる必要はありました。兎に角此をしも怠っていた我国近代の公民教育が、あまり感謝に値するので無いことは明白であります。

勿論捨てて置いても永い中には変って行くと思います。例えば親の仇を報ずることは、つい近頃まで社会道徳上是認せられて居りました。之を禁ずる法律はあっても、其適用が最も寛大でありました。つまりは世の中が之を善い事と考えたからであります。然るにそう云う中にも、後には親の仇は討っても宜しいと云う迄で、討たなければ人で無しの臆病者だと云う思想は、既に百年以前から、次第に薄くなっていました。又仇討の原因たる被害事件を、道徳的に批判することは、昔はあまり無かったので、定九郎の倅《せがれ》が早野勘平を親の讎《あだ》と狙っても、尚是認せられて居ましたが、是も亦世と共に次第に改まり、早い話が芝居などでもかたき役は、権太夫とか剛右衛門とかいう名の、徹頭徹尾赤面の憎らしい人で無ければならぬことになってしまいました。

つまりは今日の如き統一せられた国家の中に、群雄割拠時代其儘の復讎心《ふくしゅうしん》は成立たぬので、保守主義の人の間にすら、少しずつ内容を改めて来たのです。併し古くからの慣習は、抵抗力の薄い部面ではいつ迄も残るもので、人殺し以外の方法でならば、今日の日本の国民相互の間にも、地方と地方、家と家との間などに、不必要な敵愾心《てきがいしん》が尚伝わり、此私怨が亦往々にして選挙の場合などに顕れて来ます。親が自由党なりし故に子も政友会に投票し、一方の大家が甲党なる為ばかりに、第二の家は乙党に当り、仲違いをした結果他の党に行くなどという例は、何れの地方でも普通の話です。全体に政党の党の字には少し偏頗《へんぱ》片意地という風な意味もありまして、政見のみで選挙が分れるということは六《むつ》かしく、従って適当の大人物を出すよりは、寧ろ承知の上で我党の与太郎君を推薦せよと云うことになる、中央に押出してから後まで、根っから政綱政策の相違も無しに、激しくつかみ合いをすると云う結果にもなるのです。

六

一方には又義侠任侠ということも、昔は可なり詩的な道徳でありました。江戸時代の武士の教育には、この任侠の内容を改革して、社会の新事情に適応させる為に、大なる力が施されました。乃ち貴殿を見込んで折入って御依頼申すと言って来ても、善くない事は助けてはいけない。即ち主観の道義批判を以て、義侠心の行動を抑制させたのであります。而も此の如き儒教の教育を受けず、其範囲の外に成長した人々の中には、依然として旧式の、尤も充実した義侠心が認められて居た。例えば喧嘩をして人を殺して来ました、匿まって下さいと言って来ても、窮鳥懐に入れば猟夫も殺さずとかやなどと言って、無理な方法を講じて迄も助けます。況や其以下の、双方先ず五分々々又はどちらが正しいかよく分らぬと云う喧嘩なら、必ず頼みに来た方を助ける。交際して居た方を助ける。恩があるから義理があるからなどと言って、飛出して来て手を貸すのを侠客と申しました。

たまらないのは此習慣を応用せらるる今後の選挙であります。此ではいつ迄も、国の為に政治の為に、真に普選の効果を挙げる折はありません。面倒な仕事ですが、我々は徐々に此点の改良をして行かねばなりませぬ。其上にまだ厄介なことは、此に金銭の問題がからみ附いています。関東などでは昔から侠客文学が流行し、今でも講釈師の主要なる飯の種であります。自分も常に之を愛読しますが、気が附いて見ると、侠客伝の多くにはねっから経済問題を取扱って居りませぬ。国々の大親分になると、立派な家に数十の若者を養い、実にすっきりとした服装で押通し、頼んで来る者には常に少なからぬ金銭を呉《く》れる。此は痛快な話には相違ないが、其財源は果してどこにあったか。ゆすりかたりは断じてせぬとすればてら銭より外に収入はない筈であります。而して博奕《ばくち》は昔でも悪い事でありました。

此と同じような事は、他の方面に活躍し自ら許して高等侠客と称する地方政治家の中にもあります。凡そ人に恩を施して置くと言えば、其最も論理的な方法は金銭であります。之を侠客的に使用するとすれば、大抵の財産家は一代の半分で潰れてしまいます。その残りの半分はどうするかといえば、人は貧したるが故に侠客を廃業せず、おれが何とかしてくると、どこかへ行って才覚して来ます。それを出す人、取る口実はきまって居る。誠に警戒を要する話ではありませんか。

七

代議制度などは勿論外国を模倣すべきもので無い。何れの国にも国情もあり特色も有る。之に従って自国固有の政治運動をするのは当り前です。併し此十年十五年の記憶を辿って、日本国の特色と認むべきものは、何であったかと考えて見ると、我々は独りで居ても自然に顔が赤くなる。考え込むと寧ろ悲しくなる。誰か年老いたる大臣か何かが、其内に改良をしてくれるであろうと、人の事にしてすましては居られぬのです。之に対する今迄の有識階級なるものは、ああいやなことだと言放って、忽ち棄権してしまうのが常の事でした。一人ばかり力んで見ても仕方が無いか知らぬが、事は一身一家、乃至は一階級の利害のみでは無い。如何に選挙権が弘《ひろ》く民衆に賦与せられても、理想的の普通選挙にはまだ遠い。我々はいつでも幼弱無告の多数同胞の為に代って善き政治の早く発現することを図らねばならぬのであります。内地は普選になっても日本の領土内には、尚多数の民族が住んで居て、今迄は不完全な代議制の議院に於て、各自の死活問題までも討議せられて居たのである。旧式の選挙に由って作り上げた政党者流の為に、彼等は最も多く迷惑を蒙って居るのであります。

此をしも顧みずに、人の為はどうあれ、自分等だけの都合を考え、こんな選挙を続けて行くならば、実際普通選挙にしようとする意味も無くなると思います。又之を主張した理窟にも合わぬと思います。

どうか自分本位の手前勝手は、垢つき且つ綻びたる寝間着の如く、之を納戸の中に脱ぎすてて、身の丈によく合った、且つ活動に自由なる仕事着を着た心持ちを以て、正に来らんとする新しい明るい世界へ出て来て働いて貰いたいと思います。＝二月二十五日神戸青年会館に於いて＝

（『時局問題批判』鈴木兼吉編輯、一九二四年三月二五日、朝日新聞社）

新しき政治は民衆化

我が日本国民は立憲国民である、自由と正義を標榜する国民であると云う言葉は屢々聞く所であるが、其の実我が国民は立憲国民でもなく、自由と正義に活きる国民でもない、立憲と云うも立憲の存在は或特定の階級に限られて、一般国民は決して立憲的権能を有して居らぬ、即ち政治上に完全なる権利を有って居らぬ状態である、又自由正義と云うも何処に自由と正義があるであろう、勿論国法上に於ては一般人は自由人であり、又国民個人の間には自由と正義の血潮磅礴《ほうはく》たるものであるが、社会上、政治上に於て自由正義の棄てて顧みられざること、恰かも未開の地に於ける夫《そ》れの如きである、斯かる所に諸種の病根が育まれて、或は政治の腐敗となり、之を監督すべき議会の堕落となり、或は民衆の驕激なる思想をさえ形成するが如く、社会上、政治上の名実両者間の争闘、換言すれば立憲と非立憲、自由と非自由、搾取非搾取の争闘は間断なく続行されて来た、併し一般民衆は之等の争闘が繰り返えす現実の弊害を認むるに至った、就中《なかんずく》政治上に於ける権利の不均衡が、結果する弊害を看取した民衆は盛に国民権利の提唱を初めた、普通選挙は要するに此の一の形に過ぎぬものである、乍然《しかしながら》現に選挙権を有する民衆が政治に参与し得ない他の一の理由があった、之は単《ひと》り我が国のみでなく諸外国に於ても見られた事実であるが、最早や欧州先進国には見られぬ、即ち政治を一の貴重品扱いする事である、政治は知識階級の者のなすべきものであるとの所謂思想上の貴族が、一般民衆の政治干与を遠《とおざ》けた、而《しか》て政治は一部特定階級の独占する処となって、諸種の弊害を生ずる因を為したのである。

予は先年欧州を漫遊し、彼の地の政治状態を視察して帰ったが、今も尚彼国の政治に対して非常の親しみを感じて居るものである、瑞西は実に選挙の多い国で、上院、下院の選挙は勿論、其の外にレフレンダムがあって中々多忙な国である、併し選挙の実際を見ると政治と新聞との接触が密接で選挙は極めて平易に執行される、故に瑞西の政治生活は一般に易々たるもので、一労働者から見ても読書とか、訪問とか位に億劫なく行われて居る、此れに反して我が国の政治生活を観れば重苦しい感じを禁じ得ない、乍然之は相当の日子と訓練に俟たなければ改革は出来ない事である、今回の総選挙の戦闘は頗る猛烈ではあるが、迚《とて》も忠実には行われぬと云う所があるのも、一に政治が未だ実生活と懸け離れた、高尚な脚地に有るものの様に過重視するからである、一般民衆をして簡単に平易に、率直に選挙権を行使せしめたならば、何等の弊害もなく着実に行《おこなわ》れるのである、併し政治を日常生活と同様に易々楽々と考えさせることは、現在の文部省の国民教育では行われ得ない、若し彼等に委すれば必ず政治を過重視する教科書を造るに相違ない、其処で之は政治をする者が携《たずさわ》らなければ改造することは出来ない、而て政治を過重視する結果は如何と見れば仮令普通選挙が実施せられるに至っても、多数の有権者は棄権して、少数の所謂政治狂と称する者に委ねて顧みないと云う現象が尚継続するであろう、然るに今日政治運動に参与し普通選挙を首唱する者が、此の状態を放任して普選即時断行を叫ぶが如きは、新しき政治家の執る所ではない、殊に今回の総選挙の如きは之を機会に国民的教育を為すべき好時期であるにも不拘《かかわらず》、各候補者は選挙に血眼になり果て、国民の教養どころか、一般有権者を恰かも祠の神の如くに尊敬し、所謂戸別訪問に没頭して居る有様では、国民の政治生活を向上せしむる等は夢寐《むび》だも望まれぬ事である、故に政治家たる者は篤くと考慮して、選挙後に於て国民教育に関する一定の組織を立てる事に心掛けなくてはならぬ。

次に又一般民衆をして政界より遠ざけしめたものは、我が国語が禍《わざわい》をなして居る、之は今日政党の宣言決議等を一見すれば直ぐ判明するが如く、古事、熟語の類を盛に羅列して国民大多数が判断に苦しむ様な方法を執って居る、従て一般民は政治の六《むつ》ヶ敷《かし》さに吃驚《きっきょう》して遠ざからざるを得ない、政治は其の実際を一般民衆に徹底すべき性質のものであるに、斯かる難語を使用して民衆を惑すが如きは真の政治家の為す所ではない、殊に普通選挙の問題は新聞紙にても過去の如何なる事よりも重大なる所以を詳説して居る、世の先覚者も又其の従来の態度を改め政治の民衆化に努めねばならぬ、要するに思想上の漢字制限を断行して一般民衆に政治を平易に徹底せしめ、平易に取扱わるべき程度に改造せなくてはならぬ、路上を歩む農夫が互に政治問題を論議し得るに至らねば、普選実施後の新しき政治は得て望まれぬ所である。

予はゼネバに滞在せる時度々選挙を見ることを得た、彼等が選挙場に於ける態度の流暢さと軽快さとには自ら快感を覚えざるを得なかった、無記名の秘密投票を為す場所に子供を連れて、恰かも子供を教育し嫁を教育するが如く心得た彼等の態度には驚かざるを得なかった、彼等は書物を読まねば、即ち高尚なる知識を有たなければ政治が出来ぬ等とは毛頭考えて居らぬ、其れが恐らく民衆政治の骨子であるから当然と云うべきである、故に普通選挙反対論者には之を説く事を得ないが、民衆が政治の煩瑣を恐れて逃れるの傾向ある時に当って、政治家が普通選挙実施の準備は之を為すが、準備教育は文部省が担当すべきであると云う事は、所謂思想上の貴族を形作るものである、若し斯くの如く選被選人の階級を分裂せしめて顧みられぬ場合には、如何に普通選挙が実施されても政治上の意見を簡単率直に表明して、普通人の知識に合致せしむる事が出来ない、従って普通選挙を実施して何等の効果もあるまい。

更に政綱の問題に就ては今日政綱は其の文字にほだされて、何等の現実的価値を有たないのが通例とする所である、固より百年の長計を定むる原則としたなら異議はないが、四年間に一回の総選挙であって見れば余りに莫然過ぎたものである、従て四ヶ年間内の標的とするならば、更に一層具体的な所がなくてはならぬ、唯単に彼此声を大にして民衆の歓心を迎うるが如きではならぬ、若しも政党が地方に於ける利害衝突を回避する為に斯くの如く抽象的な文字を列ねるものとしたならば、之に如何なる註釈を加えても、民衆が各党派に帰嚮する材料とはなるまい、併し具体的な或は註釈付の政綱政策が或は民衆に媚びる弊害を生ずるかも知れぬが、短期間の事なれば左程の悪結果を齎《もたら》すものではあるまい、斯様な次第であるから現に国民が解決の方法なきに苦んでいる問題、即ち小作争議、水平社問題、日露、日支両外交問題の如き少しも解決して居らぬと云う様な遺憾なる事態に遭遇して居る、然かも此の際の選挙に之に対する態度を明《あき》らかにしないのは、遺憾乍《なが》ら国民の苦悶を救済するに毛頭理解なき証拠である、政治が高尚な遊戯とせらるる所以も又之が為である、忌憚なく評すれば政党の出発点は政争である、従来如何なる場合にも在野党は、政府与党の総ての政策に反対する傾向がある、一国の国民は総ての方面に於て斯くの如く的確に分離されるものではなく、反対党の為す事も当然助勢せねばならぬ筋合のものである、故に他日の余裕を取る為に政見を具体化せぬ事になるとは甚だ怪しからぬ事である。

乍然予は今回の総選挙には必ずや新しき経験が得らるるものと信ずる一人である、前回の総選挙を回想し又現在の自覚せる青年の態度が斯かる抽象的な善政主義より、此の問題、彼の問題は如何なる方法に依り如何に解決するかと候補者に質問するに至るべきを思わしむるものがある、若しも有権者が此の質問に対して曲りなりにも回答し得られざる者は、如何に背景がよくとも投票する者がないであろう、若し夫れ今回の総選挙に於て此の経験が得られぬものとせば、国家民人の為に決して慶賀すべき事ではない、故に吾々は自ら進《すすん》で此の政治的頽廃を矯《た》め、而して新しき政治過程に入るべく此の傾向を作る事に努力すべきである、此れ党外愛国者の至当な叫びでなければならぬ、併し乍ら予は恐る、最近稍々《やや》此の種の傾向を見受くる時に当って、尚お思想的貴族を形作らんとする儕輩《さいはい》が多く、依然として政治が高尚な民衆より一段高き所に脚地を求めて、恰かも坊主の如く其の政綱政策を成るべく抽象的に莫然たらしむるが如き、時代錯誤の演ぜられつつあることを、故に苟《いやし》くも普通選挙の実施を期待する者は、一日も速《すみやか》に此の思想的貴族を打破して、新しき政治過程に入るべく其の民衆化に努めねばならぬと思う。

（『憲政』第七巻第五号、一九二四年五月一〇日、憲政会本部）

選挙費会計を公開せしめよ

制限選挙制の下に馴養せられた在来の代議士等が、一番の苦労の種は、此次の選挙入費を如何《どう》するかである。地方の諸君は寧ろ個々の実情に詳しいことであろうが、四箇月後の今日尚計算書を突附けられて逃げ廻って居る名士あり、各派の幹部も半《なかば》引受けたる跡始末の為に、連日の哀訴怨嗟《えんさ》の声に悩まされ、幕の後の悲喜劇はまだ続いて居るようである。此際に当って、新たなる選挙法が議せられて居る。多くの注意が選挙費の立法上の制限に向けられるのは、何よりも自然な次第であろう。

併し我々は不幸にして、右の政治家の心理状態に、全然同化することが出来ぬのである。所謂三派の申合せの一万円乃至一万五千円案に対しては、先ず以て二三の批評を加えて見る必要を感じて居る。第一にはこの一万円と云う金額が、将来国民中の有志有識の士をして、国政を議せんとする為めに、予め用意せしめねばならぬ高として、果して当を得て居るかと云う点である。今迄の候補者にも、其声望と貧窮とに於ては、決して普選実施後に出現し来る者に比して、遜色無さそうな人が沢山に有った。而も一小成金の立って鹿を争うに遭遇すれば、忽ち痩我慢を以て見す見す敗衄《はいじく》を知りつつも無理な金策をして之に当るを例とした。即ち名は最高限度であっても、実は一万円を以て議員一人の公定相場とする結果になることは、現在選挙界の気風から推して疑いが無い。単なる虚栄の為、甚だしきは利慾の為に、算盤を弾《はじ》いて議院に出んとする者は、仮令入費が千円であっても、尚我々は之を賤《いや》しみ之を憎まんとして居るのである。法律を以て或額を公認することは恐らくは一万円なら安い道楽だと、益《ますます》山師の徒《いたずら》の遊びに来ることを奨励する結果になりはせぬか。

第二に訝《いぶか》しきは、此の如き制限の実現性である。投票買収と利益提供に対する取締は、現行法に於ても決して寛大では無いのである。而も今日違犯を以て検挙せられて居る数百件以外は、大体に於て清浄なる一票であったと信ずる者は、天下弘しと雖《いえど》も恐くは一人も有るまい。寧ろ之を知るが故に当局の手加減を疑い、偶《たまたま》法網に罹《かか》る者を災難視し、公然同情し見舞を述べ、禁令の威厳を損ずるのである。選挙費を制限して之を超える者を時々罰すれば、奸譎《かんけつ》の徒は免れて手を叩き、国民の蔭私は更に一段の発達を見るであろう。此種の情偽に通ぜぬような、迂遠なる政治家は無いとすれば、知りつつ此案に雷同した人々の、心事に対しても非議すべきものが有る。故に我々は、進んで国民の選挙法案を提出すべき義務があると感ずる。真実公平に選挙界の革清を図るならば、費用の制限を原則だけに止めず、各候補者に負わしむるに、其会計を公開するの責任を以てするがよい。総額の一万円を越えたか否かは、到底之を立証することが簡易で無く、而も愈《いよいよ》問題となれば、帳簿に由るの外は無いのである。帳簿の記載も信を措《お》き難いとしても、此が公開を見れば、何人も其一端の不実を指摘することが出来る。其上に今一つの大なる利益は、選挙費の出処を明白にし、我々国民をして日本現在の政治が、那辺に其積弊の根柢を有するかを会得せしむる結果になることである。議会の能率を批評するだけの勇気ある人までが、数十名の嫌疑者を供給する如き世の中である。一般選挙人の潔白が、昔の日本人の儘《まま》であったならば、勿論今日の如き巨額の金銭は要せぬであろうが一方には又選挙の費用だけは譬《たと》えば井戸より水を汲む如く、何処からか出て来るものと考えて、極めて気楽に之を使う悪癖が熕いを為して居ることは確である。此考えの不幸なる迷信であることは、論ずる迄も無い。歳費で生活するような政治家が、金を工面する方法といえば知れて居る。隠れたる義侠家の公事の為には金を惜まぬ者が、果して此世に幾らあろうか。支出の通例の動機は投資である。他日戻って来るのを予期した金であったら、其政治界に及ぼす影響は悲しいもので無ければならぬ。

此の如き簡単なる真理が、心付かれずに居たのである。今若《も》し会計の公開に由って、将来の参政権者が選挙費の意味を呑み込むことになるならば、恐らくは互に警戒して不正なる投票を憎み、必ずしも司法警察の活動を須《ま》たずして、今少しく愉快なる自治の天地を見るに至り、選挙費額の如きは制限するにも及ばず、虚偽と醜陋《しゅうろう》とは万人嘲笑の前に、次第に暴露せられることと信ずるのである。

（『東京朝日新聞』社説、一九二四年九月八日、東京朝日新聞発行所）

軍事教育に反対すべき理由

吾人《ごじん》は最も痛切に、此問題が政治化せざらんことを希望する者である。之を具体的に言うならば、前年早稲田の軍事研究会事件の如き騒動を、再び繰返さざらんことを祈るのである。殊に権力を掌握する者の、反対運動を是非無き事と考え、之を抑制し得れば則ち可ならずやとする態度を以て、最も戒慎すべき危険物なりと感じて居る。実際の処《ところ》此問題は、未だ十分に討議せられては居らぬのである。政府が故意に国論に耳を聾《ろう》すべからざるは勿論であるが、国民も亦軽率に政府を誤解してはならぬ。其様な単簡なる一時性の事件では無いのである。

そこで先ず最初に、二三の反対運動の論調を点検して見るが、擁護同盟の諸氏等《ら》が主張する所は、要するに余りに多岐である。例えば学校教育の自由は、弊無き限りは望ましきことであり、軍閥勢力の浸染の懸念は、多数の父兄が既に年久しく、之を抱いて居ることは確かであるが、特に今回の軍事教育制否認のみを以て、之れが防衛を完《まっと》うし得る見込は無い。在営年限を二三にし、貧富に由って便宜の偏頗を来すは正当で無いが、此類の偏頗は最早算え尽されぬ程、弱者をして忍ばしめてあるのである。而も一方に於ては、仮令一部の青年だけなりとも、不必要に其活動を制限せざるを期することは、殊に現在不足を感ずる師範卒業生に於て、寧ろ国家的理拠を認めるのである。此の如き幾多の論点を排列することは、却て問題を紛糾せしめ、解決を遅延せしむるのみならず、或は名を当面の政策批判に藉《か》りて、文部に対する平日の一般的不機嫌を表現する者の如く、軽く冷やかに取扱われるかも知れぬ不利益がある。

故に此場合に於ては、心を鎮めて先ず問題の骨子を把《とら》え、之に対して既に成心あるかと見ゆる二省当局の見解を、今一応簡単明瞭に突止め、之を掲げて弘く国民に、是非の決を取らしめるの他は有るまい。而して問題の骨子は、一句を以て尽きている。即ち所謂軍事教育に関して、命令の権は何《いず》れに在るかと云うことである。教育に関しては勿論文部大臣に在りと答うならば、部外の文官が現役の将校を指揮し得るの基礎を明確ならしめよ。若し尚陸軍に在りと謂うならば、其職制上の根拠を問うべきである。故意に此点を曖昧にして、他日学校に問題起るとき、改めて文句を述べんとする秘計あるならば、此際に於て速かに之を看破せねばならぬ。学校の問題は素より体操科の時間には起るまい。而も校外の団体的行動、乃至は風紀規律の事項には、現役軍人の先生たちが、頻々として異見を立て、而も背後に強力なる指導者ありて、専ら其命に由って行動するとき、校長以上の監督者、果して如何なる方法を以て、之を統御し得るとするか。即ち容易に統御し得ざらしめんが為に、特に現役を要するものであって、此必要なくば最近の予備軍人の為に、与えて恰も可なる職務であったのでは無いのか。

陸軍が久しく固守し来ったる服務の統一制を破り、更に年分二百万円の経費を引受けるに至った動機を、只単簡なるものと見てはならぬ。独り七百の無役現役佐尉官を、貯蔵して置く為のみならず、不満足ながらも全数の中学師範等の諸校を挙げて、一種の代用幼年学校たらしめんとする希望を持つ者と見てよいのである。勿論其試みは断念せらるべきものである。吾人の子弟には伍長も無く又二等卒も無い。岡田文相が師弟論は、夙《つと》に個々の生徒を自由にして居る。寂莫たる一個の隊長殿は、必ず其手腕の徒爾なることを慨《なげ》くであろうが、而も少くとも父兄の之に対する不安は、此予言を以て慰諭することが出来ぬのである。

中学教育の実権の一部を割いて、陸軍に付与して顧みざる文相が若し存在せば、共に国事を談ずる詮《せん》も無い。而も是以外に今一人、現役将校の中学入りを、差支無しと言った大臣があるのである。早く其論拠を示して批判させて貰いたいものである。其他に多分は軍閥の才子の中から、馬政局航空局に既に先例ありと謂う説が出た。近年是くらい徹底した自殺論も例が稀である。陸軍が現役将校を派出して是等他省の事務に参与せしむるは、其目的が干渉に在り陸軍本位の計画に便にせんが為では無いか。其例ならば道路鉄道の会議以来、国民は過多に苦しんで居る。中等学校の現役教員も果して其筆法の延長なりや。吾人が彼に於て忍び得たのは、尚直接の命令権が無いからである。茲《ここ》に於て忍ぶべからざるは、抵抗力に乏しき年少の子弟に、機会ある毎に拘束を加えんとするからである。真実に青少年の健全なる成長の為に、親切なる助勢を与うる以上に、何等他意なき者ならば、願わくは現役の配布は之を見合せ、若い元気なる此頃の予備士官を、校長の配下に送り届けよ。社会は彼等にも適当なる職業を与えねばならぬ。

(『東京朝日新聞』社説、一九二四年一一月二五日、東京朝日新聞発行所)

政治を解する町村長

本年も必ず二千以上の町村に於て町村長の改選が行わるることであろうが、所謂人格本位、若《も》しくは徳望第一と云う標語は、今少しく具体的に言うならば、元来如何なる意味内容を有《も》つべきものであるか。公民として深く考えて見なければならぬ必要が、日を追うて増大して行くようである。都市に仮住する寄留人等は、常に公機関の完備に冷淡なる者多く、事実に於て寡頭政治の圧抑を甘んじて居る有様であるが、町村の利害は之に比ぶれば遥に適切であって、郷党の和熟と繁栄を犠牲にするに非《あら》ざれば、一日も不適任なる議員理事者を忍んで居ることが出来ぬ。従って小紛争は絶えず起り、其れが又案外に革新を容易ならしめて居たのである。唯不幸なることには、最近の社会事情は余りに急激に変化した。何等《なんら》かの新方策を以て、速かに整理し解決せねばならぬ経済上の難問題が、今尚国民を苦悩せしめて居る。国歩《こくほ》艱難《かんなん》と云う語も決して誇張では無い。即ち単に温厚にして非難無き先輩を、町村長として置いたのでは、内はよく治まっても外部の憂患に処することが六かしいかも知れぬのである。近く実現すべき郡役所の全廃は、勿論町村の生活力を新にするが、而も今日の如き国情の下に於て、終始能く公共団体の統一的利害を代表し、国家結合の美果を収穫せしむべき者に就ては、一般公民も亦今一段と慎重なる選定の行われ、且従来に数倍するの熱心を以て、之を激励し且援助するの覚悟が無くてはならぬ。

然らば果して如何なる種類の人物が、町村長として一郷の康寧を寄託するに適するか。政治のよく解る人がよいか。解らぬ方が却てよろしい乎《か》。是は既に前年来の実際問題であったが、時恰も義務教育費補給額の一件が、興味ある政治問題として朝野に論評せらるるに際し、改めて痛切に吾人の注意を惹くのである。最も手軽なる言葉で言現《いいあらわ》すならば、此頃全国町村長会幹部の名を以て代議士等と折衝し、或は宣言檄文《げきぶん》の類を発表しつつある人々は、未来の町村長として適不適如何と云う問題が提出せられるのである。全国の町村会議員、及び其背後に在る公民の多数は、果して之を見て大いに是とするか。或は将《は》た稍過ぎたりと考えるか。其批評が今後何等かの形態を以て、地方政治の上に現れんことを希《こいねが》うのである。吾人は今に於ては略全国町村長会なるものの髭鬚《ししゅび》眉目《もく》を視《み》得たと信ずる者であるが、勿論彼等は悪い人では無い。と同時に之を所謂政治の解る人の部類に編入することは之を躊躇する。少くとも政治家の有たねばならぬ余裕と冷静と見切とが足らなかったと思う。此問題に関して、先ず責むべき者が他に在ることは、知らぬ者は一人も無い。多分の言質を負いながら、厳しく催促する者が無ければ、其儘にしようとした心根は憎んでもよい。増額不能と決したとき、進んで其事情を説明しなかった不親切は勿論、町村長が一方の見解を以て、直接国政を動かさんとする行為は、事務の分界を乱すの虞《おそれ》ありとして、監督の権能に拠って之を制止しなかった政府も、今回の紛乱には責《せめ》を分たねばならぬ。只既に此の如き窮況に陥ったる政府と与党とが、之に因りて窘縮《くんしゅく》を極め、結局不体裁なる強圧を以て辛うじて節制を保持するか、然らざれば降を敵派に容れて既定の方針を変ずるか、何れにしても著るしく其声価を傷くべき結末を来すべきこと、明々白々なるにも拘らず、卒然として一方の政党と相結び、無条件に彼等の慾望の大半を成就せしめたるに至っては、苟くも頭に全国の二字を戴く団体の所業には不似合であった。而も吾人は之を以て必ずしも政友本党の乗ずる所となり、一旦の運動の為めに、民心の帰向を矯めることを辞せなかったと認めるのではない。元々質朴一徹なる素人の寄り合なる故に、勢いの赴く所に奔《はし》って中正を保持し得なかったのと、今一つには折角此種の会を作っても、未だ一般的の好題目を得ない為めに、十分に威風を全国に輝かすに足らなかったのに、恰も奇貨の居くべきものがあったので、之に由って一種の優越慾を満足せしめたに過ぎぬと考える。此の如きは寧ろ自然なる社会心理の発露であるが、利用せられたる全国の町村、及其議会と公民とに対しては、兎に角に委任の限度を越えて居る。如何程に今度の運動に成功しても、断じて繰返すべからざる戦略である。それにつけても一日も早く、卑屈ならざる候補者に投票し、鞏固《きょうこ》なる各政党に信頼して、国政は帝国議会に於て、些の畏嚇無く之を討議する時世にしたいものである。真面目なる町村長たちは、早く還って地方の選挙界を改革すべく、公民の指導に従事し、由なき疑惑の種を播《ま》くことなかれ。

（『東京朝日新聞』論説、一九二五年一月一五日、東京朝日新聞発行所）

選挙法案の運命

上院の一議員が、政府では普選案の握りつぶしを、窃に希望して居るのじゃ無いかと謂ったのは、別に深い考えも無い一個の皮肉であったろうが、実際のところ、昨日枢密院から引出して来て、今日はもう衆議院に持込み、しかも案の内容には、大分の訂正が有ったと聞いては、与党三派に非ざる者といえども、面食わざる者は少かろう。

全体これを如何《どう》する積りであるのか。非常に目先の利いた人ばかりで、組織して居る内閣でも無さそうだから、何だか気になるのである。納税資格の撤廃のみが主眼であった、他の点は譲歩してもよいのであったと、後に釈明をする所存かも知れぬが、それならば仲間の押問答に、多くの日数を費したことが無意味になるから、よもや其様な拙策に出ることも無いと思う。そうすると第二の推測は、例の宿老たちは元々気が進まぬのであって、事によると理屈を附けて暇どらせる腹かとも疑われるから、其裏をかいて無造作に折れて置き、与党の力で院内に復活させる計画と見たいのであるが、頓《とん》とまだそんな模様も無い。幸か不幸か政友本党が、朝野を通じて随一の保守党だから、其心配は無いか知らぬが、彼等がもし戦略を改めて、最初の政府案を修正意見にして出したとしたら、実に苦しい立場に立つべきことは、今から見え透いて居るのである。臨機応変を生命とする諸君とは申しながら、余りに大切なものをいい加減にし過ぎはしないか。

あるいは又斯《こん》なことを考えて居るのかもしれぬ。折角足並をそろえて衆議院で復活させて見ても、他の一院が得たり賢しと、それを理由にけちを附けては厄介だから、寧ろ背後に枢密院殿の威光をかざして、一挙に通過させる方が名案だったと、四月に国に還ってから言うつもりかもしれぬ。それは正しく心得違いである。貴族院は成程目下改革論の客体となり、又遠からず改良せらるべき機関ではあるが、現在は尚国法に基いて、新選挙法案を否決し、又は如何なる修正をも提案し得べき権能を立派に無制限に具《そな》えて居る。彼等が自由に且自己の責任を以て、之を討議し論難し得るは当然の話で、吾人は寧ろ他の院外の意見が、不当なる威圧を及ぼさんことを患いて居る。問題の一法案が予告ばかり徒らに大にして、実は決して各方面の研究を尽したもので無かったことは、世上伝うる所の経過談を聞いて見てもわかる。二十年来国民の多数が、求めて止まなかった普通選挙制度が、果して此の通りのものであったか否かにも疑念が有る。上院が其名声の支持の為に、政派の利害を超越した態度を以て、其識見と学問とを応用すべき絶好の機会である。彼等の多数にして仮に世評の如く、魚心水心以外に政治家の心を有たぬ者だったら、政府が騒ぐまでも無く、此際必ず馬脚を露すであろうし、幸いにして堂々の論議を起し得たならば、国民は喜んで其説を聴こうとするであろう。加藤内閣の歴史に残るべき記録の一つは、曲りなりにも上院改革の案を立てて、彼等が予期に反して正面から、之に当ろうとする点では無いか。それだけの度胸をすえた者が選挙法案ばかり、原敬氏以来の事無かれ主義を、踏襲したがるのは解し難い話である。

今回の選挙法案の如く、最上飛切りを請合いにくい法案も少いと思う。それでも政府は此れで当分遣って見ると言うだろうが、国民はまだそうは思って居らぬ。唯従来の不自然なる垣根を撤去し、兎に角に新しい政治へ踏出す一歩として、一応は之で承知をするのである。故に他の第二次の条項に至っては、権能ある者の討議に由って、此上の完備を望むことは無論である。比例代表を無視して有権者の四割九分までの不満を顧みず、選挙費の一万何千円を公認して、事実清貧の政治家を駆逐し、請負人に被選権を与えて金力政治に便ならしむる如き、問題はかなり多く、之を辛抱するのは全く普選実現の、一日も早からんことを希うが為であるが、さりとて此政府のように、通過さえすれば如何なる形でも、構わぬと言う無定見は心細い。与党の諸氏は頼むに足らぬとすれば、寧ろ野党なり上院議員の中から相当に皮肉なる質疑と意見が提出せられ、彼等を反省せしめんことを期するのである。枢密院の修正と伝うるものの中にも、幾つかの賛成すべき点はあった。又罰則の箇条や華族の被選権の如く、何れに決するも可なるものもある。中に就いて最も悲しむべきは、被選資格の年齢二十五歳以上が、忽ち三十歳になったことである。政府は此れだけは譲るまいと評判されて居ると、其れもまた折れてしまった。今になって考えて見ると、与党三派の委員とかの彼此《かれこれ》は、ことごとく皆芝居であった。

（『東京朝日新聞』論説、一九二五年二月二四日、東京朝日新聞発行所）

普選と封建思想

タイムスの社説子が所謂東洋の封建思想なるものは、果して尚大正年間の日本に現存し、能く普通選挙制の設定に反抗し、もしくは之に由って初めて征服せられるまでの、活気を具えて居たかどうか。近年国民はほとんど此四箇の熟字を忘れてしまおうとして居たことは事実であるが、そう言われて見るとなるほど、陳腐に属したのは独り名称だけであって、其内容実質に至っては、まだ何人も其全滅を報告した者は無かったのである。あるいは今日でも此思想が、秩序風俗と云うが如き概括的称呼の蔭に隠れて、系統も何も無い破片と為って残留し、知らず識らずの間に、政治の革新を困難ならしめて居りはせぬだろうか。今一応捜査をして見るのも、決して無用の業ではないと思う。

我々の尊敬する所の日本の昔気質《かたぎ》は、考えれば考えるほど多種多様の組合せである。外国の方へ翻訳せられて居るのは単に其内の翻訳しやすい部分だけであろうから、如何なる場合にも責をタイムスの研究不足に帰することは出来ないが、まず以て誤解せられて居るのは、この貴族院の地位である。大名の児のような議員は、久しい間もう上院には出て居らぬ。彼等の保守主義は、常に明治以後の現状維持であることは、其利害が普通の金持等と一致して居るのを見てもよく分る。長者議員に門閥の地主を出そうとした計画も、物の見事に失敗してしまった。しかも党派よりもなお強固な団結が、個人の意思を左右して居るのが、また互選の有爵者である。仮に彼等が頑として普選の成立を拒み得たとしても、それは伝統の勢力でも何でも無い。平たく言えば貴族院改革の反対が主であって、普選制度は之を促すからいやなのである。初めから強い反対では無いのである。所謂封建時代の政治組織が、王政維新の障りであったから、五十幾年前《ぜん》に根こそげ撤却せられたことは、どんな外国人でも知って居る歴史である。之を知りながら尚東洋の封建思想と名づけて、何か亜細亜の突端にばかり、特別に結構なる社会観の、能く将来民衆政治の病弊を救治するものが、残存するかの如く推断するのは、買被りに非ずんば則ち単なる論理の練習に他ならぬ。封建の制度は疾《とく》に絶滅して、惰性を以て其後に遺った因習ばかりが、永く世を導くべく二度目の光を放つことが、果して東洋ならば望み得られるであろうか。如何にも解し難い説である。

しかも実際においては之れと反対に、吾人は寧ろ一種の悪癖とも謂うべきものを、封建時代から受け継いで、少からず難儀をして居るのである。其一つは改革に対する漠然たる不安である。見境の無い保守傾向である。なるほど普選は急激なる躍進であったが、為に万全なる方法を講ぜんとする研究者の親切があったならば、恐らくは半分の歳月を以て、遥に今の案よりも優良なるものを、作成することが出来たはずである。第二の封建思想の残物は、甚だ究屈なる忠誠であった。我郷我友我親方の為には、死をも辞せざる義気はあっても「他」の字の附ものに対しては、国内に在っても尚冷淡以上であった故に政争は忽ちに戦闘と為り、敵派の正論を聴だけの雅量無きは固より、統制を重んずと称して、甘んじて、味方の無理を通すことあたかも上意と称して人を斬った時の如くである。一時的の聯立内閣などが、存在し得る国では実は無いので、今日其変態が約一年を支えんとして居るのは全く封建思想に起因する第三の習性、即ち勢力強弱の打算に長じ、便宜に基いて屈従することを、一種の策略として是認するの癖があるからである。上院の政治家も素よりこの道の達人なれども、往々にして其手腕が制限せられる。之に反して中世戦国時代の、諸国大小名の世渡り法を、最も完全に相続して居る者は政党者流であって、彼等の離合集散の偶然の結果が図らず目下の選挙法案となったのは寧ろ国民の幸運であったが、一朝甚だ複雑なる今日の政局に際会すれば、各党の保身策は如何ように之を処理すべきか、本来良心に出発したる提案で無いだけに、今後も尚幾度か、之に類する変動を免れぬことと思う。所謂力の福音は、前には政治家をして極度に金銭を欲せしめ、今は又運動を畏れしめる。自他共に国を愛する者の立場から、単純に未来の政治を討論することも出来ぬようにしたのが、即ち吾人の保存する封建思想であった。どこにうらやみまたは愛すべき点があるであろうか。

（『東京朝日新聞』論説、一九二五年三月一日、東京朝日新聞発行所）

青年日本の為に

メーデーの街の塵と共に、また一回の春が過ぎ去らんとする。今年は殊に花の盛りの頃から、日曜には雨が多くて、誠にあわただしい春であった。静かに新しい政治生活の進展を観照すべく、あまりに世間は多事であった。次の代の参政権者をして、議院制度の今回の改革が、何事を意味するかを会得せしめ、最近数年《すねん》の短い期間、局に当る人物の種類傾向の如何に拘らず、時運は着々として動き且移りつつあったことを、正当に意識せしめようというには、吾人は社会事相の今少しく単純な、今少しく余裕のある生活を必要として居たのである。併し現実は此希望に合しなかった。折角愉快なる新機会が、青春の人を迎えんとする世の中に為っても、彼等は依然として此の如き混迷の裏《うち》に成長して行かねばならぬのである。

文部の当局には永年の伝統に由って、今尚一派の老成保守の思想に共鳴する者があるらしい。普選が既に翻すべからざる大勢と為って後まで、自ら普通教育の効果に関して、若干の不信用を抱き、国人の判断智慮は、果して全土を挙《こぞ》って、代議政体の責務を分担するに足るまでに、成熟して居るか否かを危まんとした。従って選挙法がいよいよ成立することになると、大急ぎで各種の所謂新事業を調査し始め、公民養成を目的とした訓令でも出そうかと気構える。其動機や親切で其志や壮であるが、残念ながら結果はただ従来の煩雑に追加し、学校管理者を疲労せしむべき、項目を増設するに止まりはせぬか。六十年に垂《なんな》んとする努力の継続が、もし不幸にして民衆を公民とするにも足りなかったとすれば、是から上の若干の干渉にも、やはり多分の期待は出来ぬ道理であるが、吾人はそれ程にまで従来の教育の功績を見くびっては居ない。但し各自の気休めの為、もしくは世間体の為にならば、文部省として何等かの変更を此際に企つるも差支は無いが、切に要求する所は事務の単純と簡便である。少年青年の心意の自由なる成長に向って、余分の障壁を設けられざらんことである。輿論《よろん》の強力なる反対を押切って、一校一将校の猛烈なる軍事教育を実現せしめたる当局者なるが故に、殊に公民養成と称してまた何等かの新鋳型を工夫し、可憐の子弟に臨まんとするので無いかを懸念する。そんな事までは吾人の依頼する所で無い。所謂成人教育は決して適切なる名称では無い。教育と名のつく以上は是非とも之を管かつし且之を学校式に統一して見ようとするならば、是れ正《まさ》しく野望である。完全無上の識見と、非凡の才幹を具えた人物が局に当っても、恐らくは成人の学び思い且感ずる所を左右することは出来ない。仮に出来るとすれば是れ精神上の専制であるが故に、出来ぬ方がよろしいのである。しかも日本は不幸な国であって、印刷の技術がやや進むや否や、幾千万とも算え切れぬ無用の書籍が、少数有益の書を引包《くる》んで、雑然として市に溢れる。少しでも弁舌の有る人間は、明けても暮れても地方を巡歴して、口から出まかせの講演をしてあるく。それを政治が奨励までして、此二三十年の間に驚くべき流行を作り、普通の能力ある民衆をして、ほとんど寧処するを得せしめなかったのである。所謂詰込み教育の弊害は、延長して止まる所を知らぬのであるが、之に対する取捨選択の判断は、如何なる機会にもかつて与えられたことが無い。質ぼくなる地方人は此等の著述講話に由って自ら利する前、先ず多くは大なる混乱に陥って、独立自主の思想を作り上げる余裕とては無かったのである。文部省にして今尚自己の力を危み、当然の本務を固守する能わず、教育の根本に着目すること無くして、此の如き追加増設の政策を追うて居る間は、如何に国民の美なる習性、豊富なる天分はあっても、之を発揮して新しい政治生活に応用する道が無い。今日のように煩雑なる社会においては、人を神経衰弱より救うことすらも困難である。故に誠に後代の為に優秀なる公民を作るの志あるならば、寧ろ従来の小刀細工を断念して、学校の事務を簡易にし、真率無邪気にして且丈夫なる青年を送り出すことに、力を専らにして見るがよろしい。そうすれば彼等は自ら戦い、また自分の判断を以て、この混乱した知識を整頓して行くであろう。今日の如き有様では、是等当局の苦心も、大部分は無用である。

（『東京朝日新聞』論説、一九二五年五月三日、東京朝日新聞発行所）

補欠選挙の新経験

憲政会代議士の少壮分子なるものが、突如として議会解散の要望を表決したと伝えられる。今の場合それが例の常任委員長問題等に対する、一種のけん制運動であったとしても、格別の不思議は無いのであるが、吾人は尚彼等が少壮の名に免じて、甘んじて若干の買被りをしようと思う。実際ごく普通の感覚を具えた者ならば、最近二回の補欠選挙の結果を見て、もう在来の制度に見切を付けぬ者は無いはずである。東京市の郊外で棄権者が五割五分、横浜市に六割以上の不投票者があって、あたら堂々たる天下の政治家を、大きな声では当選しましたとも言われぬような、気の毒な目に遭わせてしまった。誠に苦々しい次第である。

その中《うち》でも横浜の戸井氏の方は全然の無競争で、あるいは反対派の断念、乃至は賛成派の安心が、かくの如き変態を示したとも解せられるが、他の一方の東京府下に在っては三人までも出て争って、相応な運動が行われたにも拘らず、二万あまりの有権者が、丸々選挙に無関心であったのである。立候補の制度が極端に悪いか、在来の運動方法が成って居らぬか、然らざればこんな選挙はどうでも宜しいと、人心が疾くに冷却して居るのであって、何れにしても最早昔の名残に恋々たるべき場合で無い。故に若し憲政会のある一部に、幹部の魂胆を顧みること無く、心から改選の必要を認める者があったとすれば、それは正しく気運に敏感なる人々であって、仮に半白の齢を過ぎて居ても、尚自ら少壮と称して差支が無いことになるのである。

但し最近の政局の如きは、必ずしもこの諸君の御苦労をまたずして、徐々として解散の機を催しつつあるように見える。問題はただ旧制の下《もと》に久しく長養せられ来った中級選挙人の悪癖、即ち頼まれなければ投票にも行かぬという風な気質が、いよいよ普通選挙の実施に際会して、果して如何なる効果を明年以後の日本の政治に及ぼすべきかである。単なる懸引にもせよ解散の即行を主張する代議士たちは、今からこの点を考究して置くことが、第一に自身に対する義務であることを思わねばならぬ。

既成政党が一般に解散を好まぬのは、一つには結果の予測が困難な為かも知れぬ。外国が実験した普選制度の弱点は、棄権者の多くなることであった。併し日本のこの次の総選挙において、仮にも今回以上に驚くべき投票歩合を、想像することが出来るであろうか。いわゆる顔役の拝み倒し、義理と縁故との引張り合い、乃至は今一段と下劣なる戸別歎願、車代、弁当代の放漫なる支出の如き、何れも旧制時代の欠くべからざる戦術であったものが、今や事実と法令との両方面から、ほとんど皆不可能に帰したのである。新選挙人の多数は単なる好奇心の外に、そういう変態の慣習に由って、未だ傷《そこな》われざる純なる義務心を持って居る。たとえば統一無き混乱の群であるにしても、その力は優に在来の人為的地盤を圧倒して、政界の分野を改造するに足るのである。この形勢に直面しつつ、何の用意も無い既成政党が、僅《わずか》半歳《とし》一年の現状維持の為に、あらゆる術策を講ずるのは笑止の至りだが、吾人はもう之を論評するの勇気も無い。独り大に危む所は、右の如き時代の変遷に臨んで、今以て反省し能わざる古風な選挙人の態度である。次には基礎をその上に置いて、永く争奪を続けられんとする政権の帰趣である。

政治教育という語は今漸く発見せられたばかりである。之を政府の手に委ねて置いて、安心してよいか否かには議論があるが、仮に万全の効果を期し得べしとしても、次の選挙の間に合わぬことは明白である。差当っての対策としては、最近の補欠選挙の経験を痛感し、枕を高くして居られぬ人々、殊には永年の無理想を以て、一時凌ぎに日本全国の選挙界を、いむべき悪癖に導き来った人々が、一日も早く各自の地盤に戻って、従来の不心得を自白するの他は無い。この意味において憲政会内の解散論とかは、同情の価があるのである。

（『東京朝日新聞』論説、一九二五年一二月二四日、東京朝日新聞発行所）

選挙法施行令

一個の手土産すらも無い延長内閣の第一日を記念すべく、偶然ながらも若干の新味を提供したものは、選挙法施行令の公布であった。全編百何条の至って煩瑣な規定で、多数普通の新選挙人には、解りもせず、また解らずとも差支の無い手続のようなもので、無論これが出ずとも解散はして宜しいのであるが、尚政治的には微妙なる効果がある。いよいよ次の総選挙の支度は先ず整うたので、この上はただ新なる参政権が、如何にすれば十分厳正に行使せられるかを、考えて見るだけの仕事が残されて居る。

本来政治の革新は、必ずしも難事業では無い。その方法もまた早く備わって居たのであるが、単に眼前の政治家のように、自身病弊の中に陥没して、病源の何処《いずこ》に在るかを知らぬ人々と共に、之を講究することが出来なかったばかりである。今度の議会では税制よりも各種の予算よりも、解散の有無が常により大なる問題であった。若槻新さい相の能力を評判する場合にも、往々にして次の選挙戦に対する、軍用金調達の手腕に論及せんとする者がある。既に普通選挙法を可決し、次でその施行に必要なる手続を完了して後に、解散の機会の大に迫って居ることを感じつつも、尚少しでも之を延期する途を考え、不意の故障の寧ろ多からんことを祈るのが、果してかの玄人たちの内情であるとすれば、その様な不可思議はまたと無いのであって、之を疑うのは新米参政権者の権利であり、同時にまた大なる義務である。

代議政体の国家に在っては、選挙は言わば年中行事の一つである。それがかくまでに重苦しくかつ大儀な事務と為ったのには、何か変態の理由が無ければならぬ。何かと言うと世の中はこんな物などと、無造作な断定をする者の多い日本ではあるが、幸いにして近年の選挙は大小を通じて、年増しに弊害の度が加わって来て、ほんの少しばかり注意をして視て居れば、新しい馬鹿々々しさが容易に目に留まるのである。実地の学習には好都合の時代である。

例えば大震災後の東京市においては、去年と今年と二度に分たれて区会議員の改選が行われる。去年もその通であったが二ヶ月余も以前から、何倍という数の候補者が奮起して、猛烈を極めた競争を試み、為に大変な金と人とを費して居る。この連中には小区域の行政に興味を感じ、職業の時間を割愛して公共に尽くさんとする志ある者も絶無ではあるまいが、それにしては是程の選挙費を、棄てて惜まない動機が疑われる。復興の首都には豊富なる事業がある。之れを管理する吏員等は物分りが過分に早く、殊に議員に対しては従順だという世評がある。多分はそれが有力なる誘因となって、必ずしも花々しからざる一地位の獲得を以て、一種の投資事業の如く誤解する者を生じたのである。苦々しい話だと言わねばならぬ。

衆議院議員の選挙においても、同じ動機が今まではあった。之に比べると無識なる富家翁などの、名聞の為に候補に立つ方はまだ無害であった。二三の政商輩の揚言して憚《はばか》らざる如く、代議士の地位をはさんで私利を策するに至れば、その結果の終《つい》に今日の如くなるは当然である。選挙費の制限は吾人のしばしば説く如く、その限度までの公認を意味し、常に貧しい政治家を駆逐するか、または変節せしめざれば止まぬのである。新選挙法では強い理由も無いのに国の請負人の被選権を認めて居る。彼等に取っては代議士は引合う投資である。故に弊害無きを得ぬのである。併し仮に旧法の如く国の請負人に禁じた処で、府県に向ってこの地位を濫用する者は防ぎ難く、更に財利の徒の手先となって、彼等の為の代議士になる者を、如何ともすることが出来ぬのである。選挙の後援を以て道楽の業と説明し、力士や役者に金を遣る者と同様に、考えようとした時代は過ぎて居る。乾《いぬい》某君一流の守銭奴で無くとも、金を出そうとする者に下心の有るのは普通である。この内情をのみ込んで一般に軍資に豊かな候補者に向って、反感を抱くことを忘れぬようになったならば、今の議会の解散非解散は最早問題で無くなり、朝野の政党員等も今少しく必要なことを、念頭に置くに至るであろう。新選挙人等に取っては、是が第一着の準備であると信ずる。

（『東京朝日新聞』論説、一九二六年一月三一日、東京朝日新聞社）

町村吏員に対する期待

日本人の公共生活に、もっとも交渉の深い町村吏員の待遇が、今まで一国の問題として、曾《かつ》て考慮せられたこともなかったのは遺憾であるが、それは他の一面からこの職務が、単なる職業でなく雇よう関係でなかったことを意味するのである。

なるほど三流市の若干と、一流の町との間には、生活事情の相似たる点は多い。然るに一方では堂々たる分限給与の条例を制定して、彼等の地位を保障しているに反し、もし他の一方にあって尚在来の内規のままに、手加減の如きものでその吏員を進退して居るとしたら、忽ち比較によって不権衡の非難が起るのは当然であるが、果してその様な場合がまだ幾らも打棄ててあるのであろうか。またいわゆる七万の総数の中で、同一筆法をもって類推し得るものが、現在既にどの割合にまで達しているのであろうか。この二問題も、また久しく不当に顧みられなかったのである。

吾人の大なる懸念は、今の思想の中央集権の余弊として、これ等農村の特殊事情が注意せられず、外部の観察に基いた概括論の下に、折角歳月の力をもって作りあげた好組織が、無意味に解体し消滅せんことである。多数町村吏員の従前の待遇が、その勤労の対価として十分のものでなかったことは、我も人も久しくこれを認めて居る。普通の官庁事務所の類ならば、たしかに五人三人の手をかけて、尚分業の周密ならざるを患《うれ》えるほど多端なる雑務を、大抵の場合には単独で処理し、その上に折合のやや困難なる土地ならば、更にある程度までは利害と感情の一致抵触にも通暁せねばならぬのである。そんな厄介な職務に服し得る者などは、仮に高給を約束して世間の労力市場を求めたところが、応募者の無いのはきまって居る。即ちこの地位の決して単なる雇主被雇人の仲でなかった証拠である。

そんなら如何なる理由から、これを町村住民のうちにとれば、通例はその人無きに苦しまなかったかというと、これを公民当然の義務と考えるからという以上に、隠れたる慣例が暗々裏に認められ、これをもって一種公人の養成機関として、その効果に期待するところがあった故である。戸長を家柄に指定した時代はとくに過ぎた。煩雑無数の事務会計は、到底声望ばかりをもって、この地位を充すに足らなくなって居る。即ち誠実なる役場書記はゆくゆく助役の適材であり、兼てまた有望なる町村長候補者ともなり得た所以である。

議員として郷人の委託に背かず、乃至は信頼すべき一選挙人として、自然に政治の方針を指導するという場合にも、今日の国情では矢張ある程度の地方事務の知識、法規制度の理解をもたなければ、完全にその本分を尽す見込は無いのである。然も学校講話書籍雑誌、いわゆる文明設備のあらゆる種類を見渡して、僅なる理屈の破片以外、公人たる町村住民の資格を準備させるものは、不幸にしてこの他には一つも無かったのである。

自治は日本ではまだ四十年の歴史しかない上に、今の公共団体は実は近年の強制集合であった。それにも拘らず、とにかくにその本旨を会得し、教育に産業にあらゆる方面に向って、目を開いて見るだけの成果を呈したのは、決して一二老先輩力では無い。言わず語らずの間に公生活に協力せしめんとする念慮が、家を守り親を助けて居る子弟を促して、その待遇の不十分に甘心しつつ、順次に土地のために働かせて来たのであって、その反面からもしこれだけの条件では満足して出てくる者もなく、結局待遇の著るしい改良をもって始めて成規通りの勤務に服する者を、出身地の如何を問わず採用しなければならぬようになったとしたら、それ等の町村は不幸である。是非とも改めて何等か別手段を講じて、住民をして公事務に習熟せしめねばならぬ。東京大阪以下の寄留人大集合地が、未解決に悩みつつあるものを悩まなければならぬ。

いわゆる勤労契約の正義を説き、互助組合の施設を企てることも、個人に賛否の自由が許さる る限り、事において少しも害は無い。ただ町村の事業はいよいよ繁くその財力は依然として乏しい際に当り、折角養成して来た住民奉公の好風習を冷却せしめ、他処《よそ》から雇ったサラリーメン式観念をもって、自己の郷党に臨まんとする者の、ゆくゆく増加するなきやを危《あやぶ》むのみである。

責任は国家にもあるが、日本の町村は大きさの割には事務費がかかりすぎる。一日も早く自身公務をとり得る町村長を作って成るべく吏員の練修期間を短くする途を講じたいものである。

（『東京朝日新聞』論説、一九二七年一月一一日、東京朝日新聞社）

待合政治の考察

特に政治に限って待合内の協調を不純視し、平生相応にこの機関の利便を実験するらしき人々までが、その観察に雷同するという理由があるのであろうか。但しはまた一派のある長袖《ちようしゆう》者流《しやりゆう》のみに、殊にその害毒の警戒すべきものがあって、他の尋常の豪傑等は、安然として既に免疫の域に達して居るのであろうか。何にせよ今頃事新しく可否の論が起り、それが研究会ばかりの問題の如く取扱われて、大体片づこうとして居るなどは笑い事で無い。少くとも何故に彼等の待合入だけが非難せられねばならぬかを、考えて見る必要はあったのである。

けだし日本の如く一飯の恩をろう記する国柄においては、飲食も誠に恐るべき輿論政治の敵である。しかも名を公事に託してその感謝を忘却することは、今尚世論の是認せざる道徳なる故に、乃《すなわ》ち堂々たる選挙の法規中に、弁当に関する煩雑なる取締りの個条を設けて、強いて食わそうとする者を罪悪と認めしむるに至ったのである。然しながら如何程古風に義理固き連中でも、貴族はまさかに食物で釣られるような、簡単な良心は持って居ない。いわんや施与に類する待遇に対しては、寧ろやや過敏なる反感をさえ抱く人々である。従って待合政治活用の動機が、この方面に無かったことだけは明かである。

然らば何が故に年傾き児孫の教育を念とすべき者までが、かかる酒色のちまたに事務として往来することを辞しなかったのであるか。私語と密談は依然として政治の興味の如く解せられ、暮夜の訪問と小室の集合とは、もっとも普通なる交渉の様式である今日、何が故にある一種の会場のみが、特に忌まわしき弊害ありとにらまるるまでに、有効にしてかつ人望があったのであろうか。これが恐らくは外国の教科書をもって、日本の政治を講究する能わざる難点の一つであろうと思う。

だから小さい愉快で無い問題として、軽々しく看過することが出来ぬのである。酒は第一この東方の社会においては、比較的偉大なる効果をもって居た。その上に浅香山《あさかやま》の橘諸兄《たちばなのもろえ》以来、酒を酌する者の前では、角張った物いいをせぬことが、国民遺伝の一つの趣味であった。そればかりか苦労少く活きて来た者には、年老いるまで見得坊《みえぼう》という弱点があった。御承知の通りといわれていや承知せずと明言する能わず、解ったかと問われて解らぬと答え、忽ち師弟の如く丁寧に説明してもらうことを、取分け女童《おんなわらべ》の聴くような場所において、恥辱と感ずる者が多かったのである。この二種の心理作用は、従来久しく厄介なる談判の解決に、可なり巧妙に使役せられて居た。それにつけ加えて今一つ、意味の甚だしく不明にして濫用自在なる術語があって、それが前世紀以来のある方面の武器であった。率直なる東都市民は、通とか野暮とかいう短評の圧迫を受けて、不必要に討議商量を端切り、粗忽なる決定に累せられて、しかも泣き言をいわぬをもって見得とした。その風習が今尚一部に残留して、ために著るしく常識の精練を妨げたことは事実であるが、老かいなる旧政治家等は、これをしも尚利用することを怠らなかったのである。

一言《いちげん》をもって要約すれば、今の東京の待合政治は、是非を評論に委ぬべからざる難儀なる政務の遂行方法であった。反対意見のもっとも手軽なる処理手段であった。左顧右べんして安静を得ざる特殊議員の、有効なる調教場といってもよかったのである。従って特にこの弊害に抵抗する力弱き者に対し、最初から幼児を井戸端に近づけしめざる如く、別様の警戒を与うる必要もあったのである。

世上多数の社会改良運動においては、この種一局部に偏在する弊習は、往々にして閑却せられて居る姿であるが、その当面の重要性に至っては、かえって個々の家庭平和の問題を超越するものがある。必ずしも独り政治の一面に止まらず、社会交渉のもっとも複雑にして特に慎密なる思慮を要求する事件を、単に当事者の骨惜み、乃至は腹黒き巧智をもって、置酒歓笑の間に突如として完了しようとすることは、後代に対する甚だしき無責任である。しかも節制なき饗宴が往々にして心情のもっとも下劣なる部分を暴露し、互にこれをもって相許し得たりとすることは、仮に彼等を一世の師表と認むる者絶無なりとしても、尚人生の表裏を当然とし、恥ずべき妥協をもって即ち政治なりと解せしめる危険はある。研究会の二三子を戒めて、その待合出入を慎ましむるをもって、終結とすべき問題で無いことは明白である。

（『東京朝日新聞』論説、一九二七年一二月一八日、東京朝日新聞社）

警察と選挙

野党は今回もいわゆる選挙目付役を前地方官中より人選して、関係地方の巡視をさせようとする。内務当局者はこれを気にすること甚だしく、そんな者に威圧せられるなということを、懇々と地方官に訓示する。選挙の前に立って沢山の知事や警察官を動かせたのは、乱暴の処置だと野党はいう。それにも拘らず現政府に従順なる地方官の存在を、与党の方では好望の一つに算えて居る。

これ等はことごとく日本の選挙界における、もっとも不可解なる珍奇現象といって宜しい。それをもし当り前の事として怪しまぬ者がありとすれば、即ち証拠の有無を問わず、大切なる我々の総選挙に一種合法の干渉あることを、承認した者に他ならぬのである。

警察と選挙、この二つの名詞には果して何の関係があるのであろうか。これは民族の名誉のために、この際改めて深思すべき問題である。昨年地方議会改選の実験をもってすれば、数百万を算する投票のうちについて、この煩雑なる法令の条項に触れたる者は、その数《すう》僅に二千何百と報ぜられる。しかもその一部分は警察の任にある者の違犯であった。果してサーベルを引きずる人々が全く手を引いて、選挙を当の責任者の自治に一任した場合、如何なる弊害の忍ぶべからざるものがあるとするのであろうか。日本国民はいわゆる官憲の監視の下《もと》においてのみ、正当なる選挙を遂行し得る者と見縊《みくび》られて居るのであろうか。乃至はまた警察は別に事犯を減少せしむべき、特殊の手腕を具えて居るのであろうか。何にしても過去の成績の甚だしく微小なるに対して、いつも支度の業々しいのには、驚きかつ歎息せざるを得ない。

以前の制限選挙の世の中においては、総選挙は通例在朝党の勝利をもって終って居た。殊に二流以下の都市においては、毎回必ず現政府のために投票をする癖さえあった。今回も政府はその声をもって景気をつけようとして居るが、公平なる批判は果してこれに与《くみ》するや否や。省察の余地は尚多いのである。最近清浦内閣の失脚の前に、苦い経験をした人々は今野党に居る。彼等は寧ろかの折の失敗に基いて、新しい楽観を築きあげることが出来るのである。その上に万年政府党の地盤ともいうべかりし、市は編入せられて中選挙区の一部になったのみか、いわゆる無産派の根拠はその間に経営せられたのである。それよりも何よりも遥に重大なる変化は、今度の総選挙には千万人の悪癖なき国民が、新たに来って投票に加わろうとして居るのである。この場合にも尚大小の役人を集めて、積年の宿弊を説法することに、果して何等かの隠れたる効果があるか。思うにいわゆる密室の秘策とかは、与党末輩の情ない窮余の宣伝と見ていいもので、うかとこの様なる示威運動に乗ぜられることは、まず第一に範を後代にたれんとする田中首相等の志で無いにきまって居る。

けだし指導監督の任に在る人々の、国家に対する第一番の本務は、多数の新選挙人に警察の怖るるに足らぬこと、彼等は寸分の干渉をすらもなし能う力の無き者なることを、教えるにあるは固よりである。日本は既に普選の国となったけれども、地方に住む純良なる農民等のうちには、少数帯刀の階級を畏敬する旧習いまだ失われず、あるいはまた彼等の訪問をもって、家の面目と両立せざるものの如く、誤解する風が養われて居る。故に中央官庁が警吏を激励して、選挙に活躍せしめることは無益なるのみか、時としてはまた有害でもあり得る。事を好まざる者の棄権、危険をもう想する者の曲従、こういう善人たちの心得ちがいは、卑劣漢の節を売り操をひさぐよりも、尚悲しむべきことである。いわんや新法は極度にまでかい察であって、一郷一村の心あり私無き者も、嫌疑を避けて彼等のために説くことを差控えるかも知れぬ。特に「細心なる注意」を要する所以である。

申すまでも無いことだが、国民は必ずしも一党の政府のみに、その公生活の指導を託するにはおよばぬ。いわんや非違のきゅう弾を旨とする警察の如きは、良心ある投票とは何の交渉も無いものである。彼等によって取締られた制限時代の見苦しい傷痕を、一日も早く多数の成長する力をもって、押包むことを心がけるが肝要である。

（『東京朝日新聞』論説、一九二八年一月二五日、東京朝日新聞社）

興味ある市会選挙の現況

帝都は果して浄化し得べきか否か。挙国七千万の民衆に取っても、これは明かに一大関心事であって、近く二週日の後に現るべき投票の結果については、単なる好奇心以上にもっとも熱烈なる観望の眼を見張って居る者は多いのである。この際において寧ろ市民の一部に、やや問題を冷視する者あり、選挙の気勢はこれがために揚がらず、徒らに旧式世話人の提灯《ちようちん》の火に導かれて、再び利得以外には抱負無き若干の小人物が、我々の市政に近づかんとする形勢があるということは、如何にしても心許無い話である。今回の解散のたった一つの理由は、市会その物の腐敗であり醜状暴露であった。その総市民に対する精神的打撃に至っては、優に六年以前の物質的大災害と、匹敵するに足るものがあるのである。人心はこれに由って極度に動乱し、市は即ち邪智に富む者の、地位をはさんで自ち養うの食器なるかの如く、想像する者をさえ生じて居るのである。単なる復旧の尺寸《せきすん》もその不安危険を除くに足らざるは当然である。心有る人々はただに一身の清白を期するに止まらず、進んでは隣人のために愛市の急務を力説しなければならぬのであるが、時あたかも中央政局の多事に臨んで、兎角街頭のゴシップまでが、その方に傾き勝ちなのは残念なことである。

あるいは選挙制度の適用の、何かまだ実情と調和し難いものが有るのかも知れぬ。この新興大都の特殊なる社会構造が、あるいは法の効果を妨げんとして居るのかも知れぬ。もし少しでもその様な疑いがありとすれば、それもまた今回の如き異常改選の機会においてもっとも痛切にこれを実験して置く必要があると信ずる。自治体の情偽流弊が今度ほど露骨に摘発せられ、社会一般の批判が今度ほどせん鋭に一致したことは、空前にしてまた恐らくは絶後でもあろう。これだけ輿論の強大なる支援を受けて居りながら、尚革新の実を挙げ得なかったとしたら、東京市は明かに病体であるといってよい。実際に大震災を一つの堺として、市民の大半はいれ代って居る。仮ぐう者の数もまた激増した。彼等の大多数は本当の意味における隣人を有たず、たまたま特殊の縁故によって少数の結合を試みる者も、いまだその力を市政の上に行うだけに、市の実務を理解せぬ場合が多いのである。市民として自己の政策を持たざること、これが現在の最大弱点といってよいと思う。その結果としては一片の改革案も持合せず、甚だしきは何等の知識抱負無しと公言する者が、折々は立候補を宣し、また若干の人気を博して居る。私党結託の浅ましい醜態に懲り果てた反動として、いわゆる人物本位主義を高調したことが、今はまた幾分の散漫を見ようとして居るのである。

最近の経験においては、市会の今までの各派は概ね共謀団とも名くべきものであった。彼等は利慾のためには政敵とすらも手を握って居り、その害悪は特に一国の大政党と、連絡するものにおいて甚だしかった。かかる悪因縁を打破するためには、中立孤立の将来の去就を自由にして居る者が、望みを嘱せられるのは自然であるが、彼等にしてもし主張無く操持無く、いわゆる浄化後の市政に対して、何等の画策をも示すことが出来ぬような候補者であったとしたら、その行く先も心細いものである。少しく多弁に失するの難はあるが、無産各派の出現はこの意味において愉快なことである。ひとり予め彼等の投票者等を指導して、市政の実地に参加せしめるの力あるのみならず、更に彼等の主張を批判し制限しもしくは反対せんとする者をして、各自具体的にその立場を示し、徒らに人品風さい肩書金力等の、少しでも市政と関係無きものを標準として、義理や行がかりで古風な入札を敢てする者を、段々に少なくする結果に帰するからである。

今日の報道によれば、立候補の登録は既に二百五十余件、競争の激烈は必然的に予期せられて、寧ろ若干の尻込取消を誘致することはあっても、この上多数の新名士を発見する余地は無いかも知れぬ。後藤伯の擁立は興味あるニュースであり、他の若干の有志推薦候補者の出現も、また愉快なる新傾向ではあるが、今頃そういう特殊の機会を待って、これによって浄化の希望をつないで居るわけにはゆかぬ。吾人が東京市民のためにそれ以上に慶賀することは、兎に角に今回の総選挙を期として、まず完全に旧勢力が覆滅して、新たなる人物の続々として出て来たことこれが一つ、次にはやや線香花火式の嫌いはあったが、各種の革正運動の少なくとも半分は真面目で、彼等自らその主義主張をもって自分たちを拘束するのみならず、更に幾分のよき感化を、従来無頓着なりし周囲の市民に与えたことが第二である。更に今一つの点を付加えるならば、候補者の人物に至って顕著なる優劣のあることである。市民が僅なる熱情と注意とをもって彼等の行動を視察すれば、正しき選挙は何の面倒も無く行われ得るという実状は、帝都将来の光栄と幸福とのために、もっとも喜ばしい自然の準備であると思う。

（『東京朝日新聞』論説、一九二九年三月三日、東京朝日新聞社）

市の選挙と青年団

普選第一次の市会議員選挙に対して、一般市民の監視がまだ十分に周密で無いという声を聴くが、我々はここに尚全《まる》一昼夜のもっとも大切な期間を控えて居るのである。有効にこれを利用すべきである。

いわゆる金力候補に対する反感と警戒とは、今や既に一つの機運となったけれども、その次の縁故情実の運動に至っては、尚あるいはこれを普通の事の様に考えて居る人もある。然しこういう運動をする者は、大抵は他に頼むところの無い者に多い。識見と素養の他人の信望を博するに足るもの無しと感ずる者が、主としてこの拝み倒しや顔役連の利用をもって、投票をかき集めようとするので、勢い窮まって買収の不正を敢てする者は、必ずしも金持に限らず、その危険と後の害に至っては、却てこの秘密の運動費を、元入の如く考える者において恐ろしいのである。

学生青年婦人等の団体で、自身選挙権の行使に与《あず》からぬ人たちが、多くの眼をもってこの選挙戦の経過を観察してくれることは、喜ばしい今回の新現象の一つである。彼等が市民生活の展開のために尽そうとする無私の動機は、殊に感謝しなければならぬものであるが、然もその効果のおよぶところ果してどの位であろうか。地方選挙の在来の経験によると、土地の青年たちが選挙に興味を持てば自然に運動は浄化し、怪しき者の尻込するが普通であったが、東京の青年団などには、不幸にして今まではその力を試みる機会は無く、寧ろ往々にして二三小頭目のために、その多数を代表させて居たような憾みがあった。若し今回の助力勢援が自発的のものであり、直接に彼等の力を市に捧ぐるの意図に出たものならば、収穫はけだし大いなるものがあることと信ずる。ひとり純真なる青年の理想に背く者が、市会に出て荒《あば》れることを防ぐに止《とど》まらず、彼等自身もまた今度の経験に学んで、次の選挙期の良投票者となることを得るからである。

（『東京朝日新聞』論説、一九二九年三月一五日、東京朝日新聞社）

自治と新選挙

今回の地方選挙を境目として、新たに出現しかかって居る傾向の中には、如何なる保守論者でも尚歓迎しなければならぬ様な、明るい愉快なる一つの機運が認められる。いわゆる新人の言論の力よりも、またはこれを自由ならしめたる普通選挙の制度よりも、更に一段の底を流れて居る各自治体の生活素が、始めてこの機会に乗じて目覚めかつ働きだしたかと思われることは、国の前途に関心する人々に取って、何よりの心強さである。

日本の地方行政が、既に久しい前から大なる一回転を必要として居たことは、かの郡役所廃止の不便が、頻《しきり》に在来の理事者等によって、未練がましくつぶやかれるのを見てもよく分る。然るに世には町村の経営を我事業の如くに考えて居る少数があって、今までは兎角郡制時代の仕来りのみによって、現状を維持して見ようとしたのであった。彼等がもし時勢を知り、殊に重大なる環境の変化に明敏であったならば、この素志においては少なくとも親切であり、また縁故においてはもっとも濃厚なる前期の愛郷者等を失うことは、正しく公共の損害であったろうが、如何せんその多数には、改革の急不急を判別するだけの確信が無く、一まずは一切の変化を忌み避けようとした上に、時にはその地位を利用して、特に保持しなければならぬ私的利害を有つ者があったのである。極めて少数の異例ではあるが、一朝選挙によって多数を失えば忽ちにして生活の安固をおびやかされるような突詰めた程度にまで、いわゆる階級対立の状勢を運んでいたものもあったのである。

かくの如き場合にあっては、反動は誠にやむを得なかった。ひとり郡長の後見人式指導時代が過去っていたのみならず、郷党の利害はとくに二つ三つに立別れて、調和互譲の必要はもっとも切であった際に、なお依然として元の監督官庁の行政に信頼し、中央の政治の統一せられることをのみ念じて居た以上は、これは寧ろ意外なる結果でない。地方分権は空なる呼び声だけであったがそれでも早多くの年月を経て居る。前兆は久しく現れて居たのであった。この変化の適応すべく、何等の考慮をも費さなかったことが、いわば一部の反動をやや激越なものとしたのであった。

然るに幸いなることには、他の多数の自治体においては、これでも時期はまだ遅きに失しては居なかった。住民の新分子が案外に大なる興味をもって、我も我もと地方の公務に参加せんとし、それが多くの旧議員と交代したことは事実であるが、この人々は必ずしも反動的では無かった。中央党争の余波はここにもおよんで居るけれども、それも半分以上は競争の手段の如きものであった。彼等のもたらし来ったものは、第一段には一般庶民の福利に対する関心と、これを増進せしめんとする自由なる論議とであった。あるいはその中にも一種の物珍しさ、若くは単なる名聞のために、強いて進出を試みた虚栄漢もあるか知らぬが、そんな考えの馬鹿げたものであることは、忽ち了解するであろうのみならず、少くとも郷党の改善を口実としなければ、彼等を選挙する者は有り得ないだけに、住民の政治意識は進んで居たのである。

土地に適した新たなる自治方法が、次第にこの間において提案せられ、かつ試験せらるべき機会は到来したのである。国の概括論と大数主義に対抗して、今後は市町村の独自の判断をもって、計画せらるべき事業が増加することと思う。固より幾多の失敗は免れぬであろうが、少なくとも郷党知友の間においては、今の中央政府よりも責任の帰属と、その制裁とは明確に現れるであろう。そうなれば意味も不明なる社会課などの方針に盲従して、単なる外国制度の実験台となるかの如き不安も無く、自治は即ち自活だという意識の下に、将来の繁栄を講ずることが出来て、地方分権の実は始めて挙るわけである。国の公共事業を統一し、また単純ならしめんとした在来のいわゆる社会政策は、事情の区々たる日本の如き国柄においては、効果を収め難いのみならず、時としてはまた有害でもあった。それが追々に改まってゆくとすれば、まず救わるるものは監督官庁である。だから彼等もまたこの機会をもって、大いにその仕事振を改めなければならぬと思う。

（『東京朝日新聞』論説、一九二九年五月三一日、東京朝日新聞社）

合法的左翼政党樹立の提案

田中反動内閣のために解散されたる旧労働農民党、新党準備会の連中が、その政治的自由獲得労農同盟を解体して、合法政党組織に再起せんとしている。合法的運動をも弾圧してあまさざりし反動内閣の下において、最左翼党が、非合法性を唱えて、勇敢にやけくそに戦わんとするのは、右傾弾圧の程度が、左傾過激の程度を規定する必然の結果といわなければならぬ。しかしてこの左翼の一団が、右傾暴力団を抑えて、合法的社会運動に対しては多少の理解をもつことを声明した浜口内閣の出現を機会として、合法的左翼政党結成に対するせぶみを試みんとすることもまた当然の成行と見られるのである。

それは浜口内閣を試験するものでもある。現内閣は最初の無産政党である農民労働党を結党後直に解散した内閣の後継者である。すべての社会運動が現在の法的秩序に対して改訂を求めるものである以上は、そこには常に幾分の非合法性を伴うのである。治安維持法と治安警察法を両手にもっている者は、いくら合法的左翼政党なりと唱えても、眼光を政綱の紙背に徹して、その政治結社を禁止することも、一脈の赤い血が通ずるところを見出して政党を解散することも自由なのである。ただ浜口内閣が田中内閣と異る程度はどの位であるか、その社会運動に対する理解がどの辺にあるかを示す機会を提供するものとして、興味をもって見るのである。

提案者が「万一浜口内閣が合法政党としての存立を拒否するなら、その時こそは絶体絶命の腹をすえて直に第二の手段に移るより外に道はない」というのは、昨年十二月結党式を前にして「合法的手段により」の文字を綱領第一項より削除して、田中内閣に対してちょう戦した新党準備会の態度と同じことをくり返すわけであるが、こうやって出来た非合法性の労農同盟が、決して労農大衆の政治的自由獲得への一歩をも築く所以でないことを自認して、ここにふたたび合法政党組織に産れかわらんとすることは、特にその成行において注目すべきものがあるのである。

それは合法的政治結社としての存在が無いために「曾ては旧労農党の陣営に潮の如く来り集まるを常としていた全国各地の戦闘的労農大衆が」悪税撤廃、家賃直下《ねさげ》、ガス電灯直下要求運動等の如き政治闘争の必要に迫られて「心ならずも」社民党や日本大衆党の如き右翼に応援したり、応援を求めたりする傾向が全国各地において濃厚に現れだしたという事実である。すなわち議会主義に対立する大衆的日常闘争主義にあっても、いやしくもそれが、せん鋭化に自己満足するのでなく、大衆と共に政治的自由を闘い取らんとするならば、秘密結社的労農同盟では駄目で、正々堂々と民衆の目の前に存在出来る合法的政党でなければいけないということが全国各地の事実において証せられ、これにうながされて新労農党の提唱がなされたのである。

合法政党は社会民主主義の政党以外のものではあり得ないとして、新党準備会が労働者農民党の結成を急ぎながら、その綱領から合法的手段を通じての字句をのぞいて、その非合法性を明かにし、その解散命令を誘導したことの誤りを認めて、「日本共産党とは全然別個の我々自身の合法的左翼政党」を持たんとしているのである。大右翼結成主義の下に着々その歩を進めつつある社会民衆党と、それは常に合法的ではあり得ない最左翼過激なる一団との間には、広き左翼政党のよく野があるのである。指導精神という看板の下に、実は各自の指導権のために争えばこそ、分裂につぐ分裂がある。真に具体的に大衆の「争闘を通じて結党へ」のスローガンをかかげて進むならば、無産政党の陣営は、今現にあるよりも、遥に統一したる共同戦線においてあるはずである。合法的左翼政党樹立の提案が、看板に偽りなからんことを希望して、奮わざる無産政党戦線に、新しき活気がわき上らんことを期して待つのである。

（『東京朝日新聞』論説、一九二九年八月一一日、東京朝日新聞社）

投票の集合取引を戒めよ

一人一人の投票者が、その選挙権を売り物に供する場合は、非常に目に立つけれどもそれだけにまた、世間の耳目を逃れることが容易で無い。これに反して今回の如き検察の厳、私設監視員の東奔西走をもってするも、尚不正選挙の災いの根を絶つことを望み難いのは、いわゆる選挙ブローカーの弊が、深く地方に食い入って居るからである。これは必ずしも法令の不備、もしくはその網の目を潜《くぐ》る技術の巧妙ばかりからは説明することが出来ない。主たる原因は個々の買収が既に明白なる悪事と認められているに対して、各地顔役連の集合的取引行為は、今もって普通の慣例として、ほとんど無差別に普選以前より踏襲せられて居るからである。

この際を期として、大小運動員の運動方法の正否を、検討して見る必要は確にあると思う。たとえばこの期間一切の金銭授受は避けたとしても、過去に恩を負い、今後に報償を黙約せしめたとすれば、利のために節義信条を曲げたことは同じであるが法令は形無き腹の中までは追究することが出来ない。ましてや直接物質上の条件は無くとも、多数の投票を左右するの力ありと認められ、もしくはおだてられ奉られることを利得と解する者どもに取っては、それもまた一種の交換取引に他ならぬのであるが、実際現在の候補者の中には、ほとんど拝み倒しを唯一の武器として、この無形の買収を敢てしつつある者も、決して少ないとはいわれぬのである。

単なる政治教育の欠乏、もしくは国務に対する冷淡という以上に、日本の郷党心理にはまだ多くの古風なものが残って居る。従来の運動員なるものは、恐らくはその心理の利用者であったに過ぎぬであろう。が少なくともこの式の総括投票は選挙の原理に反し、しかもその結果はしばしば棄権以上の実害を生じつつあることを知らなければ、如何なる取締法規も到底運動員の堕落を防ぐことは出来ぬと思う。

(『東京朝日新聞』論説、一九三〇年二月一八日、東京朝日新聞社)

浮動投票の力

選挙費節約の一つの手段として、今回は同一選挙区内の地盤割当が、幾分か従前と異る意味をもって、行われんとする形勢が看取せられる。雪の季節の山国の選挙においては、これも平地方面の人々の想像し難い実情かは知らぬが、この前に多数の投票をある一派、または個人に集積した村落地方を、今度は最初から思い切って、互に相侵すまいとするような暗黙の諒解が、時としては異党対立候補者の間にすら、成立って居るのではないかと、疑われる場合も無しとせぬ。これは普通選挙の本旨に反するというのみならず、また吾人が切願するところの棄権防止のために、特に考慮しなければならぬ問題である。

地方の政見と政治利害とは、既に必ずしも統一せられて居ない証拠は、個々の地方議会の表面にも現れて居る。それが衆議院議員の選挙に限って、一つの町村を挙げてある政派、もしくはある個人の地盤に化するということは、実はいぶかしきことである。仮に一回の総選挙に際して、自然にそういう結果を見たことがあるとしても、その後二ケ年の政情は、甚だしく変動して居る。議員の出処行蔵には録せらるべきものが多かった。それに基《もとづ》いて信頼を改訂し、批判を立て直すべき理由は、幾らともなくあったはずである。今も依然として過去の因縁が、つきまとうて居るものと速断することは、余りにも選挙人を安っぽく見たことになるのである。

問題はそれ等ある一派の運動者のみによって、独占せられて居る地域の参政権が、どれだけ自由にまた雷同性無しに、実現し得るかということに帰着する。普通人の今までの心理は、熱心でもない者に投票してやる義理は無いというにあって、それが棄権を多くしまた戸別訪問の誘惑ともなったのであった。しかし投票は自分たちのためで、頼まれるからいれるという性質のものではない。限りある候補者とその所属党の、いずれに力を持たせるかは自分の問題だ。そうしてその判断を自由に下すべく、幸いに今回は文書の資料が豊富である。個々の選挙民は進んでこれを利用し、徒らに十ぱ一からげに目算せられるの、災難を免れなければならぬ。

（『東京朝日新聞』論説、一九三〇年二月一九日、東京朝日新聞社）

第二章　日本人は何故「公民」になれないのか

――普通選挙という宿題

明治大正史世相篇より

伴を慕う心

一　組合の自治と聯絡

団結は最初から共同の幸福がその目的であった。明治維新の改革は旧く狭い階級集団に区劃《くかく》されて居た。士農工商間の溝を埋めて、四民平等を看板とする新国家制度へと地均《じなら》ししたのであるが、しかも国民は新らしき社会への不安から、誰かに追随して行く必要を感じたのと、殊には法令で社会制度が造れるかの如く誤認した政府の方針とによって、実に多くの新しい団体を乱造したのであったが、一方には機会の偶然と能力の著しい等差が、個人経営の成功を目のあたりに見せつけたので、是等無数の諸団体は、自らの目的を亡失して、兎角《とかく》少数野心家の利用機関へと堕落し勝ちになったのであった。

一体是等無数の団体の創設に際して、直接間接に指導経営の衝に当ったのは、新国家主義の尖端に立ち、新らしく政府の官吏となった旧《ふる》い士族達であったが、彼等士族たちは、曾て藩と云う大きな一つの組合以外に、その組合内で、更に別個の団結を作る事を圧《おさ》えられていたから、他の農工商等が曾て各自の階級内で、それぞれに営んでいた旧時代の自治組合の消長については深い理解を欠いて居た。元のままに踏襲して少しも差支無く、又発展せしめねばならぬ多くのものまで、詮議もなく之を弊履の如くにかなぐり捨てたのみならず、其代りに創設せらるるものの事態に適合するか否かが、最も大切な問題であったにも拘らず、それを関係者同志の研究の為に残して置かなかった。そうして政府が差図して細かに定規まで作ってやったと云う事は、他面組合の依頼心を徒らに増長させる事となって、いやが上にも曽《か》つて組合が具えていた共同団結の自治力を、薄弱にしてしまったのであった。

かくして無統制に作られた組合は段々に増加して、末には一つの農村内に十も十五もの別なものが、併存すると云うような奇観を呈したのであった。青年団や処女会、家婦会、小作人組合等は、まず宜しいとしても、農事小組合の如きは問題毎に新設されて、後には整理に困る数にもなったのであった。其上に農会には県郡町村のそれぞれの階段があり、更にもう一つ婦人の為にも、そんな会を作ろうとする準備会さえ設けられている。

一体農会は農会法という政府の制度によって、組合意識すらも持たなかった、散漫なる人々を集めたものであるから、始めから其組織に多くを期待し得ぬのは致し方も無かったが、其がいつと無く地主の掌中に帰した為め、地主の心掛が良くなければどんなにも悪くなると云う風で、或は別個に同じような会が創設されんとしたり、又はそれを無用だという同情の無い意見が起って来たのにも、不思議はなかったのである。実際一人の頭の中には保ち切れぬほどの会数であった。農民組合の構成とても、既に甚だ単純で無いようであるが、之を外にしても、自作農組合、大小農事改良組合から作業競技会、其他台所改善講、娯楽会、敬老会、雄弁会、道路共進会、共同理髪、共同浴場、全日本六尺聯盟、消防組合等に至る迄、問題として会ならざるものはない有様である。

殊にその中でも注意せらるるものは産業組合である。二十何億万円の巨額なる資金と、二万の組合と三百万の組合員数とは、実に現代の一大偉観であるが過去三十年間に於て数字の上ではかくの如く成功し、且又多忙に仕事もやって来たにも拘らず、尚効果は予期せられしものの全部に及んで居ない。即ち救われねばならぬ人々の自治の結合が成就してこそ、目的は達せられるのであるのに、その点の顧られなかった結果は、却って比較的貧苦の危険の少ない者から、先ず国家の保護を受けることになり、彼等は従順に行政庁の指導に服する代償として、機関を利用して此通り勢力を外に張ることを得たのであった。所謂公式脱税会社の悪評は、若干の場合には適中して居た。保険も相互の組織を以て経営することを必要と認めたのであるが、法律は余りに其条件を限定した。そうして細かに手続を履《ふ》んで、政府の認可を受けたものでなければ、保険事業を為す事が出来ないということに定められ、当時少しずつ発達の途にあった各種の共済事業は、何れも此条件に充たぬ点があって、悉く解散を命ぜられたのは実に惜しいことであった。以前の協同の実際の利益を記憶して居る者は、却って新制の唯旧きものを何の詮議もなく捨て去るのに不服であったが、統括時代の単一方針は、寧ろ目ぼしい地方の有力者に新事業を与える事に汲々としたため、特徴ある各種の組合の発展は阻止され、一方無数の新設組合への参加を強要される人々は、益々従来の自治心を喪失して行ったのであった。

然し斯様に多くの弊害を内包しているとは云え、共同団結に拠る以外に、人の孤立貧には光明を得ることは出来ないのであった。かくして一旦離れ離れになった人心に、最近漸く、自治の新らしい気運が向いて来て、幾多の失敗を重ねつつも、歩一歩前進の兆を示しているのは、慶賀すべき実状と言ってよかったのである。産業組合の内に於ても、消費組合は新たに著しく活躍し始めた。更にそこから出発して、共同炊事を行う組合さえも出来ようとして居る。衣食住の整理には議論もあり、困難なる障碍《しょうがい》もあるが、何にしても人が単に生産の方法にのみならず、別に消費経済の考究から生活の改善が期せらるることを、真面目に留意するに至ったのは悦ばしい新事実であった。

労働組合もまたこの新らしき団結の一つで、しかも法令を待たずに、自発した生気のある協同事業であるが、其成立が自然に近いだけに、関係者自身にも意識せられざりし歴史、これほど豊富な記録の中にも書留められなかった若干の苦悶があった。それは前々章にも既に述べたように、移動して行く大量の労働力の配賦問題である。非常に懸離れた兼業にも転業にも、行くとして可ならざる無きは我国労働者の著しい特徴であった。土方黒鍬《くろぐわ》乃至はそれ以上の手錬を要する労働でも、農村人は容易に学んで之に移ることが出来た。農業の技術は益々専門の習養を要して、他業より之に転ずることは殆ど不可能となった反対に、農業から他へ転ずることは実験上容易なのであった。現に今働いて居る工場の人たちも、半分は村から出て居る。新たなる候補者も後《うしろ》に控えて居る。そういう競望を全く杜絶しようとすれば、それは単に都市と農村との悲しい反目となるばかりでなく、府県各郡の労働者の間にも相互の救援を不能にする結果となるのであった。此解決には無競争区域の開拓、即ち海を仕事場とする者の増加に、多くの期待を持つのがよいこと、これも片端を既に述べて置いたが、海上労働が今日の様な自治に遠い状態では、我々は同胞を安んじて之に押遣ることは出来ない。早く此職業を自主独立のものとして、過剰労力の難題に多少でも解決の鍵を与えることを必要とする考が強くなって来て居る。徒らに闘う組合は兎角率《ひき》いる組合になり易かった。そうして組合員の個人の情合は絶たれ、新たなる親分制度の弊害を歎息する結果になり易かった。実は今までは余りに代表者や世話人に任せ過ぎていた。そうして少数の有力者の名利の為に利用され、組合は常に正しい方向を失って、基本的な政争とは両立せぬ世界へ漂うて居た場合も多かった。新たなる団結は既に其弊害に心づいて、それから脱却すべく自分を整理し始めて居るらしく見える。

二　講から無尽業へ

馬鹿にせられて居た古くからの団結の中には、名前は兎も角其心持だけは、唯忘れてしまうには余りに惜しいものがあった。人に作って貰ったので無いものが多かった。歴史が最も古く又久しく続いたものには講というのがあった。講は元信仰を中心とした仲間であった。現在大工や杣人《そまびと》や木挽《こびき》や石工等の団体と成って居る太子講等は、曾ては他の職業にも弘く行われて居た痕跡がある。太子は聖徳太子の御事と今は考えられているが、実際は神の王子という意味で、冬至は即ち其降誕会だとするクリスマスと同じ様な信仰があったらしい。後に種々な形に変って、例えば弘法大師を中心とするようの団体も起って居たが、其共同の問題はやはり生活であり職業であった。伊勢講三峰《みつみね》講の類の宗教団が、諸国に沢山存在したのも、何れも共同の信仰が縁であって、追々に世事を談ずる団体となり、又生活を協同する機会となって居る。毎年或は三月に一度ずつ位普通順番に二人ずつの代表が選まれ、参詣をして還って世上の見聞を物語りする。団体の代表という事は既にこの時に始まって居るのである。今日の汽車汽船の旅行とちがい、此二人は峠を登り谷を廻《めぐ》って、故郷とその風を異にした村や町を見学し、旅の苦労の味を嘗めながら、新らしい知識を担って故里に帰って来た。講中は絶えず世間に見学者を出し新しい見聞を得ていたので、きまりきった土地の利害の話ばかりをしていたのではなかった。いわば一つの研究団体であったのである。

けやくという言葉が東北地方などで友を呼ぶ語に用いられて居る。元は契約講の仲間という意味で、講中の者を呼び懸ける親しみを意味しているが、是は宛かも一つの兵営生活をした者が、戦友と呼び合うのと非常に似ていて、親しい愛情が含まれている。尊敬しておやじと呼んで居る所もある。漁夫などは互いにごてと呼び合うのも、御亭だか何だか知らぬが、元は講中仲間の親しみを現わす言葉に他ならぬのであった。

講が仲間の難儀を救う一種の共済組合となって来たのはまた自然の推移であろう。そうしてその臨時的制度までが、次第に常設のものとなったのも亦そういう必要の存在を推測せしめる。頼《たの》母子《もし》はもあいと謂う地もあるが、元は講であった。其永続を望んで無尽講と云い、或は万人講、牛馬講と云ったのも信仰の語から出て居る。無尽には最初から一致の目的があった。やはり起原は神社仏閣の祈願参拝の入費を得んとしたのかも知れぬが、それでなくとも誰の家をたてようとか、誰が金や或は牛馬が入用だとか云う時に無尽が起された。一人の或希望を合力するのが主であって、それで寄貸講などの名も始まったのである。一つの郷党では冠婚葬祭も亦一種の無尽であった。即ち一度の救援を以て終るべきもので無かった故に、追々に相互の法則が綿密に設けられた迄である。ゆいという制度も今は限局せられて居るが、曾ては共同作業の全般にも及んで居た。そうしてもあいという語の意味も是に近い。恐らく家が分解して個々の生計が小弱になって後まで、尚談合を以て力の及ぶ限り古くからの共同を保留したので、特に新たに発明せられた方法では無かったようである。

　ところがその無尽が永く存続し、中心が金銭の取引に移って行くと、効力は一番直接的であったであろうが、無尽は新たなる利用の弊害を見る様になった。江戸も末期になると、金の欲しい人ばかりが集まって来て、之を借金の一つの方法にした。入札無尽と云うものも起ってきた。入札の方法はそれ自身は新らしいものでも無く、又不健全なものと許りは云えなかった。選挙と云う言葉が新しい様にその思想も新しいものと思われているが、古くから斯ういう投票の組織は有ったのである。村の制裁の氏名を顕《あらわ》して発意しにくいものは、大抵は入札の方法によって衆意の在る所を知った。或一人の所業に善悪の批評の区々である場合、もしくは盗賊の嫌疑の略動かぬという際などに、強いて証拠の穿鑿などをせずとも、多数の見る所が一致すればそれに従ったことは、以前の湯《ゆ》起請《ぎしょう》や鉄火証文などと性質の近いもので、実際又屢々其代りとして用いられて居たのである。

　唯是が頼母子に応用せられることになると、其性質は丸で変ってしまったのである。即ち衆議の向う方は示さずに、単独の強い意思のみが発露することになり、仲間の各員はただ自分たちの利益の為に、最も思い切った割引を承認する者に、第二回以後の集金を貸付けることになり、僅に余裕のある人々が、村に居て高利の興味を解するように傾いて来たのが変遷である。其間に立って周旋の労を取ることが、次第に職業の一つに認められ、末には無尽業などという名目さえ起ったのは、確に内容の新たなる追加であって、従うて又講というものの最初の目途からは遠ざかって居るのである。ところが此変遷の余りにも徐々であった為に、今以て其差別を意識せぬ者があり、相変らず之を村共同の美風と見ようとするが、それが無理であることだけは取締の法文を見てもわかる。以前は寧ろその法文よりも強力なる制裁が、共助制の根底を支持して居たのである。如何なる仲のよい信用組合に於ても、感ずることの出来ぬような同志への義理、一人が他の総員を欺き裏切ってはならぬという約束が、主催者の仲介と知らぬ人々との結合によって、段々に力薄くなろうとして居るのである。他の幾つかの団結も皆同じことであるが、各員は単に中心を為す二三の人物と繋がって、稀には師父の如き深い親しみを抱くような場合さえあっても、彼等相互の間の交渉は至って淡い。利害の相容れぬものの有ることに気付かなかったり、もしくは知っても之を露わにすることを避けたり、或は単独に之に備えたりして居る。それ故に組合もしばしば空名となり、分裂の危険が常にあって、いつでも其次に来るより強い者を、祈念して居なければならぬのであった。

三　青年団と婦人会

新日本の将来を一段と明るくしたものは青年団の発達であった。殊に最近頼母しく思われるのは、青年でない者の指導に対する条理ある拒絶であった。それも単なる理論で無く、逐次に自主的実践によって裏附られようとして居る。以前はこの自主力に対して、青年自身すらが疑問を抱いていたのであるが、存外容易に其疑問は解決されるに至った。とは云えそれは未だ決して完成したものではなく、尚多くの苦難が前途に待ち受けているのであるが、所謂指導者中心主義が退いてから、兎に角に全団員の協力は著しく進んで来た。そうして其統一と聯絡とは、いよいよ簡単な事業で無いことが、彼等にもよく判って来たのである。

問題は年と共に六つかしくなった。今までこの青年団が示して来た長所は、先ず第一に働く事であった。道路改修に植林に、或は救難作業等に、その逞しく朗かな労働振りを示した事であった。晴の気持で働く共同作業の愉快さは、団員にとっても又健全なる興味であり刺戟《しげき》でもあった。此齢《このとし》此境遇の者に限られた身体の剛健さが、自由に誇り又は讃美せられるのも好機会であった。斯ういう張り切った気持は小学校へも感染し、一方には又既に青年時代を通過した先輩たちをも動かして、少年団壮年団の組織活躍が可能なるものとなり始めた土地も多い。青年訓練所もその指導の偏向に就いては問題があったが、一様に共同労作の気風の涵養《かんよう》については、相応なる効果が認められる。労働の辛さを気持のよい掛声や拍子で軽めるとは面白い国民性であると、前にも或《ある》西洋人は評したことがあるが、それは少しずつ実は衰えかかって居たのを、新たに彼等によって復活したのである。共同労働の愉快さはこうした処にも発露しているのであった。

青年間に於ける自治精神の発達は、引いては従来の中央集権主義への反撥となって現われ、新事物に対する理解も大いに進んで、従来の如く徒らに中央の好尚を盲目的に受入れるような態度は清算されんとしている。何の目標もなく、演説を試みたり選手を出していたのは昔日の事で、現在では先ず目標を確めて後に、其方法を問題とすべしという風に考えるようになった。

以前村々に若衆組があったのは、主として婚姻を目的としたものらしいということは之を述べたが、一部の階級の間に起った婚姻制の変化は、忽ちに恋愛技術の衰微を来して、次第に此団体の存続意義は消滅し、その弊害のみが徒らに同情なき人々の痛罵の的となっていた。新らしき青年団が生れたのはちょうど其際のことで、最初は一村に二つの団体が併立し、且つ相反目した事もあったのであるが、其若衆組も遂に新らしき青年団へ融合して行ったのであった。従って現在の青年団は以前の若衆組の伝統をも受継いでいるわけであるが、斯ういう困難なる社会利害との抵触問題には、流石にまだ十分に手を下しかねて居る。それというのも其準備として深く考究しなければならぬ職業補強、家の衰頽《すいたい》を防止する方策が、まだ十分の光明を見ぬ為であろうと思う。

処女会女子青年団の進出は、男子青年団の革新よりも又ずっと後《おく》れて始まったが、此方は将来の家庭の計画以上に、適切なる共通の問題は無かった故に、いち早く婚姻の改良ということに注意を払い出した。儀式に華美を衒《てら》う必要は無いという類の、反省的の決議をした例も多いけれども、大抵はもうすこし根本に入って、男子の配偶者とするに適せざる者を指摘し、酒癖と性病の懸念ある者とを排除すべきことを声言して居る。是が実行し難くして始から不満足の嫁入をする者が無いか、もしくは警戒の為に佳期を失することは無いかという心配もあるが、果してただ附焼刃の雷同附和で無かったならば、次には当然に如何なる種類の婚姻が、最も新時代の女性の希望すべきものなるかを、積極的に考究しようとすることになるであろうし、少なくとも如何に多くの家々の貧苦が、拙劣なる縁定めから来て居るかということに、注意を払って見る端緒にはなるので、効果はただ単に青年の行状を批判するに止まらぬことと思われる。

主婦会母の会の団結の目的は、最初から実はやや限られたものであった。それには比較的問題の少ない人が集まり、成るべく自分たちの胸を痛める内状に、触れない部分に於て共同をしようという形があった。名士の講話を謹聴しない場合には、必ず少数会員のこれに劣らざる雄弁に、耳を傾けさせられてそれで閉会した。実行の伴うて居た討究の主たるものは育児法、これだけは確に銘々の自信を強めて、少なくとも不良児を天災と解するような、迷信だけは無くしようとして居る。婦人参政権の要不要の問題と関聯して、いつでも多数の主婦に考えられて居たことは、果して自分たちに我家以外の事まで、調査講究して見る余裕があるだろうかということであった。古来の貞婦烈女には、一身を家運の美しい犠牲とした者は多いが、家が幸にして平和安寧であった場合には、その余った力を社会に施すという機会は誠に少なかった。今度は新たにそれが出来るか否かを試みようとするわけであるが、馴れぬ仕事である為に、まだ十分な自信が無いらしいのである。しかもそれが沢山な時を費して、わざわざ学ばなければならぬほどの知識で無く、何れの家庭に於ても大か小か、常に妻たり母たる者の考えずには居られなかった問題が、実際は国と時代との通有の型であったことを、気付かない家が多かっただけである。一人のよき考案が全体に応用し得ると共に、是が社会的の解決で無かったら、一家にも功を奏しない。そういう相関の理法を覚らせてくれるものも、やはり亦《また》団体生活の他は無いのであった。ただ今日までは余りによく説く人と、余りに黙々として拝聴する人とが雑居して居た為に、知識の交換がともすれば制限せられて、時勢を談ずることは男子の独占のようになって居たのであるが、実際は彼等も亦各自の家刀自《いえとうじ》から、教えられて居たことが多かったのである。

しかも女の団体が一段と活躍することになったら、社会は或は今日よりも更に平凡化するだろうという懸念だけはある。男の仲間に於ても所謂大勢に敏で、人の多数のすることが正しいのだろうと、速断するような者が非常に多い。それも各人が皆同じことを考えて、暫く顔を見合せて黙り込んで居るうちに、或一人の出しゃばりの思い付き、もしくは予て支度のある若干名の巧みが、其儘全会一致になるようなことばかりである。女性はそういう内にも人並ということを重んじ、強いて異を立つるを嫌う風が強い。右とか左とかの判断になれば迷わぬ者も、一つしか無い案には批評をする力が無く、後には諦め切って大勢に順応し、又は御多分に洩れぬという主義で、最少限度の安心を得ようとし易い。会の頭数は常に勢力ではあるが、それにも流行を以て加入する者が少なくなかった。日本に会創立を技能とし職業とする者が現れて来たのも、実際は団結心の弱い人が多いからであった。多くの婦人団体はいつも其生活力の弱さを以て、直接に会というものの当てにならぬことを覚《さと》らしめ、更に其改造の必要あることを、我々に実験せしめただけの功績をもって居る。

四　流行の種々な経験

附和雷同は普通は生活の最も無害なる部分から始まって居る。併し所謂御附合はもう既に可なりの不便を忍ばせ、次に、御義理となるとそこに時としては苦しい程の曲従があるが、そういう程度の共同生活をしてでも、尚孤立の淋しさと不安とから免れたいという処に、島国の仲のよい民族の特徴も窺われるのである。趣味が日本では濃厚なる社会性を帯びて居るなどは、一種人類の自然史とも名くべき部分であった。最初我々の心持が鳥などの如く一様であった時代には、流行が同時に各人の趣味であり得たかも知れないが、現代の如く人の気持が異なり、修養が区々になっている時代には、人は流行それ自身を、趣味に持つにあらずんば、到底各自の趣味が此様にまで一致することを得ない筈である。そうでなければ我々は趣味という語を解しそこなって居るのである。

　この事実は僅ばかり以前の経過を考えて見ればよくわかる。村々の生産が未だ盛んであった当時には、人は心静かに我境遇の趣味というものを保持していた。尠くとも現在の様に国の南の端と北の端とが、一時に同じ流行に巻込まれて悦ぶと云う様な、不思議な現象は見なかったのである。それが村の生産の大部分を商人資本に引渡すと、忽ち一切の好みが彼等の思わくに指定せられ、多くの農民美術がただ若干の好事家に、捜しまわられるものとなってしまうのである。野暮とか無細工とかいう語を気にする者は、却って農民の中に多くなった。曾て趣味豊かだといわれた地方にも、都会からは田舎向きと云う品が入って来る。それが地方人の憤怒と反抗とを買う為に、却って都会化の奨励を容易にすることになったのである。田舎向きと云うのは少し流行に遅れて、少し安く又品が悪いと云うだけのことでもあった。生産が若し順当な経過を取って居たならば、そう多くの廃れ物が出来る筈はなかったが、事実はそうでなかった故に、いつでもやや鑑識力の浅薄かと思う田舎を、捜しまわって処分しなければならぬことになったのは、誠に残念なるまわり合せであった。まがいという言葉が贋《にせ》という語に代って、横行闊歩し始めたのは明治からであった。洋銀というのは銀で無い金属であったが、銀と名が附く為に相応に売れた。新縮緬《ちりめん》という名は絹糸織で無いものを、沢山に買わしめる宣伝名であった。大正に入ってからはそういう品の多数が、必ず文化という二字を頭に置いたのも一現象であった。買物の興味を普遍ならしめるが為に、都市はあらゆる力を傾けて地方と個人との趣味を塗り潰した。その大きな武器は亦、他でも多数の人が之を喜んで居るという風説であった。斯ういう点にかけては元は我々は気の毒なほど従順であった。

流行の変遷はかくの如くして常に都会が指導した。地方は其事実を知るに遅れ勝ちであった結果、いわば何時でも流行の尻ぬぐいばかりをさせられて、反動の憂目までも引受ける役にまわったのである。是が自然に発生したにしても、尚悔恨の情は免れぬのであったが、事実は昔から蔭に居て糸を操る者があり、それが又やがて下火になることを予想してかかって居たのである。明治以前の流行は必ずしも都市に起らず、又各郷土の趣味までには干渉しようとしなかったが、それでも約六十年目の伊勢の御蔭参りなどは、其発生地に於ては或種の機関《からくり》が巧まれたと伝えられる。近年のものは利欲の動機が露骨だというのみで、此技術にはたしかに伝承があった。今に公開せられるだろうが、現在はまだ秘伝のようになって居る。近年の西洋小鳥の流行などは、最初極めて目に立つ方法を以て、五度か七度法外な高値の取引をして見せるだけのことで、それから以上は世間で評判を作り、僅な間に有得べからざる相場が出来、予て用意して居る者を儲けさせてくれる。そうして結局は最も実著な、最もおくれて流行に参加した者のみが、損をして倒れることとなるのである。小鳥が無代価になる頃には、もう一度万年青《おもと》を流行らせようと企てた者があったが、此方はあまり成功しなかった。是は四十年ほど前に是でひどい目にあった記憶が残って居たからであろう。実際万年青の以前の流行は怖ろしいほどのものであった。それから一つ前には兎の流行があった。是も珍種が跡々から出て来るようになって居て、仲買や売込商が一番に利得をした。そういう風説の原を知って居る者だけが、汐時を見はからってさっと退《の》くと、人造の景気などは忽ち消え去って、残るは只奸商《かんしょう》に対する憤慨の声ばかりであった。

豚の田舎に入った起りなども、日本では亦この流行であった。緋豚《ひぶた》というのが生れたら千両に買うというと、農民はそれを楽みに幾らでも仔を生ませた。緋豚の生れぬうちに飼料の金が無くなって、夜陰ひそかに人の山林や、又は離れ島などに持って行って棄てた。それから以後にも動物の流行には、何れも少しずつ此宣伝が用いられたが、宣伝のみでは目的は達し得なかった。必ずこれに伴うて一方に呼応する者、自分も利益を信じて友を勧める者が、沢山に介在することを必要としたのである。甘んじてこの流行の奴僕《ぬぼく》となりつつも、自分は之を以て新たに得た趣味の如く、楽しみ喜ぶ者が無かったならば、斯様な珍らしい世相は出現するわけが無かった。無邪気で人の言うことをよく理解する幸福なる気質が我々を累《わずら》わして居る。人の多数の加担するような事業に、損を与えるような原因は潜んで居るまいという推測、もしくは今一段と気軽に判断を他人に任せて、自分はこの一旦の群の快楽に、我を忘れて遊ぼうという念慮は、社会の今日までになる間に、是非通って来なければならぬ必要な一過程であった。日本は国が一つになったということを案外に新らしく意識した国であった故に、斯ういう共同生活の楽しみも又弊害も、共に今頃になってから、念入りに味わって見なければならなかったのである。

五　運動と頭数

群の行動の新たなる愉快は、市と祭の日を搗《つ》き交ぜたような点にあった。以前も知らぬ人が多く家に集まれば、吉凶に拘らず小児などは昂奮《こうふん》したが、それが或一つの興味ある事実、もしくはもう一段と真面目なる協同になると、自分のしたいと思うことを是だけの多数が、共々に念じて居るという心強さは、群の大きさと其分子の複雑さとによって、比例以上に我々を嬉しくしたのであった。都市の魅惑の神秘なる力も是に在った。故郷の見馴れた人の顔の中では、国が大きく且つ鞏固になったということも、言わば単なる推理上の事実であるが、世間へ出て見れば我々は直ぐに実験する。喧嘩も一種の社会生活であると言ったのは、害よりも経験の方が大きいからであった。都府の文物の国家意識を強めたのも、恐らくは或政治家たちの古く意識して計画したことであった。ところがそういう諸種の儼然《げんぜん》たる制度から独立して、国民は自身も亦進んでそういう機会を求めて居た。祭礼や市の日の如き特に必要のあるものの外に、何かの折には殆ど偶然のように、多人数が寄合って一つの方向に目を集め、所謂面白の光景を作ろうとしたのであった。其中の殊に乱雑で又気まぐれなものは弥次馬の群であるが、是に近いものは其以外にも色々あった。西洋の人たちは早くから行列という楽しみがあった。日本にもそれは古くから有ることだが、動く者はただ少しで、他の大部分は止まって見物となり、又は後から順序も無く群れて跟いて行くのであった。之を隊伍に組むようになったのは、軍隊生活の影響かと思われる。学校が夙く其整理法を採用し、今では大変な人の数が、斯うして街上を動くようになった。憲法発布以来の度々の国の悦び事には、提灯や旗の行列が普通になり、その美々しさは団体行動の愛着をさえ生ぜしめて居る。我々は歴史として永く伝わるような大事件を、常に此方法を以て味わったのみならず、尚追々には自分たちの生活をも、出来るなら斯ういう形にして眺めて見ようとした。

春秋の遊山は運動会と改まって、非常に賑わしく又活気のある、殊に少年たちの悦ぶものになった。酒や三味線という小人数の楽しみは家に隠れて、跳ねたり飛んだりの無邪気な遊びが多く加わった。運動という語はもとは出遊という意味にも使われて居たから、是もそういう所から普及した名称かも知れぬ。兎に角最初は誰も彼も、此日ばかり出て競技に携わるようであったのが、晴という感じが強くなって、程なく其道の修行が盛んになり、選手というものを用意するに至った。外国の多くの競技法には、不思議なほど日本人は早く上達した。それで自然に此団結が二つに分れて、僅の人数の其手腕を人に示そうとする者と、じっと見物して只感歎の声を放つ者とになったことは、是亦他の多くの社会運動と似て居るのであった。文部省が頻りに調査をして居る農村娯楽というものの中にも、我々の目前に於て、此変化を遂げたものが多かった。歌や踊はもとは衆人の共にする所で、仮に今年は加わらぬも十年前に加わった人、もしくは五年後には加わるべき人のみの群であったのが、優秀な者が現れて大きな喝采を博すると、それが惜しくて他の多数は見物の地位に退いてしまう。そうしてそれが職業になるならぬは別として、兎に角に特殊の技芸団は成立ち、今までの団体は改めて選手を応援し又支持する会と化するのである。各地の学校に絶えず起って居る選手制度の存廃論というのは、つまり団結がただ百分の一の天才を養成する機関と変じても、尚之を体育奨励の方法と言えるかどうかという問題に帰するのであった。

ゴルフやスキーや今日の登山術のような、金と時間の多分に有る者しか楽しめない体育に比べると、此方はたしかに何人《なんぴと》も参加して居る。ただ其参加が自分たちの力瘤《ちからこぶ》を代表して貰うだけの関係では、何としても見物大衆を以て、運動の団体とは謂うことが出来ぬのであった。

六　弥次馬心理

是とほぼ同一種類の問題は競馬にも有った。馬を国民が愛育しなければならぬ必要は、陸軍が最も深く之を感じて居る。競馬は軍隊には用も無い騎乗法であるが、斯うでもして見たらば、国民の馬事思想は盛んになろうかという想像で、日本でたった一種の公開賭博を設立した。多くの取締を設けてその弊害を防ぎ、又その場所の数をも制限したのであるが、もともと狭い手段だから、産馬組合の代りは勤まらない。馬でも育てて職業にしようという者は、そういう処に往って居る時間が乏しく、多くの鑑識家の爰《えん》を修行場として居る人は、何の意味かは知らぬが、穴という言葉ばかりを問題にして居る。悪い馬が下手な騎手に乗られて、たまたま勝つことにばかり大きな興味を抱いて居る。そうして地方の競馬場を作って貰って、大いに繁昌しようという念願だけは、今でも燃えるように強烈になって居るのである。しかもそういう多くの土地には、大抵は馬などは飼って居ないのであった。

単に群衆の興味を、一つの点に集注させる為には、実際は是ほどの必要は無いのであった。馬の賭は英国の紳士などの古い悪癖であって、日本はただよかろうと思って真似ただけであるが、競馬ということだけなら昔からあった。三月三日の雞合《とりあわ》せに対して、五月五日の馬競《うまくら》べは神事であった。角力《すもう》や射的ももとは同じと思われるが、単に自分の仲間の最優秀なものを選出して其技能を比べさせ、其結果によって、神の恵の何れに厚いかを卜知《ぼくち》した方法であった。馬は最初にはただ裸馬を走らせた例もある。それよりも各人の御術が加わると効果が複雑になるので、京の賀茂などでは神人が之に乗って走った。賭は無くても見物は一年の幸福を之にかけて居た。闘牛闘犬などのやや惨酷な競技でも、制して止めないような地方には久しい慣習があったので、面白いということの起りには、観衆の熱烈なる贔屓《ひいき》というものがあったのである。負ければただ屠《ほふ》られてしまうような哀れな選手でも、場に臨むまでは主人の如くかしずかれて居た。牛馬は草食の獣であることを知りながら、是に卵を飲ませたり蝮蛇《まむしへび》の肉を食わせたりして、勇め励ましつつ牽《ひ》いて来た飼主も多かったのである。勝った場合の大いなる感謝は、幾度か涙の場面をすらも演じさせて居る。名誉という言葉は斯ういう時の為に、予て作ってあったように適切な語であった。力士名士が、一村を代表すれば村のほまれ、府県を代表すれば府県のほまれだということは、此沿革から来て居る。学校の選手は実際に学校の声名を代表して居た。ましてやそれが一国の中から選り出されて、負けまいと思って外国に迄も出て行く時には突如その地位が一個の若々しい英雄となるのは、当然過ぎるほどの結果であった。

贔屓をもって居る人の生活は張合いがあった。第一に今まで名も知らなかった同志者が、前からも後からも顕れて来る。そうして見て居るうち其数が群になる。担いで居る人からは、純真なる感謝を受けるのみならず、恋や婚姻とはちがって嫉《ねた》みの累《わずら》いが無く、寧ろ仲間の中からも礼を言われる。故にもし他に何も無ければ捜してさえ贔屓にすべきものを求めて居る。役者その他の芸人は之を命として居た。後援会というものは大きな政治家までが、少しは手を廻しても其成立を念じて居た。人が何かの機会に結合して見ようという心持は、しばしば目的よりも先に発生して居たのである。会や組合の無際限に出現し、一つ纏《まと》まったら又二つに割れようとする傾向なども、要するにもと孤独の淋しさからであった。郷党を栄えしめもしくは貧苦を脱出するという類の切迫した必要が、多数の力で無ければ成功せぬということを、ちょうど斯ういう団結心の盛んになった際に、我々が感じ得たことは大いなる好都合であった。ただ一つの気がかりは是も数あまたの催し一つ、出来ては又割れる尋常の結合の如く、高をくってかかる者の少なくないことである。会の出来やすいことも日本は世界無類だが、それが潰れたり、命の無いものになったりすることも、亦離婚や不幸なる婚姻の比では無いのである。現在は寧ろ多くの無意味なる団結を抑制して、個人を一旦は自由なものにすること、それが有用なる組合を成立させ、又予定どおりの事業を為し遂げさせる手段と言ってもよいのである。単なる団結心だけならば、我々は決してそれに不得手なる国民では無かった。

群を抜く力

一 英雄待望

群に核心が無ければ団結は則ち持続せぬということは、既に蟻蜂以来の経験であって、人間の思索は特に此点に関して、大きな発明を添えては居ない。我々は寧ろ群行動の興味を濃厚ならしめんが為に、強いて無用の英雄を招請しようとした嫌いさえあった。大人物出でよというのは曾て政界の常套語であったが、是は今居る連中が皆凡庸だという意味の反語であったかも知れぬ。併し少なくとも凡庸だけでは仕事の出来ぬことを、初から諦めて居たことは同じで、即ち丸太棒《まるたんぼう》であれ鸛鳥《こうのとり》であれ、何か自分たちを統御してくれるものを恋しがって居た者は多いのである。しかも其適任者が仲間の内に、今まで埋《うず》もれて居たということは余り喜ばなかった。英雄はもう少し毛色の変った馬に乗って、雲の彼方より出現して来なければならなかった。それが現実に於ては六つかしい註文であったのである。

あらゆる学問芸術の方面に於ても、天才は常に此形式を以て発見せられた。世上にこの己を空しうした天才尊重がもし無かったら、群の生活は此様に明るい未来を示すことは出来なかったろう。仮に彼等の一生が酷使せられ、末路は寂寞たる抜殻の如きものになってしまおうとも、其事業は尚団体の中に活きて行くことが出来るわけである。併し実際は是は得易からぬ遭遇であった。我々の註文が既に奇を好むに過ぎて居た上に、修錬の必要も無い生れながらの英雄などというものが、今はそう沢山に居ろう道理は無いのである。しかも一方には共同の興味は増加するばかりで、之を総括すべき者の需要は益々多い。ちょうど贋物の幾らでも出現して、澄まして担がれて居るには似合わしい時節であった。或は形勢の自然の推移を信じて、知りつつ碌《ろく》でも無い者を押立てて居る場合もあった。文学の諸派には批評の術を利用しつつ、誰かを偉くして中心を作ろうとするような企てもあるらしい。英雄自身の自惚《うぬぼれ》は別にして、是がただ単なる必要の一機関として、団体に迎えられる傾向は既に見えて居るのである。

選手養成に関する競技界の新風習は、この問題の将来を暗示して居る。最初はどこでも通常の多くの青年の中から、その稍超凡なる成績によって、前途有望の者を見つけ出して悦ぶのが元で、次には之に対して出来るだけの便宜を与え、あらゆる激励を以て先ず其自尊心を成長せしめる。しかも其勝利が花々しく続いて居る限りは、多数は甘んじて讃歎者の地位にへりくだり、少しでも其事業の妨げになることをせぬのみか、時には臣僕のような敬愛の眼を以て、仰ぎ視んとする者さえ多かったのである。此事実は我邦の英雄崇拝主義が、可なり国民性の深い底の方まで、根をさして居ることを語るもので、仮に相手が国技館の力士等の如く、単純無邪気で且つ後々のことを考えぬ者で無い限りは、其地位は幾らでも利用し得られるように出来て居るのである。近頃の団結の頻々たる不成功、組合内訌《ないこう》の群行動を無意義にして居た原因は、其大部分は我々がまだこの新たなる選挙制度に、徹底し得なかった弱点から発して居る。過渡期の混乱時代は思いの外永く続くものであったのである。

角力は最初から個々の地方を代表して、全国の統一を保ちにくいものであった。今でも番付には生国を頭に戴き、故郷の山川を名に名乗って、割拠の昔の面影を留めて居る。勧進《かんじん》相撲の巡業は古くからの習いであったが、それは一種の挑戦であり、また多くは征服の企てであった故に、不思議の飛入があって関取を負かして還したというような、昔話がよく伝わって居る。有力なる諸国の国持大名が、多分の費用をかけて扶持《ふち》したというのも、即ち亦特殊の養成法であった。時代が一変して彼等の保護者は手を引いてしまい、四民は自由にその贔負を選むことになって、人気の中心が大衆に移って行ったのは、一時はこの競技の興隆の径路のように見えたが、それでは部屋々々の対立ということが無意味になった。第一に協会が困らなければならなかったのは、この沢山の未成品の養成であった。個々の声援は気儘なもので、到底忍耐して或一人の完成までは待って居てくれぬ。そこで観覧料を唯一の資源とする為に、屢々同じ部屋の者を東西に分離させたりして、少しでも見物の好奇心をそそろうとした為に、いつとなく後援者の団結は崩れてしまったのである。所謂八百長の疑惑が人気を悪くしたのは、つまりは選手が団体の一つの機関であることを、忘れてしまった結果であった。

各学校の体育設備が、最初何の目的で起ったかを知って居る者は、寧ろ今頃選手制度の存廃が、問題になることを訝しく思う位であるが、一方には又この対抗運動ほど、群の興味を集注させ、団結の意識を鞏固ならしめ、従って各員に最も快活なる服従を受諾せしめる手段は無かったのである。ただ多くの場合には此手段が第二第三の目的にも利用せられて居た。それが一旦は之を当初の状態に引戻して、組合の本質を省察し直そうとする者に、問題として把えらるることになったのである。論理の欠点は斯ういう事業には普通であった。それに気が付く度に以前の団結は多くは解体し、そうして又新たなる専横が代って現れるのが、是までは最も有りふれたる順序となって居た。つまりは人間の独行し得ない心、殊に自分は尖端に立って烈しく働くに適しないという自覚が、いつでも多くの協同事業を、ただ単純なる後援会の如きものにしてしまうのであった。現在の実状からいうと、人は結合の必要を感じて居るというよりも、寧ろ大将のナポレオンの如くなるものを、懐かしがって居ると見る方が当って居る。少なくとも群の中心となることは愉快なことであり、又個人としての小ささからぬ利益であった。是が毎回の総選挙に際して、滑稽なる候補者の乱立する動機でもあった。

是は個人の教養がもう一段と進んで、誰でも名指されれば一役は勤められるという迄にならぬ限り、尚当分は遁れ難い弊風であった。ことに地方に於ては粗略になって居る他郷の知識が、少しずつ加わるに伴うて、遠くから眺めて居る者の優秀が先ず認められ、仲間にそうすぐれた人は有る筈は無いという、一般的の不信用が段々強くなって、自治の気風は寧ろやや衰えんとして居る。以前は之に反して内からで無ければ、大人物は求める途が無かったのである。勿論門地なり才分なりの、自然に具わったものを発見した場合もあるが、尚それから以後の養成も大きな力であった。大抵は衆望によって推されたという感激、それから多数が期待して居るという意識が、急に其人の人格を大きくし、しばしば他の仲間の者の為し得ざることを敢行させたということは、有名なる古来の義民烈士等が、もとは尋常農家の一戸主であったことを考えてもよく判る。斯ういう人たちの蹶起《けっき》は常に其家々の破滅であった。名誉利得の誘惑は一つも無いばかりか、往々にして自分一個の計画も抱負も無く、単に団体の為さんと欲するものを為したというだけに過ぎぬ者さえあったのである。それを見つけて育てて行くだけの忍耐が無く、居そうなものだと周囲ばかり見まわす様になって、追々に鸛鳥の王様が天降るようになって来た。それにも似せ物が数多くなると、団結は彼等の商品に化してしまって、自分たちの共同の計画は名ばかりとなり、もしくは頭数の取引の機械のように考えられるのであった。

二　選手の養成

教育は無暗に細かく、人の才能に差等を設けようとして居た。そうして何にするかは未定であったが、兎に角、偉い者になれという教訓は、家庭でも学校でもくり返されて居るのである。人を事務員にするような課目ばかり多かったにも拘らず、一方には何でも無い人々の進出した実例が相応に多いので、誰しも之を教育の力と解せざるを得なかったのである。最初から凡庸の部に編入せられた者は寧ろ気楽であった。やや卓越した者が日本では非常に迷うたのであった。しかし結局は似たる境遇の者が歩んだ途に、忍んで追随した者に時々はよい運が微笑んで居る。余りに自信が強く激励の痛切であった青年だけが、先ず奮闘の生活に入らなければならなかったのである。ちょうど、英雄運動の可能なる時代が、彼等の前に展開したということは、国の為にも決して幸福では無かった。団結の必要は新たに増加したとは云いながら、其中心の力を外に求めるということは、実は最初からそう容易なことで無かったからである。乃ち多くの特長ある人物は、予め同志の間に養成せられようという用意無しに、突如として来って自ら薦めたのであった。

人物月旦の頻りに集会の話題となったことも、明治文化の一つの徴象であったと言える。是は必ずしも従来の伝記式史学の影響とのみは言えなかった。彼は人間の活躍のもう終ってから後に、微細に其考課を問おうとするのであったに反して、此は所謂未成品が興味を惹いたので、中には余りにも早めに頼まれて書いて遣るという類もあった。名士と名のつく者が少しばかり多くなり過ぎた。彼等の前途は予言の為に累わされがちであったが、大抵は若干の之を推す者との因縁から、実際の必要は無くとも団結しなければならなかった。会が無意味になって折角の入用に臨んで、真面目な加担者を得難くなったのも、原因は誠に余儀無いものがあったのである。しかも創立者とか専務の理事とかいう者と、会との関係は余りに深過ぎた。それを別れると彼等は衰えたのみならず、彼等が去って行けば会も又潰れる場合が多かった。財産でもあると大抵は彼等が疑われ、之を非難も無く管理して行くことが、後には殆ど唯一の会務となってしまう。そうして之を次の理事者に任せることを乗取られたなどという者さえあった。

斯様な微弱なる生活力しか持たぬものが、普通に会と呼ばれる習わしであった故に、何か今一段と耳に立った名称を以て新たな団結を差別する必要はあったが、その組織方法と指導精神とを、外間の智能に仰ぐ限りは、同盟と謂おうがはた聯盟と名乗ろうが、人が大きな要素になることは免れ得ない。祈念はただ其人が自分の為で無く、一時の機関として必要な間だけ、働いて次の中心を養って置いてくれたことであったけれども、是が思う通りに行かなかった例は多かった。実際は同じ程度の能力と声望とをもつ者が、多いほど団結は頼もしい筈であるが、兎角そういう場合には地位の簒奪が起り易く、之に対する常住の警戒と防衛とが内部の生活を多事ならしめる傾向がある。理論は通例大同小異という程度の、一致を以って始まって居る。末の末までも符節を合するように、同じだということは期せられるもので無い。それを仔細に比較して見ようとするのが、既に分裂の止む能わざることを、想像した人々の行動であった。仮に何かの方法を以て一時の破綻を防ぐことを得たとしても、もう此状態に在っては実際の成績は挙がらないのであった。

選手制度の流行は確に群の結合力を強めたが、同時に幾分か、我々の英雄を小粒にした形がある。国でも事を外部と構えて居る間は、自然に内輪の小さな論争を中止して、先ず眼前の主たる不安を脱却する気になるが、それと同様に共同の敵手の発見は、この何時《いつ》でもよい問題を延期せしめ、我慢の出来る程度の人物を押立てる為に、各自の批評を抑制することになるのである。意外な天才をその未だ完成せざる前に発見したり、是に余分の自由を付与して伸びる限りの能力を発揮せしめようとするのも、大抵は此機会である。我々の郷土愛の成長には、屢々圧迫の苦しい記憶が附随して居る。人の犠牲の尊さが感じられるのは、個々の自然の力だけでは競争に勝ち得る見込の立たぬ場合であって、ちょうど家貧しうて孝子現わるという諺の通りであった。其代りには団結そのものの孤立は、何としても忍ばなければならなかった。或は出来るだけこの互いの相頼るの念を鞏固にし、又永く持続させる為に、わざと必要も無い強敵を残して置くようなこともあった。強いて周囲の利害の抵触するものだけを問題にして、外に対する不信用を大きく説くような場合も無いでは無かった。ことに自ら推薦する頭領たちの雄弁は、通例は最も此点に力を傾けようとするのであった。地方の小さな要求の、国の政治を累わすようになった起りは、大抵は仲に立って一部の関係者に親切を尽そうとする者が、同時に彼等の割拠を便とするからであった。此結果は団結は単に一区域の急務として認められるのみで、外に対しては却って相反撥するの力となり、たまたま問題の大きな協同に依って、始めて解決し得るようなものがあると、それだけは全然彼等の力の及ばぬものになってしまうのである。

国を一団としなければならぬような大きな聯合には、政府は出来る限り公平なる援助の手を伸べようとするのであるが、現在はまだ其中から、自然の中心を作り出すまでの支度が整うて居らぬ。非常に興味の深い群の行動であるだけに、之を指揮する地位を競望する者が、際限も無く現れて来て、衆議の向う所によって決を採ろうとすれば、必ず聯合その物が分裂する結果になるのであった。それ故に今は甚だしく無理な技巧を用いて、辛うじて一致の外形を保たしめんとして居るのであるが、斯ういうものには仮に名ばかりの決議をすることが出来ても、それは唯将来何か此以外の方法によって、別に其希望を実現させる必要があることを、公認せしめたに過ぎなかったのである。折角地方で沢山の犠牲を払って、養成して来た選手が小さ過ぎたということを、経験して還るのが責めてもの収穫であった。しかも一方には果して理想通りの大英雄が出現したにしても、是に現在の社会病を治療するだけの、十分なる威力を付与することが出来るかどうかということも問題になって居る。英雄は既に神からは遠いものになってしまった。彼等が我々の無邪気な信用を博する手段は少なく、評論せられる機会ばかりが、年と共に多くなって来て居るのである。

三　親分割拠

親分の素質は必ずしも非常に低下しては居ない。彼等の人心を収攬《しゅうらん》する手段は今も昔の如く、此上も無く辛抱強いものであった。仮親烏帽子《えぼうし》親などの習慣こそは無くなったけれども、人が自分の生みの親以外に、誰かに引立てて貰わなければならぬ必要だけは、却って封建時代よりも大きくなって居る。従うて親分の腕を揮《ふる》うべき場合も、亦決して少なくはなって居ないのである。最も主要なものは職業の指導であるが、是は現在のように新たに発見しなければならぬ人が多くなれば、彼の力を須つことは愈々切でなければならぬ。此以外にも縁談の口ききや寄寓者の世話、借金の整理などは以前よりも多く、頼まれれば喧嘩の仲裁なども彼等がした。大抵は気質性癖もしくは一種の惰性の如きもので、強いて報償を予期して之に携わる者の無いのであるが、其が又可なりの大いなる力となって戻って来るのが、古くからの法則になって居た。世が改まっても日本では是だけは変らない。或は時代の必要が幾分か之を強めて居るかも知れぬ。少なくとも他の方面では既に衰えて居る為に、この関係ばかりが目に立つようになった。

恩義という言葉が此無形の報償を意味して居る。それを忘れる事は借金を返さぬ以上に、悪い行為と認められて居る。恩義には定まった形とても無いが、先ず第一には言うことを聴くという要件があった。動機の善悪は問題の外に置いて、必要があるならば親分を助けなければならぬ。普通は幸いにそういうことが要求せられぬが、場合によっては悪事でも庇護すべきことがある。少なくとも永遠の雌服《しふく》だけは、当然の事として認められて居たのである。だから沢山の人を世話し得た者は英雄であった。もし一方の首領となって見る気があるならば、彼等の大部分の担いでくれることだけは、予算の中に入れて置いてよかったのである。ところが実際に於ては親分の其地位を利用する者が、段々に少なくなろうとして居る。寧ろ其力を新たなる恩義の為に役立てようとする方に傾いて来た。是には親分が大抵は年を取って、今更新規の計画に携わるだけの気力を無くして居るという原因もあったろうし、最初からそういう創造性は無くて、人の世話以外の活躍には向かぬということも有ったろうが、それよりも大きな理由は此転換は実は簡易の事業では無かった。有る限りの恩義を巧妙に統括して見た所が、尚有力なる一つの団結を完成するに足らなかった。第一に困難なのは子分たちの一致であった。それが相互の聯絡を保つ為には、又新たなる労働を必要とした。それが煩わしい為に多くの親分は断念して居る。つまりは事業の方が法外に面倒になったのである。親分の力は必ずしも以前よりも衰えて居るわけで無いのである。

野心ある小英雄の候補者等が此術を試みた者は皆失敗して居る。少なくとも成功を見る以前に中止して居る。動機の最初からやや露骨なのが軽蔑せられた外に、目的のある者には是は稍まだるい手段でもあった。金で斯ういう長い間の因縁を買取ろうとした者のあったのも不思議で無い。そうで無ければ自分も一人の依頼者となって、この先輩のもって居る恩義を、片端だけでも利用しようとしたのである。それが果して可能であるか否かは、近頃何回かの総選挙が之を実験したのである。あの選挙区なら何の某を抱き込むと大よそ何百票だけは得られるということは、顔で投票を集められるような親分が、そこに居ることを意味して居た。或は輸入候補と称して若干の金を持って行けば、人には関係無しに当選が期せられるという類の、稍融通の利き過ぎた取引も稀にはあったが、大抵は金に換価し得ない人情を横取りしようというので、地盤は即ちその新たなる贈答品の容器《いれもの》の名であった。個々の投票の売買ばかりを戒めても、まだまだ選挙が自由に行われて居るものと、推断することの出来ない理由は、斯ういう大小の幾つと無き選挙群が、単に一個の中心人物の気まぐれに従って右にも左にも動かし得たからであった。

是が今日よりもう一段と弊害の多いものになろうとも、尚恐らくは撲滅することは出来ないであろう。顔役は多数の常の心無き者が、今でも必要として大切に守立《もりた》てて居る者である。彼等の任侠は頻々と人を救ったのみならず、その幾分か並よりも発達した常識は、暗々裡に周囲の生活の基準ともなって居る。独り恩義の拘束を受けて居る者だけで無く、平生から其力を知って尊重して居る者は、迷うて決し兼ねる問題のある度に、いつも其向背を以て参考としようとして居る。殊に世間並と御多分に洩《も》れぬということを、安全の途の如く信じて居る者には、恰かも魚鳥の群が先に行く者に率いられる如く、自然に一団となって動かずには居られなかった。だから普通選挙が選挙人の数を激増し、自由な親分圏外の人々に投票させて見ても、僅な工場地帯の別箇の統制を受けるものの他は、結果は大体に於て、以前と異なる所が無かった。つまり我々は散漫なる孤独に於て、まだ自分の貧苦の問題をすらも、討究して見る力を持って居なかったのである。もしくは多勢の同境遇の人々と、如何なる方法でも結合しなければ、解決は無意義だということだけを知って、しかも其方法に非常なる価値の差等があることまでは心付かなかったのである。

但し最近の恩義は追々にこの親分を教育する方に働こうとして居る。折角自分たちと同じ生活を経験し、同じ感覚の普通よりも鋭敏なものを持って居る人を、単に無定見の為に遠慮させて、徒らに其力をよその野心家に委譲せしめることは、惜しいものだと考える者が多くなったのである。実際親分の賢くなるということは虎に翼であった。彼等が時務を知り人心を理解するようになれば、団結は容易の業であるのみならず、それが空名に終るような虞も無いのであった。しかも是には又幾つかの障碍が残って居る。第一には彼を担ごうとする者の中に、更に今まで以上の個人利益を予期し、若くは各自の計画に利用しようとする者があって、寧ろその余りに聡明で無く、時々はおだてに乗り自惚を抱き、もしくは無用の負けぬ気を出して、所謂井底《せいてい》の蛙《かわず》の孤立を続けてくれることを、内々希望する傾きが尚強い故に、思うようには親分を養成して、時代に相応した活躍をさせることが出来ぬのである。義気は依然として、今も対個人の道徳としか解せられない。協力は時として私欲の保護にまで応用せられる。壮士という名称が日本に行われ始めてから、もう四十年を少し越えて居る。彼等は一人として生死を度外に置いて、国と正義の為に働くことを揚言せぬ者は無かったのであるが、その実際の用途は別なものであった。親分が分立して居る為に見解は皆違って居る。末には数ばかり無暗に多くなって、彼等どうしは常に闘って居た。聯合の非常な大きな力であることは認められて居ても、多数は自分の保護の必要から、わざといつ迄も国内に敵を残して置かなければならなかった。大きな英雄は実際は入用が無く、微細な天才ばかりに際限も無く好機会があった。しかも供給はそれよりも遥かに超過して、人は失望の間に半生を老却しなければならなかった。そうして異郷の未だ相知ることの疎であることを寧ろ便利とするような場合ばかり多いのである。

四　落選者の行方

華やかなる英雄児の生活の半面には、いつも薄暗い孤独が附纏うて居た。寧ろ世の盛りに突如として死んでしまえばよいが、不幸にして長命するならば、其末路は大抵はみじめであった。殊に流行の今のように短い時代には、栄誉はただ僅に酷使を償うに足るばかりであって、残りの生涯には、何人も責任を分つ者が無く、単に代って出た者の声望を眺め暮すのみであった。忘れられまいとすれば起《た》って争い、そうして打負かされなければならなかったのである。日本は将に神童を尊重する国であった。是が出現には群衆の驚喜があり、一旦は之を児文珠《ちごもんじゅ》の地位にまで、祭り上げなければ承知をしなかった。通例はただ一種の早熟現象である故に、二十歳に過ぐれば只の人になるのが当り前であるが、本人にはそれだけの準備をする機会が無く、大抵は世途に迷うて寧ろ常人の常の成長を、羨まなければならぬ場合が多かった。角力その他の力業で名を揚げた者も、小町西施《せいし》と同じく若い時が盛りであって、それから残りの半生が飽きる程長かったのである。そういう経験は昔から積重ねられて居た。誰しも限りある得意の期間だけに、命の力を集注しようとする者は無い。そこで現在の地位を利用して、それぞれ身の私を講じようという気になるのである。英雄の私心は存外にけちなものであった。それが、些しでも随喜者の目に付くと、忽ちにして次の競望の乗ずる所となった。交替が行われ難ければ分裂は必ず起った。多くの親分方はこの浅ましさを厭うて、最初から事業を団結化することに勇敢でなかったのである。

それよりも今一段と心細かったのは、数多い落選選手の境遇であった。彼等の計画には最初から誤謬があったのであろうが、それには気付かぬ故に十分なる用意をして居る。選挙は其中でも殊に欺かれ易いものであったが、他の多くの協同事業にも、必ず若干の失望者を作ることになって居る。亡者《もうじゃ》というやや惨酷な言葉が余りにも適切に是に当って居た。予て其様な意図も無く、又は必勝の目算が無かったならば、再び心安く従属者の地位に復し得るのであるが、それは先ず一部の之を担いだ者が承知をしない。最も大きな不幸は時を失った者の、改めて凡庸の道を踏み得ないことであった。それには、人々の修養や気質もあって、概して統率の伎倆があると認められた者は、外には融通のきかぬように出来て居る。そうして明治の教育は何の目途も無しに、ただ斯ういう人物を沢山に産出して居たのである。志を得ない者は元の土地には止まって居なかった。甲の団結に於いて失敗すれば乙に於て更に試みようとする。都市で蹉跌《さてつ》をすれば農村に還って、小規模の牛耳を握ろうと企てる。これが僅の歳月に人物を全国に分布せしめて、それぞれ土地に適した新事業を創設させた、有難い結果をも生んで居るのではあるが、同時に又利害の紛乱の煩わしい原因にもなって居る。

成功という明治の新熟語は、無心なる多数少年の夢の代《しろ》を供給して来たが、実際は寧ろ此等の失意者の、それから後の経験を語るものであった。落選選手の忍耐はそう永くは持続し得なかった。中には一生を亡者の生活に終ったものも有ろうが、大抵は転じて反動の趣味に生きようと努めたのである。この第二種の立身方法には、稍自由過ぎる程の選択があり、大体に性急で又少し粗暴なものが多かった。しかも尚之を以て一生の職業とする迄の決心はなかった故に、責任を負わない一時的の計画が、幾らとも無く此連中によって案出せられて居る。勿論その多くはただ企てに終ったが、中には当人自身も意外な程の、成功者としたものもある。会社製造業とも名くべき漠然たる生活の新たに流行したのには斯うした原因があった。近代の政治は無益の失費ばかり非常に多いのを特徴して居るのであるが、是が其入用の一部分を支えて居たのは、偶然の手柄と認めてもよかろう。しかも実際の効果の挙がったのが少ないから、結局は無益に蓄蔵せられて居た資本を、単に世上に放散せしめるだけの、名義を供したに止まるものも多かったのである。

以前も天才の時を失い、もしくは突き落されて苦悶した者は稀で無かったが、至って少数の平賀源内式人物を除く他は、斯ういう径路に向って脱出することは出来なかった。大抵は世を背いたと称して蔭の社会に入り、もしくは強いて奇行を衒うて第二次の高名を求めようとしたが、それも多くの場合には唯幾分か埋没を遅くする位の、はかない効果しか得られなかったのであった。ところが現代に於てはそういう者までが成功した。少なくとも彼等の社会評論というものは可なりの重みを以て傾聴せられて居る。是が時勢をただ一方への偏倚から牽制し、もしくは省察と討究とによって、無益の熱狂に陥らしめなかった功績は小さくないが、ただ其批評は一般に消極的で、いつでも群行動の力を悲観しようとする弊は免れなかった。過ぎた江戸時代の一つの遺物として、今でも多くの人が興味をもつ落首文学は、僅にその形を変えて市民の間に行われて居る。たとえば政治家が余りにも金銭を愛しもしくは資本ある者が之と結托して、常に其私欲を遂げようとする事実などは、それが法廷の問題として論ぜられる以前、既に久しい間の風聞として世に弘まり、しかもそういう行為も格別の奇怪で無く、寧ろ隠密の裡《うち》に其取引を完うして、痕跡を後に留めなかったのはえらいという様な不当な評判までを平気で流布させて居る。社会には裏面があり、人生は道理ばかりでも行かぬなどということを、さもさも格言のように説いて居る者さえあるのである。此種の顚倒した道義観念の存在を認め、しかも絶望もせず又闘争もせずに、自分は自分だけで活きて行こうというような、気楽な考え方が都市人の中《うち》にはあったが、是にも所謂英雄運動の失敗者たちが、往々にして其憤懣の吐き口を求めて居たのである。全体浮世を茶にするということは、謀叛よりも有害なものであったが、妙に是だけには同情者があり、又多数の模倣者もあって、昔から失意の人々のよい隠れ処となって居る。是が東洋固有の反動趣味であったか、或は又特に言論の自由で無かった時代に、人を此様な竹林の中に追い込んだことが、永く惰性となって世に残って居るのかは知らず、兎に角にもとは其動機の哀れむべく又悲しむべきものがある為に、人は其放縦を咎《とが》めぬのみか、之を高尚なる遊戯の如くにも解したのであった。併し現在はその弊が既に現れて居る。何等取り処のない凡庸の輩《ともがら》までが、ただ善悪の批判を超脱して、欺いて活き得べくんば活きようと心掛けて居る。強いて他人の幸不幸の上にまで、思を労することの無益なることを説いて居る。無事に自分ばかりの一生を終ることが出来るならば、国の未来は論ずるにも及ばぬというような、個人享楽の人生観に親しんで居る。そういう一種の主義者はもう多きに過ぎ、しかも実際は彼等の予期した通りに、無難には活き終《おお》せなくなって居るのである。個々の失脚者の自慰方法という以上に、弊害は弘く感染して居る。つまり我々の団体生活は、最早是より多くの無頼の徒を世の中へ送り出さぬように、何とか其選手を養成する方法を、改革しなければならぬことになって居るのである。それは独り落選選手の不幸を救う為だけで無く、彼等が苦しまぎれに世に流す害悪の幾つかを、除くということも必要になって来たのである。

五　悪党の衰運

人を悪事に興味を持たせようとしたのも、亦我々の失敗であったということが言える。人間の智能労力の是ほど大いなる浪費を、戒しめ又整理することが出来なかったというのは、考えて見れば文化の恥かしい汚点である。殊に今日の司法警察の力は折々は犯罪の技術に追越されるような形があった。折角刑法は悪業を杜絶するだけ峻厳に出来て居ても、発覚と捕縛との割合が低ければ、奴等は計算の上からも尚此商売を引合うものとするかも知れぬ。つまりは防衛と事後の退治ばかりでは、まだ此問題を処理するわけに行かぬのである。根本に於ては此様な浅ましい事をしなければ、外に自分を活かして行く道が無いような、人生観を無くするのが主題であるが、それには現在の如く英雄慾の旺盛で、しかも其慾を抑え又は充すの手段に於て欠けて居る世相を、何とか改めて見ることが自然の順序である。

尤も最初から詐欺盗賊が好きだという者もあろう。或は病的に人を害するということの、悪事であることを感じ得ない者もあろうが、他の多くの場合には斯んな所業にも成功の興味があって、段々に其悪癖を増長して行くのである。江戸には火事を景気と解する様な悪い習わしがあった様に、貴人富豪の盗難にも冷淡な者が多かった。河竹黙阿弥の白浪ものばかりが、特に盗賊の生活を理解したわけでも無かった。鼠小僧の石碑には香花《こうげ》が絶えず、夜陰に其角を欠きに行く者が多いので困った。彼が年少で捕えられて刑に就いたときには、沢山の町人《まちびと》は沿道に之を見物し、それから以後の講談も義賊らしく語らぬと受けなかった。単にそれだけでは黒岩涙香以来、市民が耽読する探偵小説というものは、主として智慧競べが興味のもとであった。勿論斯んな読物から技術を研究したり、又は悪事を思いつく者もあるまいが、兎に角に悪人にも英雄児があり、悪に徹底するのも一律の痛快事であるような考だけは、正直な素人が今も尚之を抱いて居るのである。悪人が其宿業から解脱する機会は、甚だ乏しかったと言わなければならぬ。

個々の悪者の厳罰という方法だけでは、とても其犯罪を根《ね》絶《だや》しする見込は無い。それを又諦めて居るような今日の防禦《ぼうぎょ》策でもあった。この点に関しては世人は先ず誤解して居る。石川五右衛門の辞世の歌というのも、人が何時でも泥棒になれるということを、予言したものの様に説明せられて居るが、是は何よりも悲しむべき悲観であった。彼は唯盗賊の技術というものが、実は古くからの伝授であって、公然と門札を掲げて開業こそはして居ないが、先生もあれば弟子もあり、単にその一人の検挙せられたものを、改めて見た所で仕方が無いということを、やや皮肉に暗示しただけであったらしいのである。杜《と》騙新書《へんしんしょ》という支那の杜騙《かたり》の面白そうな話の集を、訓点を付して覆刻したのは、江戸末期の廃頽文学の時代であった。多少の漢学ある青年は、近頃の探偵もののように之を愛読したが、当時の悪漢どもには之は少し六つかし過ぎた。よほどの篤学で無いと之を参考にすることの出来ぬ芸であった。それにも拘らずその話の唯一つでも、流石は支那だと驚くようなものは無かった。又其頃には三都の有閑階級の筆記した、世上の聞書という類のものが多くあって、其中にも詐偽や窃盗の色々の実話が見えて居るが、それと今日の所謂三面記事とは、おかしい程によく似て居る。仮に前者には誇張があり、又は丸々の作り事もあるにしても、少なくとも既に百年も前から、人が世間話をして夙に知って居る手段が、今でも応用せられて遺られる者だけが新らしいのである。悪の技術には明白に伝統があった。そうして世の進むと共に不必要になり、又衰微すべきものと定まって居たのである。掏摸《すり》などは確に本拠を突かれて、既にその修錬が覚束無くなって居る。此上は只天分の有り、発達の見込ある選手を、あの仲間へ渡さぬようにすればよいわけである。

　是でも最初は我々の生存に、少々は必要のあった時代もあるのである。敵が遠くに退《の》き又消滅してしまえば、之を利用する気にはならぬ筈であるが、世間を面白からず思う者が出来ると、好んで模倣をするのみか時には自分でも発明する。日陰者ばかりの団結さえ企てられる。被害者の境遇に同情することが少なくて、却って其技術の成功を讃歎する者が現われるのである。出来心の悪事というもの程情無い現象は無い。所謂醜を千歳に遺そうという決心、悪人でもよいから著名になりたいという気持に、普通の素人が変って行くまでには、実はどれだけの苦悶があったか知れないのである。それ故に折角滅びかかって居る犯罪社会に活気を与えるのみならず、新たに友人の間に犠牲者を見つけることになる。都市の居住者の十分に相知らぬ隣暮しが、そういう機会を生じ易いことも事実だが、害を受ける者は寧ろ田舎者の方に多い。村は昔から此点だけは安心してよかった。人を信じ得ることが村の生活を悠長にさせて居た。ところが今日は特に其隙間を狙って、悪者の新らしいのが侵入を開始して来た。仲間を欺こうという者が村の中にも住むことになった。うそは村落の徒然を慰める為に、欠くべからざる一種のユーモアであったのが、現在は之を私欲に応用する為に、悉く深酷となり又精妙になり過ぎた。うっかり前途の有望な人間を、養成することも出来なくなった。早く一同がもう少し賢くなって、一人の顔役や人望家を、担がずとも済むように努める事の他は無くなった。但しその将来ははっきりと見えて居る。必要はただこの混乱の過渡期を、出来るだけ速かに又無難に、通り越して進むに限るのである。

生活改善の目標

歴史は多くの場合に於て悔恨の書であった。彼際《かのさい》ああいう事をしなかったら、斯うも困らずに居られたろうという理由が発見せられ、それがもう完結して後の祭となって居るのであった。然るに明治大正の後世に誇ってもよいことは、是ほど沢山の煩雑なる問題を提供して置きながら、まだ一つでも取返しの付かぬ程度にまで、突詰めてしまわずに残してあった点である。我々が自由に之を論評して、訂正の出来る余地の十分にあることである。性急なる愛国者は是をも堕落というだろうが、実際は忙しくてそうそうは考えて居られないものが多かった。しかもその間にも国は少しでよくなって来る。単なる現代人の身贔負では無しに、僅に二十年前と比べても、前に想像もしなかった事が今は当然となって居ることが多い。是非とも復古を望むかと問われると、即座に勿論と答えることは、如何なる保守派にも少し困難になって来て居る。つまりは無差別に只新らしいものを、片端から讃歎してはいけないというだけである。そんな事くらいは誰だって知って居る。今までの無益な色々の努力、馬鹿げた流行に就いてはもう相応に考えて見た。今度は一つやや楽しみな方から、時代の頃向を観望して、此一巻の書の結末を付けて見よう。

第一には国が学問を育てて来た態度、是が一年ましに実著《じっちゃく》なものとなろうとして居る。最初勉強をするのは偉い人になる為、家に立派な分家の出来る慶事として、近隣から祝賀を寄せられて居た。それが存外に大きな収益にもならぬので、手軽に出世をした者から軽蔑せられるような時代もあった。目的が実は世を益する側にあるということが判って、急に尊信の加わったのも反動に近かった。世界大戦が国際の交通を壊した頃に、今まで粗略にして居た、研究者の陰の事業に対し、どんな声援でもしなければならぬと言い出したのが、何か一種の罪滅ぼしの様にも見えた。補助の資財は僅なものであっても、これで多くの学者をして公然と労苦せしめることになったのは大きいことであった。唯其理解が商工業に縁の深いもの、自然科学の殊に一部のものに限られて、社会科学は尚少々は気味の悪い、別に奨励まではするに及ばぬもののように考えられた期間は稍久しかったが、是も東洋思想の闡明《せんめい》などという方から、歴史なら先ずよかろうと賛成する者が出来て来た。少なくとも日本人が沢山の応《まさ》に知るべきものを、知らずに済ませて来たことだけは俗衆にもわかり、次には其知識がまだまだ我々の社会を幾らでも明るくする余地のあることが認められた。一人一人のする事は小さくとも、今に集まったら何かになるということを感じて、一般に精確なる科学の成長に、大いなる期待を繋けるようになった。或は其成績の待遠しさもどかしさを、忍び得ない者も多いので、是まで職業教育の役目だけを果して、安心して居た大学が刺戟せられることになった。

第二には是と関聯して我々の文化事業が、助けを外国に仰ごうとする考の薄くなった事、もしくはそういう必要の無くなったことが、御互いの責任感のいつの間にか大人になって居たことを語って居る。四十年前には政府の御雇外国人が二百名、別に民間には五百名の嘱託《しよくたく》が、多分の給金を取って来て働いて居た。汽船を動かしても船頭は外国人、鉱山を掘っても指図役は外国人で、其方が結局は安く付くなどと、気楽なことをいう実業家も多かった。彼等は勿論日本の為に考え、国情に適した考案を立てようとはしたが、我々も知らなかった点まで心付くものは少ない。大体自分の生れた国でなら斯うするという様な事ばかりを我々に伝授すると、此方は忠実に国情の方をそれに調和せしめようとした。男女が共に踊れば対等条約が結べるものと、思ったというなどは其一例であった。それから引続いて御雇外人を不用にする為に、無数の留学生を外国に派遣した。学問の信用を洋行還りの肩書に托して居た時代は、随分と永く続いたのであった。ちょうど千年以前の留学生廃止と同様に、行くには及ばぬということを先ず感じ始めたのは、留学生自身たちであった故に、斯んな惰性を打切ることが六つかしかったが、此方に居る方が研究し易く、又外国から期待せられることが多くなって、已むを得ず国の学問は独立した。そうして他の国語を以て人の既に説いたことを、通訳するだけでは学問と認められぬようになった。新たな発見をしようとすれば、問題を自分の周囲に求める方が便である。それ故に自然に日本の自然と社会とを、対象とする研究が盛んになって来たのであった。

著述は我邦では非常に大いなる実業であった。最初何でも珍らしく又何でも知ろうとした時代には、全部の語学者が皆著述業であった。斯んなものがと思われる雑書までも、飜訳せられて世の中に弘まって居る。我々の読書慾は之によって開拓せられ急に其需要に応ずるだけの出版が、飜訳を抜きにすると間に合わぬことになった。所謂印刷文化の為には、是は幸福なる機会であったと言ってよい。此結果として段々に現われたものは、一つには編纂《へんさん》という事業、即ち内外の既に備わった材料を綴り合せて、一つの本らしき形に纏めること、もしくは切れ切れの短かい文章を集めて、一冊の堂々たる書籍を作ること、もっと粗末なのは別人の大きな仕事から、一部分の要点を抜き出して本にすること、斯ういうものまでが著述の中に算えられたのは、以前飜訳という著述が既に認められた例があるからであった。次に文芸の書籍が数多く世に出たのも、やはり又この読書慾の空隙と、書籍商業の余力が大きかったからである。是は一方には国人の思想文章は、過去の数百年が、望み得なかった進歩を、僅の歳月の間に為し遂げて居るのである。この二種《いろ》の印刷物の増加が、現代の文庫を豊富にした力は怖ろしいほどであった。それに飜訳も亦其稍我儘な選択と、宣伝の乱闘とを引起し、幾分か書物を菓子果物の如く、退屈しのぎの用にする弊風を招いたが、書を読む人々の眼界を弘くした力は、遥かに在来の飜訳事業に超え、しかも類を制限したというのみで、依然として読書界には歓迎せられて居る。人が一生の全部の閑暇を尽しても、猶昔のように有る限りの書を見るという望みは無くなった。選択は乃ち必然のものになったのである。ちょうど宗教が五種七種も競い進んで、自然に我々を信仰の比較研究に導くように、余程無我夢中の者でも無い限りは、退いて本は何の為に世に存し、何故に之を読まねばならぬのかの問題を、一応は考えて見なければならぬ時世にはなったのである。所謂円本の洪水にもし何等かの功績があるとすれば、それは簡単に本を安い商品としたことでは無く、今まで総括的にただ尊信して居た態度を改めて、もう一段と内容の用不用を究めるようにしてくれたことであろう。我々の読書法の一つの革命、それが間接には将来の学問の、有力なる指導となろうとして居るのである。

文芸の新たなる遠路に関しては、別に之を説く人があるから爰《ここ》には述べない。しかし少なくとも読者の既に予想し、もしくは漠然とでも既に考えて居たことを、もう一度彼と共に見たり考えたりしようとするような、著述が最初に不用になって行くことだけは誰にでも察せられる。以前はそういう世話焼きも必要と認められ、殊に講演などはそんなものばかり喜んで聴いたのであるが、今日はそれはもう仲間の仕事になって居る。我々が外から待って居るのは新しい事実、もしくは始めての経験になる感想であって、しかも出来るならば自分たちの疑惑に、少しでも解釈を与えるようなものを望んで居る。実際此様に多量の未知を抱え込んで、今まで同じ言葉の人真似にばかり、時を費して居たことが悔いられて居るのである。読書慾は当然に知識慾と化せざるを得ない。多くの日本の生活事実が、此頃漸くのことで互いに知られるようになり、それに伴うて省みて見なかった自分たちの問題が、新たに疑惑の種となって居ることは、これも見遁し得ない最近の一傾向である。我邦は久しい歴史の因縁から、非常に変化の多い天然と社会とを、一つの版図の中に包括して居って、単なる一部面の普通というものから、他を類推する危険の殊に大きな国である。地方は互いに他郷を諒解すると共に、最も明確に自分たちの生活を知り、且つ之を他に説き示す必要を持って居る。それが出来なかったら大きな団結は六つかしいのである。政府が此頃になって郷土研究という語を新たに唱え、必ず地方の有識者に之を考えさせ、又教育の上にも利用させようとするのは、深意はまだ解らぬが少なくとも此機運には触れて居る。そうして最近までの国家教育主義の、久しい間省みようとしない点でもあった。是を生活改善の新方針の端緒と見ることは、我々に取っては根拠無き楽観では無いのである。

教育の実際化という語が、今頃になって漸く唱えられるというのも、まだ間に合ったのだから馬鹿々々しいと思ってはいけない。家で生計の盛衰を最も心にかけ、子孫の愛育の為に全力を挙げて居た者が、今までは殆ど発言権を持たず、たとえ実際化せぬ教育を与えられても、黙ってただ喜んで居なければならなかった時代が、永きに失したことは残念であったが、兎に角、現在では母も祖母も、どうしてくれるのですと訊くことが出来る様になった。しかも今日までは、只めいめいの家の都合だけに基づいて、喜んだり憂えたりしたのが女性であったが、彼等の知識はいつと無く増加して、是にはもう一段と根本的の要求が、社会と共通にあったのだということがわかって来た。生活改善の諸案というものには、世間見ずの独りよがりも多かった。それを実行し得る家の数も少なく、貧にあえいで居る大多数の同胞とは、涙のこぼれるほど没交渉な苦労をして居た人もあった。併し、少なくとも今の生活は改善すべきもの、それも、個人の思い思いの工夫で無く、同じ憂を抱く、多くの者が団結して、始めて世の中に益があるということを、認めたこと自身が改善であった。中には見得坊の口ばかりのような人が、出過ぎて憎らしいことも折々はあろうが、社会を女性の問題とした功労だけは認めてよい。男は実際に皆あせって居る。微細な人情の変化までに気づかぬほど情が荒《すさ》び、もしくは、わざとそんな事は大まかに論じようとして居る。政治の直接に我々の家庭と交渉する部分を、婦人の団体の考察に任せるはよいことである。

一つの大きな利益は必ず教育の上に現われて来る。子供が父よりももっと幸福に活きんことは、父とても決して之を望まぬことはあるまいが、母ほど痛切に之を感じては居ない。貧しい生計の者は尚更のこと、豊かに暮す者でも此感は免れぬ。家の煩累が稍忍び難くなる度に、せめて我子等には同じ苦しみはさせたくないと思わずに居られぬのは母であった。大は婚姻の人に語られぬ悩みから、小は飲食の朝夕の苦労まで、過ぎて還らぬ悔みというものはこの人たちには一つも無かった。仮に自分はもう如何《どう》することも成らぬとしても、それは同時に又次に来る者の経験であって、代って彼等の為に利用する望みはあった。以前は祈願信念のただ一つの力にしか頼れなかったのであるが、現在は教育がまだ幾つかの機会を供与する。果して心身の発育が能く一生の艱難に堪えるだけで無く、更によく疑い又よく判断して、一旦是と信ずれば之を実行するだけの、個人の力というものを養うことが出来るかどうか。然り確に、と此問に答うる者が無い以上、いつ迄経っても親々は其苦闘を中止せぬであろう。現代の教育は自らも此欠点を意識して、別に成人教育なるものに補充を必要としたり、もしくは公民教育の追加を試みようとして居るのは、乃ち亦今日の小学校が、児童を人とするのに必ずしも万全で無いことを、弘く世の父母《ちちはは》と共に憂いて居る兆候である。改革は期して待つべきである。一番大きな誤解は人間の痴愚軽慮、それに原因をもつ闘諍と窮苦とが、個々の偶然であって防止の出来ぬものの如く、考えられて居ることではないかと思う。それは前代以来の未だ立証せられざる当て推量であった。我々の考えて見た幾つかの世相は、人を不幸にする原因の社会に在ることを教えた。乃ち我々は公民として病み且つ貧しいのであった。

（『明治大正史　第四巻　世相篇』一九三一年一月二〇日、朝日新聞社）

世間話の研究

一

どんな手軽なちょいとした制度文物でも、大抵は千年以上の沿革が考えられる旧国であるが、流石に新聞の原始時代だけは新らしい。人類が子供らしく世間見ずであれば、何でも珍らしいから新聞の種は多く、又大騒ぎをして歓迎されそうなのだが、案外に彼等の好奇心は育てられて居なかった。主要なる理由は自分たちの眼を以て視、耳で直接に聴いた物の音で無ければ、経験とするに足らぬという永年の習性があったからで、漸く文字が読んで判る世の中が到来しても、尚沢山の実地の型を示さなければ、それが想像となって我々の情緒をつっ突くことは出来なかったというのも、つまりは孤立国の社会教育法の致す所であった。義太夫節の写生が芝居同然の身振りに走ったのも、又新聞が三日にあげず、同じ何々大臣の碌でも無い似顔を出したり、小説や市井記事に挿絵を濫用したりするのも、言わば滅法に経験に義理堅い観客層が、今以て一世を蔽《おお》うて居ることを意味するのである。

それには一方に話の上手下手ということも、無論考えて見なければならぬ。ハナシは我々の国家に於ては、非常に時おくれて発達した生活技術であった。其証拠には古事記風土記万葉集は素より、ずっと降って中世の文献を引捜して見ても、ハナシという単語は見当らぬのみか、精密に是に該当する日本語すら無かったのである。どうして室町時代に入って、ハナシという新語が出現したかに就いても、学者にはまだ一致した意見が無い。たまたま説があれば愚説ばかりであった。要するに「話」などは誰も入用を認めず、従うて其名も方法も、講究しようとする者が無かったらしいのである。それでも「人は話をする動物なり」とあるじゃ無いか、という者が若し有るならば、其人は翻訳をまちがえて居るか、そうで無ければ日本に当てはまらぬ定義を輸入して居るのである。人が他の生物に比べて遥かに複雑多様なる声を出し、其声が言葉というもので、それぞれに趣意と気持とを運ぶという事実には誤りは無いが、之を組立ててハナシにする技術は、永いこと知らずに居た、と言おうよりも寧ろ必要が無かったのである。上手下手の問題が其頃よりも以前に、有った気遣いは無いのである。

そんな事で人が村を作り、家庭を構えて共に住む甲斐が有るかと、大いに反問したつもりで居る人も無いとは限らぬが、何分にも其甲斐が有るのだから致し方が無い。我々が敵と戦い天然を支配するには、無論独力では役に立たぬ大きな仕事が幾らでもあった。だから集合して協同する気にもなったので、其間には親方と兄弟分、指図と打合せは常に必要があり、言語の完成したのも此必要からであったと考えられるが、ハナシは斯ういう場合とは些《すこ》しでも関係が無かった。「おい話をしちゃいけないぜ」と、今でも働く人たちは互いに之を誡《いまし》めて居る。むだ口というものも今では話の中に算えられて居るが、それも本来はよくよく力のいる技術であったと見えて、話をする者のみか、聴く者さえも普通は手を休める。だから何時でも仕事とは両立しなかったのである。海で稼ぐ者がサオーと呼び、山で樹を伐る者がナターと呶鳴《どな》れば、言語の用途は十分に果されて居た。それを汝の手に持つ棹を立ててそこの浅瀬に突張れとか、向うにある鉈を取って早く持って来いとか、国語の教師の教える通りに言って居たら、精確ではあろうがぶんなぐられるにきまって居た。

活きた文法はおかしい程手っ取り早いものであった。一句でも必要の無い文句を挿入すれば直ちにのろまの悪評を甘受しなければならなかった。是が交際の密接な間柄、朝夕顔を見て気心の知れて居る者ほど、愈々其省略の多くなることは、是も亦常理である。田舎には全く物を言う技術に疎い人も元は有ったが、今日は大抵腹の中ではよく喋って居る。そうして機会さえ有れば一かど爽かなる弁舌を揮い得る者でも、家に居る処を見ると皆言葉が少なで、殊に最も親しい母子や兄弟の間では馴れぬ我々には喧嘩でもした後で無いかと、思う位に黙りこくって居る。女房や妹たちにも、何か話をしなければならぬことになったのは西洋風である。話が修飾を要する技術であると解すれば、取り繕ろうてはならぬ人たちに対しては、之を用いないのが寧ろ礼儀であった。言語は式の日や人間の大事に、堂々と利用するものだから、常の日は粗末に使わぬということも有ったろうし、又相手方が他人行儀を悦ばず、くどくど文法を正さなければ理解せぬ人と、見られて居ると感ずると悪いから、村では久しい間短句と感投詞を重んじ、会話と名の付くものはただ若干の、特色ある人々の役目に限られてあったのである。

二

我々の国語利用法が、それではなる程発達しなかった筈だと、早合点せられても少し困るのは、順序が其様に簡単なもので無かったからである。ハナシこそ通常人の常の日には用の無いものであったが、一生を通じて見ると言語の働きは、却って昔の方が念入りであった。御経という莫大な文字が、其内容の理解とは無関係に毎日あの通り熱心に読まれて居たのを見てもわかる様に、或は又たった一つの簡単な唱えごとが、何百万遍でもくり返されて居たと同じく、いざ入用となれば言葉を惜まなかったことは、余裕が多いだけに昔の人の方が遥かに甚だしかった。唖でも吃りでも決して無かったのである。人が鳥獣で無い本当の有難味、言語のねうちというものを心の底から感じて居た為に、之を粗末には取扱わなかっただけである。主要なる用途は弘い意味の社会教育、即ち後から生れて出た者に、是だけは必ず伝えて置かなければならぬと、信じた問題ならば十二分の言語数を費して居た。そうして其問題と場合とが、最初のうちは特に限られて居たようである。人がただ漠然と神話時代と名けて居るものが、又此中に含まれることは勿論であるが、そういう気風はずっと後までも続いて居た。改まった折の言語の感動を深く強くする為に、常は成るべく無口で居ろうとする心掛けも普通であり、一方には又そういう晴の日の語りごとを、大事にしたことも一通りでは無かったので、我々の所謂文法も修辞法も、実は殆ど其全部が、この方面から発達して来て居ると言ってよかった。

但し神話とはよく言うけれども、それは我々のハナシでは無かった。近頃斯んな名称を考え出した人たちが、まだ「話」と其以前の言語利用法との差別を、はっきりと知らなかったというだけである。村の住民は却って意識に忠実に、今でもこの二つのものの相異を解して居る。たとえば村会の席上だけでは、近隣のゴテ等を諸君と言ったり、デガンスを「であります」と言ったりして居る。即ち大昔以来の慣行に遵《したご》うて、晴の日に限って切口上を用い、言葉を改めなければならなかったのである。文学が現代口語に由るといいつつも、尚しばしば前人の型を追うて居るのも、さては盆正月や吉凶の式に際して、耳を聳てるような挨拶の文句を聴くのも、言わば日常の会話などと混同せられまいとした努力の名残であった。其中でも伝承を主眼とした往古の事蹟、神の奇瑞とか家々の由緒を説くような場合には、印象を強烈に、記憶を容易ならしめる必要から、特に荘重なる言葉を択んで句形を揃え、又屢々譬喩のやや意外なるものを用いた。韻や対句の起原は別に有って、必ずしも同じ目的の為に発明せられたものでは無いらしいが、是も此場合には盛んに利用せられて居た。それに第一は余りにも一くさりが長かった。よほど熱心で他念も無く聴き入る者を、相手にして居ないと飽きられるは自然であった。之に比べるとハナシが簡略で、且つ気の利いたもののように感じられることになったのも、時節の致すところ奈何《いかん》ともせんすべは無かったのである。

この一種の古風な物の言い様、即ち形に囚われた一方だけの長広舌を、日本語ではカタリ又は物語と謂って、無論世間話などのハナシとは別物としてあった。カタルという動詞は既に零落して居る。騙して人の財を捲き上げることをそう謂うのは、如何なる過程に導かれたものか知らぬが、今一つは小児が遊戯に参加することをカタル、又は男女相許すこともカタルと謂って居る土地がある。起りは皆一つで独り言の反対、即ち聴き手が多人数であることを条件として居たものと思われる。物語の興奮も是れを大いなる刺戟として居た如く、衆と共に耳を傾けるという面白さだけが、いつ迄もこの昔の形式を引留めて、やや又新たに生れた色々の話の中にも、若干の影響と拘束とを付与することになったのである。生活価値の問題が省察せられる世の中になると、斯ういう外観ばかりの伝統は実際は無意味であり、時としては又煩累ですらもあるのだが、我々日本人は永い年月の親しみに由って、今尚この空虚なる格調に深い愛着を持って居る。たとえば唯物史観に徹底したように言って居る共産党員が、うっかり法廷で「某の霊を慰める為に」と激語して、挙げ足を取られたなども其一つの表われであり、折角自由に発展しかかって居る今日の世間話が種の方からも又話術の方からも、直ぐに類型に堕ちて下らぬものになってしまうのも、有りようはこの美しい言霊の国に生れながら、古今の言語芸術の是ほど顕著なる分堺に心付かず、いつ迄も株を守って兎を待つような、頓狂なる態度を棄て切らぬ為であった。そういう拙者なども恐らくはその迷い子の一人であろうと思って居る。

但し少なくともこの二つのものは、区劃を明かにして併存し得るものだと、自分たちは信じて居る。一方を突倒して根こそぎにしなければ、次のものが栄えぬという風には思って居ない。カタリの今日も尚活きて居るのは、謡は兎に角として浄瑠璃などは確かにそれである。是も以前の扇拍子を物足らずとして、便利な小楽器などをあいの手に入れた為に、歌だ音楽だと思って居る者が有るか知らぬが、実際はただ事柄を人に伝える古臭い一つの方法であった。我々は所謂神話時代のように、もはやあの内容を事実として承認せぬのだが、上手にあの形式で語られると泣きたくなる。形式そのものの力か、はた複雑なる歴史的聯想の為かは知らず、まさしく彼には魅力があり、従って存在理由がある。今後も残して置いて相応な役目を勤めさせるはよい事だと思う。ただ問題になるのは我々の常の日の交通、有りのままを説かねばならぬ演説や手紙や新聞に、何とかしてそういうものを加味したのが上手と、御互いに感じて居ることがいいか否かである。中河与一氏は僕の近所に住んで居るが、同君の形式は自由な創製品で、決して神代前から制定せられてあったものを、発掘して来て用いようというのでは無いらしい。併しそれでも此形が最も適すときまることは、同時にそれを是認する者が親しみを感じて、やや不必要に永くつらまって居ることに帰着する。時と境遇と各自の情感とに、毎回調和したものを選定してよいのならば、寧ろ形式という字を使わぬ方が便だと私は思って居る。それは此序に論じ尽す能わずとしても、兎も角も我々の世間話は囚われて居る。以前カタリが博して居た喝采をそのまま相続しようとするので形式が古くさい。そうして其為に世の中が馬鹿に淋しい。

三

是には今まで省みられなかった原因が有り、それを述べようとするのが私の趣意であった。つい余計な雑談に走って申し訳が無い。ハナシの発生に就いては三つの事情の輻輳《ふくそう》が想像せられる。もっと有るのかも知らぬが、今の処まだ考え出せない。第一の事情というのは歴史的、即ち世の中の進みがどうしても説話の新技術を、成立せしめずには置かなかったことで、是は本筋だから演繹《えんえき》派の先生にでも推論し得られるだろう。型通りの生活が久しく繰り返されて、滅多に事件という様なものを知らなかった小社会でも、各員の物を感ずる能力が精微を加えると、次第に今日の昔と同じで無いことを認めて、古い経験と新らしい自分たちの歴史とを、一つの態度を以て後に伝えることが出来なくなって来るのである。ちょうど子供が大きくなるにつれて、天が益々高く地は低く思われて来るように、神の代と末世との間隔が、日毎に遠くなることを感じ始めてから、急に記憶というものの入用が複雑になった。しかも是を出来るだけ一続きの過去として、説こうとする骨折が何れの民族にもあった故に、事実我々の昔と今との堺目は、いつも存外につい近頃の処に設けてあって、それからあちらは語りごとの領分に、引渡して少しも苦情をいう者が無かった。国が創立以後何千百年になるかを、忘れて居るということは飛んでも無い話だが、自分の曾祖父母がどんな人でどうして生きて居たかを、知らぬのは先ず当り前であった。そうして如何なる平凡を極めた社会でも、時世は変ったを口癖にせぬ者は無かったのである。それ程変ったと思うならば、其分だけは少なくとも、すべて新式の話し方にしたらよさそうなものだが、元々是は卑近なものだという古い考えがこびりついて居る為に、なお公衆を相手とする場合だけは、以前結構であった表現法を、棄ててしまう気になれなかったのである。極端な実例は金石文に於てよく見られる。書いた人以外には読み得る者も無く、読めない御蔭に少々は適切で無くとも、黙って尊敬せられて居るという類の記念碑が、今でも方々の路ばたに建とうとして居る。是はそれでもまだ知己を百年の後に期するという空想が手伝って居るか知らぬが、ほんの何でも無いただの凡人の、彼岸に敲《たた》き巫《みこ》の口寄せに現われて、話をする場合までが七五調で物を言おうとした。それから心中があると一つとせえ節が出来たり、珍らしい罪人が御仕置にでも逢うと、直ぐに読売などという者が遣って来て、普通で無い声を出して其顚末を語ろうとして居た。斯ういう眼の前の痛切なる生活実験までも、少しく目ぼしいのは皆斯うして或型に嵌め込まなければ、伝うるに足らぬかの如く自他共に思って居たのである。新聞はその読売の相続人だと言う人もあるが、それでもよくまあ是だけ自由に、世間話の種を取扱うようになったものだと思う。仮に我々読者の身を以て実験した場合と、問題なり感じ方なりにまだ少しの喰い違いはあろうとも、それは言って見れば此方の期待が、もともと余りに小さかった結果である。今少し我々が自分の耳目の代理として、何でも要求した方がよかったのである。之に応ずるだけの見込は既に立って居る。

現在の世相を短評するならば、何だか無暗に内証話ばかりが発達して居るようである。新聞は毎日あの大きなものが出て居るに拘らず、尚いつでも一生懸命に、人が五人三人寄り合って居る処に近づいて、何を話して居るのかは聴かずには居られぬ様な、それを知らずに過ぎると時勢におくれる様な、心持ばかりが横溢して居るのはなぜだろう。人の弱味や後暗いことばかりが内証ならば、そんなものは用も無く、強いて聴こうとするのは不徳かも知れぬが、もっと真面目で公明で、そうして我々の知りたいと思う談柄《だんぺい》が、可なり其中にはまじって居る。つまりハナシというものが今はまだ整理せられず、是を正しい歴史にして行く機関が、備わって居ない結果である。新聞に取っても自分の干与し得ぬ法外な雑説に、常時その背後を飛び廻られ、社会の興味を其方に奪われるのは名誉で無いが、それよりももっと直接に、迷惑するのは社会自身で、従うて又此問題は決して悠長なる昔話では無いのであった。全体にパブリシティーを既に定まった形式と、結び付けたままで置くのが悪かった。其為に日本では問題になる事件が限られ、単に勿体らしく説き立てる習慣が無いばかりに、役にも立たずに消えてしまう知識が多いのである。日常の生活を反省して見ても、人に聴かせようとせぬ談話には真実味が多かった。法螺を吹き嘘を吐こうとする迄の悪い考えは無い者でも、所謂人前では言葉を改める故に、しばしば感心せられる部分が要点の外になる。古い文学と対立した我々のハナシは、実は村のうちや家々の夜の臥しどに於て、思いの外完成を遂げて居たのであった。

それというのが根本我々の必要から出発し、どう言えば最も高尚に聞えようかなどと、思い廻らす余地の無いほど内の促迫が強かったからであった。柳髪新話浮世床だってもそれであるが、明治の文章の何が最も前代に比類なく、人を主我の憂鬱から解放するに力があったかというと、それは斯ういう何でも無い日常の言語を、無心に再現しようとした所謂写生文であった。根岸派俳人等の大いなる功績は、蕪村の礼讃でも無く又万葉形式の模倣でも無く、心に最も近い人間の言葉ならば、何でも絵になり又尊とい経験になるということを、事実で証拠立てた俳諧の活用であった。だからあの時代を明かな区切りとして、我々の文芸は一変して居る。どんな偉い人でも大なり小なり、無意識にあの感化を被って居ないものは無い。更にそれ以上に漱石の弟子たちは成功して居る。成程この以前にも言文一致なるものは唱えられたが、是は大抵は句の終りを「である」にするだけで、「である」は実際又口語でも何でも有りゃしない。今でも時々見る「言わざるべけんやである」の如くに、古くさいカタリに取り組った未練がましい附紐《つけひも》の一種に過ぎない。演説は不幸にしてやや面倒くさいことを言わねばならぬという、因果な束縛を甘受して居る為に、今なお此あたりを彷徨して居る。従うて如何に大切なる御説教講話がある場合でも、そこいらに一寸したこそこそ話が始まると、忽ち連中は其方に耳を取られてしまう。是をぞうだん（雑談）などと名けて人間のハナシの埒外に置こうとする限り、語を換えて言うならば、世間話の本質の認識が足らぬ限り、まだまだ日本は不幸なるゴシップの国、流言蜚語の悪用せられる国として続かなければならぬだろう。

四

ハナシが始めて我々の間に出現した頃には、是が今日の様に数千万の同種族を繋ぎ合せる、唯一の手段になろうと迄は予想し得た者は無かったようである。号令と謂い指導と称するもっと有力なる表示法があって、大抵の場合にはそれだけで間に合って居たからである。掛合いと呼ばる対等の交渉が必要になって後も、是にも予習があり又恐ろしい念入りな形式があった。戦争や喧嘩の場合だけは率爾に物を言うかと思うと、是にも口達者を推して名文句を弄せしめたのは、久しい沿革のあったことかと思う。江戸ッ子のいさみなどは話術発達の大いなる貢献者だったが、尚たんかを切る時だけは翻然として芝居をして居た。何処かで感心して聴いた奇抜な譬喩秀句を覚えて居て、折があったら使おうと思って居る。相手はいつも其競技によって負かされるので、たんかは話というよりも寧ろ呪文の方に近かった。我々の祖先が自由なる言語によって、身を益し心を楽しませようという目的は今と同じでも、古い生活に於ては其需要が今よりも狭く、且つ急切では無かった。それ故に最初は先ず文芸の方面に向って、話の利用というものが発展して行ったのである。

是が私の列挙して見ようとする第二の事情であるが、それはただ間接にしか世間話の現在の状態に影響して居らぬ故に、茲では略して其要領のみを述べる。説話が日本の言語技術の上に占めた地位は、酒が日常の飲食物の中に入り込み、歌舞が人間の娯楽の大きな部分を取ったのと、可なりよく似た関係を持って居る。三者は何れも元生活の最も正式な行事であって、年に一度か二度又若い頃の一盛りに、生涯の思い出として是に携わり、乃ち忘るべからざる印象を残したものであったが、人が我儘になり、且つ其尊厳を軽視するようになってから、いつでも欲しいと思うときに取り出して、其楽しみを味わうということになったのである。酒や歌舞の方にも宗教から出た六つかしい色々の儀式法則があって、長い間かかって其をちっとずつ脱却して来たのだが、上代の物語の方でも、一度には「話」に変ってしまわなかった。今でも本を読み又は芝居を見て来て子供などに話す場合と同じように、第一に余りに長々しい部分は切り棄て、忘れた部分などは重要で無いからよい加減に補充するが、ここは面白かろう悦ぶだろうと思う箇所又は自分にも是非伝えてやりたいと思う点だけは、出来るだけ正確に時としては本文をも引用する。是がコントというものの近代の語法を用いながら、尚折々は意外に古風なる形式をまじえ保存して居る理由である。その内にちょうど雛祭の酒が甘い白酒になったように、聴衆が幼ない者ならば童話となって、彼等をよい児ならしむるに必要なる個条に重きを置き、相手が狂言記の大名のような只の享楽派ならば、ふざけた部分だけを捜して笑話にも猥話にもしたので、そうなると一段と古い約束が薄くなり、終に小説などは自分一人で作ったものの如く、信ずる者を多くしたのである。戦国以来の世の中の動揺から、新たに特殊の興味が目の前の実事談に誘導せられるまでは、ハナシというものにも此種の昔話が多かった。都は仮に兵火の巷となっても、村の夜話には是以外のものを、求めることは不可能な時代もあった。殊に庚申講その他の日待の夜、又は御伽《おとぎ》と称して人と共に起き明す際などは、ちょうど長夜の酒宴に歌の数が不足する如く、幾らあっても話の種は入用であった。それで始の程は真面目なる村の話、又は世間話の新らしいものを珍重して居ても、夜が更け子供が寝てしまう頃から、段々と所謂大きな話が現れて、末は高笑いの爆発に帰せずんば止まなかったのである。

是なども考えて見ると、人の感覚がまだ粗野であり、其癖慣例には尤も忠実で、下品な笑いが伴わぬと何か物足らぬように、思って居た頃からの順序を守って居るのかも知らぬが、御蔭で話というものは人の機嫌を取るもの、どこかにおかしい所があって笑わせなければならぬものの如く、解せられるような先入主が出来た。そうして猪口才《ちょこざい》で少しく厚顔な男子のみが、罷《まか》り出て座を持つ様になって、情の濃《こま》やかな考えの深い人たちは、却って其所懐を微笑とささやきとの間に托することになり、中でも女などは物を言えば直ぐにハッサイだと評せられるうき目を見た。

つまり話術が稍偏ったる発達をして居たのである。それにはこの第二の文芸的事情と並べて、今一つ第三の経済的事情というものの参与を考えて見なければならぬ。関東東海の荒しこ共が、都に入って来て政治上の実権を握るようになってから、急に存在を認められて来たのは、咄の者と称する一種の職業であった。昔も人間には退屈という者があったろうから、ピエロが入用ならばもっと早くから現われてもよかったのであるが、京の悠長なる生活に馴れた人よりは、田舎者の方が遥かに気ぜわしなかった。一方の和歌とか管絃とかに該当する者は、此方は狩であり漁であったが、そんなものは旅先では断念させられる。それに女の気無しに夜遅くまで、集まって番をして居る必要が多くなって、咄は恐らく食物に次での、欠くべからざるものになったのであろう。室町の若い将軍は同朋と名けて、わざとやや年を取ったおしゃべり共を、数多く扶持して居た。其中には連歌や能芸碁双六のように一つの技に秀でた者も交って居たろうが、元々彼等の用途は晴の日の為では無く、ふだんの何でも無い閑の時を潰すに在った故に、別に一役ある者でも片手には話を心掛けて居た。沼の藤六とかうそつき弥二郎とかいう類の話上手は、師匠も無く又練習も無くして、独りでに生れるような簡単な技能では無かった。彼等も最初は数多い古来の物語を学び、それを昔話とし又笑話に改作して、方々の家庭に流布せしめたかも知れぬが、一人を主と頼んで毎夜の伽相手を勤めて居ると、そんな話は忽ち古くさくなり、二度言うと風を引くなどと言ってたしなめられた。我々の世間話がハナシの一派として、次いで現われて来た偶然の原因は此に在った。是も咄の衆なる者が職業の意識から、苦心して集めて来て且つ巧みに話したのが始まりで、決して単なる御互いの知識の交換で無かった。だから最初から題目に選択もあり、又話さずには居られぬというような率直なものも少なく、当然に今日我々が新聞などに向って予期するものとは別であった。

五

併し少なくとも世間話という名は当って居る。セケンは実際の日本語に於ては、今の社会という新語よりも意味が狭い。是に対立するのは土地又は郷土で、つまり自分たちの共に住む以外の地、弘く他郷を総括して世間とは言って居たのである。そういう未知の天地に対しては、昔から大きな好奇心はあった。併し最初のうちは昔の昔の其昔に対すると同じく、可なり奔放なる空想を働かして、たとえば孫悟空の西遊記を見るように、どんな法螺話でも包容する余地があったのである。ところが遠征が行われ人の往来が時と共に繁くなると、今まで聴いて居た話のどれだけ迄が本当であり、自分たちの判りきった生活と比べて、どれほど違って居るのかに又新たなる興味が生じた。詳しく説かずとも近世の欧米に対する我々の知識慾がそのよい例である。是を四五百年前には国内の各地が、互いにゆかしがり又間違って教えられて居たのである。曾呂利《そろり》新左衛《しんざえ》門《もん》の逸話中にも多いように、どうじゃ近頃かわった話は聞かぬかなどと、顔さえ見れば先ず尋ねるのが、あの時代の「有識階級」の普通の癖であった。手前が今朝出て参りまする路で、木の鑵《かん》子《す》で茶をわかして居る者がありましたとか、又は昨晩は何とか坂の下で、怖ろしいものを見ましたとか、又例の其方が出鱈目であろうなどと、けなしながらも其様な話を面白がって聴いて居た。この放縦なる聴衆の笑いずきが、折角発達しようとした世間話の若芽を、惨たらしく折りさいなんだ損失は大きかった。茶坊主が野幇間《のだいこ》となり又ただの取巻き連となってしまうまで、金の有る者の我儘はずっと続いて居た。彼等さえ真面目に好い話を求めたならば、幾らでも新らしい経験は自分の耳目を煩わさずに、外から供与し得られる時代になってからも、人は代物を払う以上は楽しまされなければ損だという考えがあって、常に大よそ見当の付いた書物を買おうとし、又は半ば期待し得る講演ばかり聴こうとして居た。其為に是ほど出版物が多く、誰も彼も饒舌になったにも拘らず、存外此方面からは自分の養いになるものを得なかったのである。

　併し今日はもう求めても得られなかった時代とは違って居る。以前は引込んだ田舎に世間話を運んで来る人の種類が限られて居た。たまたま独りで長旅をして、戻って来た者があっても、そういうのは話が下手であったり、又は作り事をするのが容易に露われた。話には別に功を経た名人があって、それは行商とか遊歴文人とか行脚僧とかの、先きざき世話になり宿主の機嫌を取り結ぶべき者、又は旅芸人などの殆ど軽口を専業にして居る者であった。どんな話が村の人たちには喜ばれ、もしくは目を円くされるかを知り抜いて居る上に、誠しやかに地名や人名を取って附ける術はよく解して居た。従うて地方の世間話はいつ迄も古い型を脱し得なかったのである。今日は勿論人文地理の教育も進み、そんな事が有るものかという制限は多くなったが、尚根柢に於て「何か変った話」を、聴こうとする態度が跡引く故に、折角金を遣って視察をして来たり、又は歴史に伝わるような戦争に出た者が戻ったりしても、彼等も亦努めて奇事珍談の至って有りふれたものを説くに苦心して、全く聴衆の意外とするような、真実の話を後に残すのであった。

私は大分久しい前から、談話の技術の成長して来た経路を考えて見ようとして、江戸期以来の家々の筆記ものに、主として如何なるハナシが書き伝えられて居たかを見ようとして居る。そうして今日までに得た所の結論は、おかしい話だが大体に於て、略我々の新聞の行き方と、古今格別の相異が無いということになった。勿論通信の力が比べものにならぬ故か、早さに於ては今は確かに大違いであるが、読者の側からいうと早いのは人より早ければよいので、隣近所が全体にまだ知らぬならば、自分の知るのも遅くてもよかった。長崎見聞の異国趣味とか、オロシヤ談判メリケン渡来の際の風説などは、随分遅くなっても人が知らぬから話の種になって居る。それから政治は人本位、誰と誰とがどうしたから斯うだという類の、穿ちに近い色々の事情談、一般に改革に対する不満不評判の声、それも程無くあきらめて落首文学に堕ちて行く傾向など、全体に幾分はすかいの地位から、物を眺めようとする三田村鳶魚《えんぎょ》式とも名くべき皮肉が、江戸で普通になれば京大阪は素より、小さな御城下から閑な人の居る在所まで忽ち行渡り、其他の報道といえば孝子節婦、義人の善行、及び是と対蹠《たいせき》的なる悪逆無道、斬った突いた騙くらかしたの、今なら警察種とも名くべきものが肩を並べ、たまたま遠方の土地から入って来た世間話といえば、怪獣大蛇巨大なる魚禽の類に非ずんば、土を掘って稀世の珍宝を見つけたという類の、史記の貨殖伝以来亜細亜人の興味を持って居た新事件と、単に町の人だけを笑わせる為の権兵衛田吾作談の奇抜なものばかりである。この種の題目の選択には、何かよくよく運命的なる古い方針があったと見えて、二百年以前の筆豆が既に注意を之に払ったのみか、今なお是だけの種さえ集めて居れば新聞は出来ると思うような気風が、稀には一隅に漂うて居るかに見える。地方版が発達して、我々の世間話が、外国と中央と各自の県内とに限られ、嶺一つ彼方へ越えれば何事が起って居るのやら、知らずに日本人が互いに結合して居るのを、歎かわしいことのように考えて見た人もあったが、その世間話が本当のものにならぬ限り、仮令境を撤廃して筒抜けにして見た所で、格別我々の生活実験が、今よりも地平線を弘くしてくれることは無さそうである。

国語が国民の何より大切なセメントであることは、時を同じくした異処住民の間だけでは無い。親が死ぬ以前に前の代から学んで居たものを、次に生れてまだ自ら実験せぬ者の為に、役に立つか否かは其者の考え次第として、兎に角愛情のただ一つの動機から、伝えて置こうとしたものが我々の教育であり、本が無い時代には是を皆口の言葉によって為し遂げた。単に無意識なる観察と模倣とだけから、子供たちが学ぶのであったら、もっと早くから国は外国化したであろう。しかもその伝承が余りにも印象と記憶を重んじ、又幾分か形式の面白味によって、人を古代崇拝に拘束するの懸念が生じて、ここに自由なるハナシというものが発明せられ、男女相睨《むつ》び郷党は相信じ、しかも沢山の新たに学ぶべき労苦を考えて、先ず疲れた者が代って子や孫の肩を軽めんとして居たのである。家と部落との中では其目的は相応に既に達して居る。独り世間話のみが依然として人間の需要を開拓せず、楽な昔風の御伽坊主の職業意識を、踏襲させようとして居たのは無意味であった。又歎息すべき損害でもあった。しかも果して自分などの想像して居るように、是が専ら要求者の無慾、もしくは歴史家の今までの習癖、即ち事件を透さなければ時代を知ることが出来ず、官憲が気を付け始めなければ事件では無いかの如き、狭い考え方が原因ならば、之を改良することも困難な仕事では無い。何となれば世上の人気に敏感で、公衆の希望に忠実な点にかけては、ジャーナリズムに上越するものは他に無いからである。

（『綜合ヂャーナリズム講座 第一一巻』雑誌ヂャーナリズム、記事篇、一九三一年一〇月二〇日、内外社）

花袋君の作と生き方

一

昨晩も旧友たちの寄合の席で君は田山君のどの作が一番に、頭に残って居ますかと島崎氏からきかれたが、私はやはり「重右衛門の最後」と答えざるを得なかった。花袋晩年の諸篇の中には、無論あれ以上の深みを持ち、又遥に痛切に、時代に喚《よ》びかけた作品もあるのであるが、これは自分たちの感銘力とも名づくべきものが、既に弱って居るのだから致し方が無い。少なくともこの重右衛門の如く、私を驚歎せしめたものは後にも前《さき》にも無かった。花袋を有名ならしめた中期のもっとも油の乗った幾つかの作品に対しては、私は必ずしも雷同しなかったのみならず、寧ろ内心の不満を隠すのに骨が折れた。殊に「蒲団」に至っては、末にはその批評を読むのさえいやであった。それを当人もよく知って居て、時々議論をしようとするが、いつでも私が説き方の拙なるを自覚して、旗を巻いて退却するのが落ちであった。

論客としては中々強ごうなる田山君であったが同時に自身をも完全に説き伏せる力を有って居た。彼が極端に想像を排撃し、個々の文芸の目的計画を否認し、後には題材の選択をすら無用視せんとしたのは、実は自己従来の態度の改革でもあった。単に機会を見つけて持前の信念を表白しただけでなかったことは、彼が前期の作品を読んだ者の、認めずにはいられぬことであった。私はあの頃から人の一生が、杉の木などの一本調子よりも、梅や松見たいに枝から枝をさして、段のちがった樹ぶりになって行くのを、得用だと思うような男であった上に、特に田山君においては色々の「次の境がい」が予期せられた故に、いつも気ぜわしなくその変化ある成長を念じたのであった。決して成功ばかりはして居ないが、常に脱出を企てて居る島崎君のような人もある。君も出て来い出て来いと、実は何回と無く無益なそそのかしを試みたのは私であった。田山君はその気質として、無論必ず重い返事をした。それが追々に強く拒み、苦く不機嫌な顔を背けるようになって、私は時代が人を約束する力の、隠れて甚だ猛烈なることを感じたのであった。田山君は、結局自分が築城した自然主義の山頂に立て籠って、やや久しく平原のあらしを目送して居なければならなかった。そうして今回はまた人間の活き方が、そう幾通りもあるもので無いということを、しみじみと私たちに実験させてくれたのであった。

何だ今頃、それればかりの実験に感動する者があるか、といってもよい様なものだが、これが今日になるまで自然主義そのものの、主要なる論点の一つでもあった。私も既にそれにかぶれて居るのである。田山君などはこれを自分の実験と自分で無い人の実験とに差別したのみならず、更に前者の中でも求めて得た実験と、直ぐ前ので無いものとを取除《とりの》けようとしたことさえあった。記述を出来る限り物の真髄に接近せしめるためには、これが安全なる方法と認めたことも事実であるが、それよりも強い理由は現代にみなぎる記録の不信用、即ちそういう実験をしたかどうかは疑わないとしても、果してその事実を我々に用立つように、又は自分が獲得したのと同じ程度に、精確かつ有効に伝達してあるか否かが、甚だ覚束ないからであった。実際そうで無い証拠は多々であり、原因もまた大よそは指摘し得られた。だから文芸はまず個々の実験者が、各自の分担した部分をありのままに報告してくれる様に、改造せられる必要があったわけで、それが協力して新たなる人生観を組立てるというまでは、あるいはまだ意識せられて居なかったかも知れぬが、兎に角に自然主義運動の、自然の論理はそこへ行かねばならなかった。そうして今では既に予期以上の承認を受けて居ると私は思う。

（『東京朝日新聞』一九三〇年五月一九日、東京朝日新聞社）

二

ところが田山君とその同志たちは、あたかも今日の若き作家とは正反対に、文芸がその世用の大小を計量せられることを忌み嫌った。何か対社会の使命でもある如くいわれると怒った。終始題材を自分の近まわりの、じっとして居ても集まってくる区域から見つけだして、しかも決してこの方が処理し易いから、またはこの方が有効に、自分の見た真実を現し得られるからとはいわなかった。そうして世間がその以外のものを期待することを、心得ちがいのようにいうのであったが、それが私には自然主義の自分からの制限であり、一種後から理屈をつけた骨惜みであるように見えて仕方がなかった。

一方私たちの方でも、もっとも純良なる読者の要求を代表しているつもりではあったが、その実はやはり楽屋に出入する連中の、片よった見巧者というようなものに囚われて居たのかも知れない。ちょうどモデル問題などが、馬鹿々々しく論議せられて居た頃であった。もういい加減に家庭などを書くのは止して、もっと遠くへ出て「重右衛門の最後」のような場合に、ぶっつかって見るようにするといいといった。たれだって皆相応に精透なる自己の観察者だ。それを君だけの厳正な用意をもって、心のひだまでも引きめくって写しだそうとすれば、確実なる記録の遺ることは当り前だ。いまだ証明せられないのは、果してこの方法なり態度なりが、どこまで押しひろめて行かれるかという問題じゃ無いかともいって見た。あの折の気持に戻って見ることは出来ないが、何でも私は笑われたように記憶して居る。そんな問題ならとっくの昔、もう僕は苦しんで通り越して来て居るのだ。西洋でもたれとかはもっと詳しく論じて居る。二つ以上ある題材の中から、特にこの方をと思って取あげたのでは無い。書くべく唯一つのものが与えられたのだという様なことをいって、断じてそうだなとは答えなかったのであった。

兎に角私の説き方が拙であり、またやや軽薄にも聞えたことだけは今からでも想像することが出来る。あの際モデルに使われて腹を立てた二三の人が、ほとんど申し合せた様にいった言葉は、事実は違って居る真相はこうであった。それすら見抜くことも出来ないようでは、自然描写とやらも余り当てにはならぬ、といった様な悪《にく》まれ口であった。私は何の必要も無いのに、思慮も無くそれに近いことをいったのである。君と二人で一しょに観た事でも、僕はこう解し君はああ感じて居る。態度さえ誠実ならたまの見損いはあったっていいといって、構わぬから出て見よと説くはずであったのが、却《かえっ》ておく病で引込んで居ることを、責めるようにも聞えたかも知れない。何にしても三分の一ほどしか田山君を知らない者が、出過ぎた忠言を試みようとしたことが、却て同君の自然の進路を、累わしたことになって居たならば悲しいことだと思う。

もちろん自分をどこまでも見つめて居ようとすること、深く堀りさげて泉に達するまで、もしくはその底にも潜り入ろうとするのが、強いこの人の気質であったかも知れぬ。また平心に外部から観望しても、たしかに興味多き一つの生活であった。遺伝にもはた境遇にも幾つかの悲劇的要素は含まれて居た。しかし求めてその性情の変化展開を試みようとせぬまでも、仮に僅でも自分を小説にした方がよいという心持が、彼の中年の平和に影響して居たとすれば、私は今少しく自由なる境地に置いて、彼を自然に成長せしめなかったことを悔恨せざるを得ない。

（『東京朝日新聞』一九三〇年五月二〇日、東京朝日新聞社）

三

いわゆる自然主義の流行をもって、単なる明治文学史のある一期の現象のように解することは、今は何よりも事実がこれを許さぬであろう。人がこの名前を喜んで名乗るか否かは別として、兎に角に文芸に趣向という語が、入用で無くなったのはあれからであった。自分で観て来た感じて来たということに、大きな尊敬が支払わるるのみならず、しばしばその報告の精密と真率さが、技巧の欠乏を補うというよりも、寧ろ技巧そのものとして受取られることになったのもあれ以来のことである。新たなる人間記録はかくの如くにして、尚この上にも集積せられんとして居る。私にはこれを他の一つの門口から、持込れた傾向とは見ることが出来ぬのである。曾ての田山君等は無論この様に放漫なる定義に概括せられることを諾しなかったろう。または気六ずかしく差別の見を立てたでもあろうが、あの人たちとても各自の変遷をもち、また相互の特色を具えて居た。文学は由来貨幣などとちがって、同じだといえば却て通用が困難になるものだ。だから能うべくんば毎年でも、異を立てて前進しようとするのであるが、そのために底を流れて来た個人以上の力、もしくば共同の功績とも名づくべきものを、無視してしまうことは不可能である。

独り遠くから眺めた文芸の国ばかりに、そういう事実があるというのでは無い。たとえば我々の携わって居る社会科学の方面でも、名士の独断なるものが必ずしも傾聴せられず、次第に銘々の分担をもって、もう一度直接に観察しまた記述して置こうとする学風に向って来たのは、一半は少なくとも文学の自然主義の、影響で無かったとはいわれぬのである。殊に私などが題目の大きい小さいについて、丸で世間と懸け構いの無い尺度を持ち、果して現実の用途があるか否かを確めなくとも、平気で記録を取って遺して置くことが出来るようになったのは、善かれ悪《あし》かれ、とにかくに田山君の感化であった。それを生前に話して見る機会は無かったが、聴いたところで何とも思わなかったかも知れぬ。今までの文士は一様に至って無邪気であった。いわゆる突っ込んだ描写を要件とした作物が、世上に与えたる恩恵について無知であった。自ら社会の観測と記述とを、職務として居ると称する者が、実は技能において遥に劣って居ることに心づかなかった。いわゆる暴露文学の大いに起るべき素地は、早くからあったのである。それが正直にしてかつ無理の無いものだったならば、当然に我々を学ばしめたのであった。しこうして我田山君の色々の作品などは、期せずして自《おのず》からそれであったと思う。

昔自然主義の過渡期に青年であった者は、幾度か無益のき憂論を聴かされて居た。人をもし単なる生物の一つとして、その生き方を見て行こうとすれば、人と人との間の情愛はどこへ行くというう類の言葉が、もっとも沈着なる人々の口からも出たのであった。今においてその言の当らなかったことを、これも私は確に実験し得たのである。田山花袋君の死はその多くの旧知によって、大いなる樹木の倒るるにたとえられたが、私は殊にその若き苗木の日を知り、茂り花さいて色々の鳥の、来り息《いこ》う光景を仰ぎ見た上に、更に落木しょうしょう条の風の音をさえ聴いたのである。仮に本物の樹であってもやっぱり悲壮である。ましてやこの一個の生存には、その後に色々の現実が続いて居る。六十年もかかってまだ生き尽し得なかった田山君の生き方は、我々に取っていつまでも歴史で無い。

（『東京朝日新聞』一九三〇年五月二一日、東京朝日新聞社）

第三章　誰もが思ったことを思った通りに言える世の中へ

——国語教育と言論の自由

教育と国語国策

一

後世の眼から見るならば、我邦の国語教育は昭和の大御代に入って、急に躍進の足取りを早めて居ることが、色々の資料によって判って来るだろうと思うが、今日はまだ中途であり、我々はその渦巻きの下に居り、しかも実行に移された部分があまりにも僅かであるが為に、このさきどうなって行くだろうかの不安は一掃せられず、従って現場に働く人々には、張合いの無い状態がなお続いて居る。技術手段のこまごまとした点を論究するよりも、先ずこの新たなる大勢に、希望の光を看取せしめる方が、この際は必要であろうと思う。楽観者の立場から言うと、いわゆる素人連中の一知半解、深くも考えて見ない非難や断定なども、ただ始末の悪いものとして敬遠するにも及ばない。是が現われて来なかったら、そうして又互いに相争うようで無かったら、或は国語国策の統一は期することが出来なかったかも知れぬ。如何に我儘な政治家であろうとも、そういつ迄も同じ方を向いて、一つことを繰返しても居るまい。愈々互いに意見の優劣を比べてきめるとなると、ここに共通の目標というものが入用になって来る。一体全体日本の国語は、将来どういう風に改まって行くのを、完成といい又理想といおうとするのであるか。今のまんまでよいのだといえば、然らば黙って居たらよかろうということにもなろうし、もし又是非とも斯うありたいというものが有るとすれば、それが各人の好み次第、甲乙どんなに異なって居てもよろしい気づかいは断じて無い。しかも窮極の目あてがほぼ一つである限り、それに近づいて行く方策の適不適、もしくは効果の差等というものは、誰にでも見分けられる筈である。もしもこの大切なる一点の、まだ明瞭に示されて居らぬことが、無益な紛糾の基であったとすれば、先ず彼等の十分なる論議を尽させることが必要であると共に、一方には又其目的をどこまでも窮追して行くことが、問題を簡易にする道であるということも考えられる。何れにしても国人の多数が、次第に国語の問題に関心を分つようになったことは、最近に現われたる絶好の兆候であって、是あるが為に我々は、始めて行掛りに囚われざる率直な見解を、同胞の前に述べて見る気にもなるのである。国語が時と共に変遷して行く実例は、政策という二つの文字の意味にも現われて居る。以前は一国の採るべき方針を、我々が討究論議し、可否を比較によって決定しようとすることが、政策の学術的意義のように御互いは心得て居た。それがいつの間にか或時の政府、或期の当局の敢て実行せんとするものを政策といい、是と対立して永遠に替えずに進むべき方針は、別に国策と名づけて一段と重く見るようになって居る。その政策を批判することは、失礼だから我々は差控えた方がよい。ただ国策の方はまだ立って居らぬらしいから、批判は出来ないが急いで是を組み立てて、間接に未来の政策を指導し得る望みがある。それには爰に私の並べるような提案や意見が、世の中から厳しく検討せられて、誤ったものを捨て、是はよろしいと思う部分だけを、気長に少しずつ積み上げて行くのを、待って居る他は無いのである。

二

国語はどういう風に変って行くのが、最も望ましいかということを明かにすべく、始めに先ず国語改良という常套語を観察して見たい。過去五十年以上の間、此語が引切り無くくり返されて居て、今も其声が中々高いということは、年々その効果が鰻登りに挙って行くからであるか、或は又ちっともいうことを聴く者が無くて、いつまでも根気よく昔ながらの勧説を続けて居る為かというと、どうも実際は二者何れでも無くして、ただ今少し国語の問題に力を入れましょうという、合い言葉のようなものに使われて居るだけかと思う。其点に於ては相応な反響があったと認めてもよい。つまりは何をどう改めるのが改良になるかという確かな指示は無く、又其注文にも方法にも無理があって、少なくとも普通教育の上には、まだはっきりと結果が現われない故に、いつになってもこの掛声を引込められないことが、偶然にも一つの刺戟になって居るのである。ところがその間接の手柄、かねてこの国語改良の掛声が、下地をこしらえて置いたから斯うなったと、説明をしても差支えが無いことは、一部の地方人は、学校を去って世の中へ出てから、ぽつぽつと改良をして居る。指導者の無い処で、自分たちの行こうと思う方へ改まって行こうとして居る。良いとか悪いとかの問題から超越して、是が日本の現代国語の、歩み進まねばならぬ道であったことだけは争われない。そうして其背後には国語改良の意識の、やや漠然と働いて居たことも認めずには居られぬのである。

三十年、五十年の以前と比べて、国語は大体に於てよくなって居るということは、先ず公平なる判断と見てよかろう。いいやどうして、大分悪くなって居たという人も、都市や名門の中には必ず有ることとは思うが、是等は限られたる地域の、或特定の言葉使いに就いて言われることで、多くは変り方が気にくわぬという類の、老人の主観の鑑別に基づくものであるが、仮に比較によって明かに退歩だときまった場合でも、全国総体の一般的事実の前には、それはただ僅かの例外というに過ぎぬのである。勿論完全というものからはまだ遠く、寧ろこの傾向を見るが為に、愈々以て方法の備わらざる部分の多いことを、切実に感ずるばかりであるが、ともかくも是だけの事実を認めて、之を喜ばしい進歩と認めて居る人々とで無ければ、永い未来にかけての真の「改良」を談ずることは出来ない。よいとか悪いとかは考えよう次第だという者もあるか知らぬが、少なくともたった半世紀のうちに、我々の国語は見ちがえる程も変って居る。単に言葉の数量又は辞書の項目が、新たに莫大に増加したというに止まらず、その個々のものが利用せられる機会の多くなったことは、ちょうど無口のものがおしゃべりになった程の割合いであり、もしも反面の影響を顧慮することなく、ただ外形の上からのみ判断すれば、一語一語の生活力もしくは征服力とも名づくべきものは、恐らく前代に嘗て見られなかった旺盛さを示して居る。殊に自分の如く久しく地方をあるいて居る者の、驚歎せずに居られないことは、如何なる僻遠の土地に入っても、めったに東京語を理解せぬらしき者に出逢わぬことで、それにも詳しく検《しら》べたら程度の差は有るのであろうが、少なくとも耳の言葉として、個々の日本人のもつ語彙は、既に十分以上と言ってもよい位に豊富になって居るのである。国語は一旦必ずこの段階を経て変化して行くことが、今もなお昔の通りであるとするならば、この現象はそれ自身非常に大きなことである。ところが現代の国語統一運動なるものは、この中間期を極度に短縮して、直ぐに口言葉の置換えを企て、それが早速に出来ないと、もう不成功の如く責めたり悩んだりして居るかの如くに見える。そうしてその注文の少し無理だったことは、学問はとにかく経験が既に之を教えて居る。だからこの上更に適切なる手段を講ずるのもよかろうが、或はこの自然の速力を信頼して、今少しの忍耐心を養い、やや気永に待って居るのも一策であるかも知れぬ。但しその為には当然に現在の趨勢が、ちっとも針路を誤っては居らず、又何等の取残しも無しに、順調に進んで居るということの見究めが必要であって、もしそれが少しも気にならぬようだったら、実は私なども黙って見て居る方が楽でよかったのである。

三

国語のこの雄大なる挙国的進展というものは、他のあらゆる文物制度と共に、すべて昭代の力の現われということが出来る。それが国語教育そのものの効果であるか否かは、強いて問題にする必要も無く、又間接に本を読む人を多くした御蔭という迄ならば、私で無くとも認めない者はあるまい。但しそういう過去の事は、成績に就いていつでも究めようと思えば究められる。それよりも今日打棄てて置けないことが、ちょっと考えただけでも三つ四つはたしかに有り、まだ何だか其以上も有りそうに思われる。早くから私などが心配して居ることは、もしもこの大規模な国語の変遷というものに、国の予定の計画に基づかぬ部分が幾らかでも有るとすると、そこに何かの見落し置き忘れられたものがあって、平らにまんべん無く一世の生活需要に応ずるように、成長して居ないのでは無いかという点である。以前もそういう時代は何度か有り、殊に一局部の進出が目ざましい場合には、知りつつも他をないがしろにする者が出がちだったからである。たとえば明治以来の新たな特産物は、演説とその真似ごと、是と提携しようとした新聞雑誌等の、いわゆる言文一致の文体である。言葉には漢字に書けないものは無い筈という、節用集以来のまちがった概念が、後にはあべこべに漢字で日本の言葉にならぬものは無い筈という、更に大胆な速断を導き、電報はまちがえ、放送には割註が付き、指で畳に字を書きつつ話をするという、奇現象が今は普通になった。国語は大体に学者臭くなり、女や児童が全然だの絶対だのと言っても、眉を顰める者すら無くなって来た。女言葉の減少を歎息する人は、此頃やや現われて来たようだが、もともと婦人専用というものが昔から、そう多かったろうとも私は考えない。ただ女にも男にも、老人にも少年にも、おもやいであった言葉が段々と消えて、代りに所謂インテリ層の、好みに成ったと思われる新語が、幅をきかして居ることだけは争えない。そういう中でも物の名は物があるから、最初に出来たものに附いて行くのは已むを得ぬとも見られるのに、此方は却って色々の言い替えが発明せられて居る。最も難儀なのは名が有って物の無い所謂無形名詞、それから其場に無いことを伝えようとする形容詞や動詞、是等は前々からちゃんと備わって居るものでも、ちょっと思い出せなかったり、又は気の利いたことを言おうとしたりすると、此頃の有識者はすぐに別のものを手製してしまい、それを又嬉しがって仲間が真似るのである。漢語の禍いと言おうよりも、漢学者の心得ちがいというべきものが此中には多い。動詞は我々の観察が精微になるにつれて、幾らでも数を増加すべきものであり、それを予想して夙くから、我邦ほど容易なる造語法の、完備して居た国も他には無かったと思う。それを一言ずつ覚えさせて行こうとした教育法が祟って、教育ある人々が却って其利用を忘れてしまい、最後に残ったものは何でもかでも、すべてサ行変格を以て処理しようとする、科学するの類ただ一つになった。是は元来がよく呑込めない言葉を動詞にする手段だったのだから、得たり賢しと、二字ずつ繋がった漢字を持込んだのである。是が形容詞の何々的という類と諜し合せて、たった半世紀の短い期間とも言われない、殆ど我邦の口言葉を、親にもわからぬようなものに、改めてしまって居るのである。是でもよろしいかということは、是非一度だけは考えて見なければならない。

四

語彙の激増ということが、自然に古来のものを片蔭に押しやって、国語の外貌を面替りさせることは、学校の無かった昔の世とても免れなかったろうが、そういう中でもひたすらに新奇に走ろうとしたものと、一部は残し伝えて永く世の便利に供したものとの、差別だけは誰かが立てて居たようである。それが現代に入って考えられなくなったのは、原因は言語の利用法の変化に在り、主としては口言葉階級の力の弱り、即ち筆で書く者の勢威に圧せられて、十分な鑑別と擁護とを、行い難くなった結果では無いだろうか。是が自分などの今抱いて居る一つの想像である。果してその形跡が有りとすると、この頃やっとのことで口言葉の大切なことを説き出した教育機関などが、一番に反省しなければならぬ問題であった。近古以前の文芸を一貫して、我邦は恐らく他の諸民族と比べものにならぬほど、適切な多くの副詞を貯えて居る邦だったということがよく現われて居る。文章やかたりごとは寧ろ確定を期するが故に、そういう修飾を多く要しなかった筈であるが、それでも文体の口語に近いものほど、自然に実地の使用状態を伝えて居る。殊に毎日の会話の上に於ては、是無しには殆ど活きて行けなかったと思うほど、沢山の副詞又は副詞句の利用をして居たことが、今でも老いたる田舎人の物言いなどから窺い知られるのである。無論現在はそれを一括して、方言の中に入れて顧みぬ者が多いであろうが、気を附けて見ると或る一つの土地限りで、新たに考案したろうと思うものはめったに無い。つまりは中央や新開地などの、忘却ということが先に立って居るのである。例を説明し始めると切りがないが、関西各地のヤオラやアタダニ、中部地方のトコシエ・アマツサエ・オナオナ・カニカクの類、古書と対比し得るものは中々多く、そう軽々しく棄てたり取替えたりするもので無かったことだけは是でよくわかる。そういううちにも熊本県のイサギヨクや、鹿児島県のワザワザのように、やや濫用に過ぎて不明に帰したのもあれば、又は飽きられて新語を招いたものも少なくは無かったろうが、もともと便利を認めて居たのだから、必ず何か其代りのものを見つけて、それを又流行させて居る。都市でも平生の交通には、是が無くてすむわけは無いが、借りて来る所がちがって居たばかりか、少しは奇抜なものを用いて印象を強くしようという下心もあって、思いがけぬような漢語ばかりがよくはやり、しかも其数はずっと尠なくなって、我々が覚えてから後でも、嘗て江戸の戯作者等に玩味せられたよい副詞が、夜明けの星のように消え去って、其跡はただの空間になって居る。私は文法家じゃないから安心して断定することは出来ぬが、日本語は助動詞がしまいに来る約束になって居るので、何と言っても文の形が単調になりやすい。それに変化を与え、又こまごまとした心構えを人に伝えるには、斯ういう修飾辞が大きな働きをしなければならなかったのである。

西洋の品詞論を持って来ては、到底呑込めないような複雑な機能が、副詞にも形容詞にも備わって居るようであり、又両者の間の行通いもあるかと思われる。それは何人かが是から明かにしなければならぬことであろうが、とにかくに先祖が是ほどまで心を労して、主張にも勧誘にも応対にもはた諾否にも、其場と相手の感覚とにふさわしい、幾階段もの気持のちがいを、出来るだけ正直に言い現わそうとして居たものを、如何にスパルタ式直截簡明が好ましいからと言って、何の斟酌《しんしゃく》も無しに忘れてしまい、国中の交通を小学読本流に、統一しようとしたのは思い切りがよすぎた。考えずにそうしたのなら魯《おろ》かなことであった。

五

文章やかたりごとは昔から、決定的のものであり又それ自身に威力があった。人は書いたものに対しては容易に語を挟まぬと同時に、試みや掛合いごとというような、相手の出方によって結末のちがって来るものは、筆が持てる者までも口上を以て用を弁じて居た。礼儀挨拶の場合も同じことだが、要するにこの正式の晴の言葉によって、伝達し得る事物には限りがあったのである。上代の文学を見ても窺われるように、歌には詠んでもよいが文章には使わぬという言葉は色々あった。是も恐らくは歌が口言葉の領分であったからだと思う。話をする時にしか入用の無い補助用の小単語は、所謂副詞以外に昔も数多くあって、意外に変遷少なく近い頃まで伝わって居た。文芸は素よりそういうものの需要が少ないのだから、そこから証拠を見出そうとするのは無理だが、それでもなお若干の痕跡の、古今を対照し得るものは無しとせぬ。近代のいわゆる音声言語の生活は、斯ういう小さな、分類にも困るような、一つ一つを離すと独立性も無いようなものの加工と応用、又幾つかの追加補充と、その思いのままなる配合とによって、始めて伸び伸びと為し遂げられて居たのであった。故にもし或期の国語統一運動が、目言葉・書き言葉を基準として、その範囲を逸するものを除去すべしとするような方針を採って、それが成功したならば自殺であるが、幸いにしてそんな成功は絶対に期することが出来ない。ただ幾分か口言葉の快適な成長を妨げて、型にはまった匂いも潤いも無い話し方を、標準と見るような習癖を支持する位なものであろう。是も一国の和気を養う為に、可なり困ったことだと私は思うが、この分はやがて実験によって、誤りを匡《ただ》す時が来ることであろう。書字が言語の活動の全面に及ぶもので無いことは、昔から公認せられた事実であった。口語には音調間拍子等の助けを借りて、容易に運べるような感情でも思慮でも、一方は少し複雑だと、直ぐに筆紙に尽し難しなどと言って御免を蒙ろうとする。如何に気を附けた物言いでも朗読で無い限り、其ままは文章にならぬことは、是亦速記なり録音なりによって、容易に試験して見られることである。日本の話言葉に於ては、代名詞の呼格の使い方が一つの特徴であって、歌にはたまたま現われるが文章や詞曲には是が現われない。演説の「諸君」は舶来の直訳で、始めは諸君よとヨを附けても見たがやはり落着かない。こちらでは叙述の一とう終りに、相手の名を呼び又は「我は」を添えるのが普通だったからである。東京でもよく聴いたネエ君・ネエあなた、中国九州にはノウオマエやソウカンタなども有る。それが連発せられて耳につき、且つ文章には無いというかどを以て、段々に罷めようとする傾きは見えるが、それの代りになろうとして居る此頃のネーエの二音節化などは、ちょうど他の地方のナモシャノンシも同じで、やはり亦書き言葉には例が無いのである。国語は改良すべきものだということばかりを説きつづけて、如何に改めるかの標準を示さずに置けば、斯ういう古くから有るものを粗末にすることだけは学んでも、その代りになるものはいい頃加減の、間に合せを以てすまさなければならぬ。乃ち言葉は更に統一を欠くに至るのである。東京の住民には、そんならこちらへ来て覚えればよいという人も有るらしいが、果してそんな事が誰にでも出来るものかどうか。正しく言いたいのは「めいめいの思うことを」なのである。それをわざわざ教えてくれる人は、教育者以外には有ろう筈が無い。永い間に覚え込んだ沢山の言葉を、自在に組合せてこそ自分の思ったことが言える。文句丸呑みだったら鸚鵡《おうむ》じゃ無いか。自分の生活とは言えないでは無いか。

六

国語統一の傾向は近年最も著しく、もはや割拠とも孤立とも名づくべき状態からは脱出して、何歩も前へ進んで居るに拘らず、なお我々がそれを格別うれしいこととも感じ得ず、此ましばらく辛抱して居れば、末には結構になって行くだろうとも請合えないわけは、第一にはその標準というものがでたら目で始終変って居るもので、それをめいめいの好き勝手に選び取り、嘗て相手の為に適否を考えてやる人が無く、ただ口賢い者の饒舌を聴いて居て真似るだけである故に、ともすれば書臭を帯び、又は生煮えの演説語などがはやって、女性や児童にはとても使えない言葉が多くなり、一段と彼等の言語生活を落莫たるものにするからである。第二には文字に書いた言葉以外に、捜しても今は御手本を見附け得ないものが多く、一方には方言のすべてを一括して、賤しみ棄てなければならぬように思い込んで、折角千年近くも持ち伝えて居た佳い言葉、新たに何人かが考え出した適切な表現までも、見境いも無く罷めてしまい、是ほど精微な感覚の差等、その場その人の心づかいや気持を、細かに話し分けることの出来た日本語の特長を我から抛棄《ほうき》して、型にはまった文章見たような、情味の無い物言いを普通にして居るからである。もっと具体的に言うならば、無形名詞や動詞形容詞も同じだが、殊に副詞以下の小さな補助単語の数量を激減し、たまたまその代りにあてがわれたものは、字はまだ知らぬという漢語ばかりで、従って片言だらけであるということ、是が第三の情けない現象であろう。文句は言葉の組合せ、文は単語より成るということは文法家も教えて居る。一つ一つの言葉の意味を覚え心得てこそ、是を自在に配置して自分の心が人に伝えられる。ところが今日では文句のままで教えられるから、言う者自らがなぜそう言うのかを知らない。従っていつになってもそれだけしか使えず、きまり文句は耳に立ち又屡々濫用があり、しかも他の多くの小道具は、あたら忘却の瀬戸際に臨んで居るのである。誰かがこの危機を救おうとしなければ、たまたま統一を完了し得ても、日本語は凡庸無奇の、形式的交通語となってしまうだろう。そんな状態へ持って行きたくないのが、我々の切なる願いである。そうして是に対しては、世にはまだ憂を同じくする人の多いことが少しずつは判って来た。

日本の国語教育は、とにかくに最近になって又進んで来たのである。今まで御手本は読本を見よと言って居た人々の中から、読本は決して話言葉の標準では無いと、明言する者が現われて来たのである。話方の教育に力を入れよという指令が下って、その話方とは御伽噺の演習を意味しては居ないということも、今は既に徹底したように思う。ただ然らば如何なる方法を以て、その話言葉を全国の少年少女に、正しく教え得るかという部面のみが、まだはっきりと決して居らぬだけである。全体が好兆に向って居る。斯ういう際に於て国語教育の悲しむべき点、過去は悔いるも詮無しとして、この先大いに警戒すべき問題はどこに潜むかということを考え出すのは、門外の傍観者にならば出来ようが、自身渦巻きの中に陥没して、久しく皆と共にして居ることを、当然と考え馴れて居る諸君には容易な話で無い。しかし生れつき子供を愛し、又日本人の性として、与えられたる職分を人よりも立派に、人に負けぬように果して見ようという気概のある限り、たとえ概念的にもせよ普通教育の目的ということを、始終念頭に置いて居る限り、この現在の国語の実況に面して、此まま進んで果してよいだろうか、是が掛替えの無い唯一の方式であろうかと、稀には気にするようなことだけは必ず有ろうと思う。その幽かな不安こそは大切である。それに名を附け形を与え、起りを尋ね未来を設計し、そんな精神上の煩いを無くしようとするのが、正直な研究でもあれば従って又学問でもある。私は夢にも平地に波瀾を起すような考えは無いが、自身いつでもこの実際生活の不安を、我が学問の出発点として今まではやって来て居る。そうして是を又人間と他の動物との、最も明確にちがった能力だと思って居る。人は自分の意図を以て、まだまだ賢明になれるとも信じて居るのである。

七

国語教育の前途に関して、或種の苦悶を抱いて居る現業者は、私の知って居るだけでも既に相当の数が算えられる。もしも将来の予想がうす暗いものであったら、是は公人としての大きな負担でなければならぬのだが、自分は其反対に之を以て、国語の学問が終に大いに起らなければならぬ、機運の萌しと見て悦んで居るのである。私の人に答える言葉はいつでもきまって居るようだが、じっと此ままにして居てもよいほど楽観的では無く、しかもただ僅かな考慮と活躍とを加えることによって、きっとよくなると信じて居るのだから、勿論悲観では無いのである。ただ第一歩に踏み出すべきことは、真の改良意見の確立であって、それには誰か自分などのように、悪いことを悪いと言われても恥かしがらぬ者が、先ず試みに一つの案を提出して、存分に検討批判してもらうことが必要である。誰かというちにも自分がするのが一番早い。少し長くなるかも知らぬが日頃から思って居ることを、爰に一つ書き風に並べて見よう。そうして読者諸君に向っては、実地実験と引比べても見ずに、いきなり此意見を正しいと認めてはいけない、必ず十分に考えてから、之を採用し又人にも説いてもらいたいということを、念入りにもう一度断って置きたいと思うのである。

方言対標準語の取扱い方について、地方の教員に迷って居る人の多いのは事実であろうが、是には二つの立脚点を明かにすることによって、そう苦しまずに態度がきめられると私は言う。其一つは標準語とは何かということを知ること、同じ一箇の事物又は状況に対して、土地により又は同じ土地でも、二つ以上の語又は言い方があって、あるものは弘く通じ、あるものは土地限りにしか知られて居ない。その弘さは仮にわからぬとしても、聴く者がこちらが良いと思い、もしくは使う当人が此方がよろしいと感じて居るのと居ないのとが有る。その幾つかの中の良い方弘い方が通例は標準語である。この方を努めて用いる様にというのが標準語運動なのだから、ちっとでも無理な話では無い。棄てて置いても人はそうしたがる。ただそういう種類が有ることを知らぬ者に、知らせることが一仕事であり、覚えさせることが更に大きな骨折なのである。沢山の日本の言葉の中には、たった一色だけしか無くて、南北どこへ行っても同じなのが大分有る。是も名は当らぬが便利の為に標準語の中に入れ、安心して我々は使って居る。ただ其以外にどうも標準語が有るらしいがまだ知らぬもの、地方の言葉はまちまちになって居て、どれを標準語にしていいか容易にきめられぬもの、新たに入って来た方が通例は標準語なのだが、何としても其方が良いと思えないもの、斯ういうのが屢々問題となり、教える人々の判断を要するのである。それから今一つは二つ以上の言葉が、同じことだということも、場合によってはそう手軽にきめられない。現代人は気が細かいから、僅か感じがちがうとはや二通りに使い分ける。あらまし同じだと思っても改めさせることの出来ないものが、形容詞などには屢々有る。斯ういうのは幾分か気永に当人に経験を積ませることにし、ただ似た語が二つ有ることを忘れさせぬだけでよい。要するに言葉によい悪いがあることと、それを全国一様にすることが、各人のみか国の為にもよいのだということを、考えさせることが肝要なのである。多くの標準語を覚えて使って居る人が、今日は地方にもよほど出来たが、それを「標準語を話す」と言うことは誤解のもとである。東京には無論そういう人も多いが、彼等の言葉にもまちがったり通じなかったり、又は将来改めなければならなかったりするものが交って居る。即ち標準語は東京人の語とはちがうのである。トテモという類の田舎の言葉でも、東京に入り又全国に拡がれば、現在は何か標準語見たようになって居る。今ある標準語とてもやがてはすたれ改まって、代りによい言葉が起る見込があり、又そうしなければならぬ必要がある。我々は成るだけ正しい選択によって、今の標準語を磨き上げる任務をさえ持って居るのである。

八

正しい選択ということには、又一つの迷いが起るべきだが、それには次にいう第二の立脚点が、よほど足下を確かにしてくれると思う。何の為に普通教育を与えるか。殊に国語教育を此様にまで辛苦して、授けて置く必要は何れの点に在るのか。教員諸君が日頃考えて居ることを、此場合に当てはめて見れば疑惑は解ける。どんな貧しい家の子弟でも一人も洩れ無く、生粋の一個の日本人として、時代にふさわしい生活を遂げしめる為に、少しでも都合よく又少しでも妨げにならぬような、国語の知識を具えさせるという以外に、普通教育の役目は有ろうとも思われない。従って大きくなってから彼等に、如何なる種類の入用が有るかということは、当然に予測せられて居る筈である。戦陣と生産場の誇らしき国民の重責を果すに先だって、まず入って行くのは郷党と一門、親族家庭の生活である。ここで味わい尽す恩誼と感化とが、世に立つ人間の大切な素養となって居る。斯ういう小さな社会群を構成するものには、勿論年齢の著しい段階がある。具体的にいうならば親祖父母伯叔父に物を言い、彼等の言うことを聴くのが、国語教育の第一次の応用である。村々の故老は又この新進の特にしっかりとした者に向って、必ず語り継ぎ語り伝えさせたい或ものを持って居る。言葉が素朴で簡単である為に、よほど注意深く言外に溢れる意味まで、汲み取る必要のあったことは男女ともに同じである。国語の代替が余りにも急激であった時代には、この心情の交流にはたしかに障碍があったのである。今日はもはや故老といえども、小学生あがりで、おまけに文字は共通のものを学んで居るが、それでも斯う新しい言葉が殖え、古い表現の多くを粗末にして居ては、可なり心掛けのよい者でないと、特色ある多くの伝統の相続は望まれぬのであった。読書算筆が外へ出て行く者や、外部と接触する人々の準備であったに対して、話言葉こそは内の生活である。是を丸々学校教育の領分外に置いて、今までの練習法に任せて居たうちはまだよいが、愈々是までも国語の科程の中に入れるとすると、式辞や口上の如き晴の日の用途、乃至は学芸会の御話の類に、目標を置くわけには行かぬのである。どんな話題が実際には現われるか知らぬが、いずれ適切な毎日の生活と、切っても切れぬ吉凶禍福、いわばよく活きるか悪く活きるかの、境目のような事柄が多いにきまって居る。考えてさて標準語を選ぶという余裕の無い場合は多かろうと思う。まこと標準語を以て国内を統一しようという志が有るならば、爰でも自然にそれが口から出て来るように、しむけることが大切である。言葉には体験を要すというのは是である。試みに言わせて見たり、こしらえて暗記させたりする必要のある間は、仮に利口で上手にいう児があっても、それは演技であって生活そのものでは無い。二重生活などという人もあるが、その二重になる労苦は誰が負うのか。見る言葉と聴く言葉とだけならば、まだ借り物でも用が弁じよう。自分で言う言葉だけは徹頭徹尾、「思う言葉」と一つで無ければならぬ。それで無かったらそこに翻訳の作業が起り、又時としては口先きばかりの、心には無いことをいう危険が起る。標準語教育の目標は、どんな事があっても是で留まってはいけない。

（『教育』第一一巻第四号、一九四三年四月一〇日、岩波書店）

喜談日録

一

この頃ぽつぽつと久しぶりの人が訪ねて来るようになったが、聴いたり告げたりすることが余りにも多い故に、話を是からどうするかという方へ、持って行くような機会がまだ誠に少ない。何とかして其問題の芽か苗の如きものを、冬中枯らさぬように、又出来るなら少しでも育てて置くように、心安い人たちだけにでも勧説して見たい。それがこの日記の片端のようなものを、残し留めようとする私の趣意である。

自分ほどの者の力でも、少しは今後の御役に立とうかと思う仕事が三つほどある。その一つは国民の固有信仰、遠い昔から有ったにちがい無いもの、是が今までどういう風に、引きゆがめられて居たかという点に心づくこと、勿論たしかな証拠が無いと、うっかりしたことは言えないので、辛苦して今材料を集めて見ようとして居る。もう一つは人の心を和らげる文学、如何なる窮乏と憂愁の生活へでも、なお時々の微笑を配給するような、優雅な芸術が、日本には何か有りはしなかったか（芭蕉翁の俳諧などはもしか其一つではなかったか）というようなことも考えて見ようとして居る。

信仰と和気と、この二つは国民の活きて行く力、心の最小限度の栄養素とまで、私たちは考えて居るのだが、或は是をすらなお後廻しにすべきもののように、眼前の急務では無いかのように、軽しめて居る人が無いとは限らない。今はそれも致し方が無いのか知らぬが、第三のものだけは何としてもそうは言って居られない。それは何かというと国語の普通教育、国語を是からの少年青年に、どういう風に教えるのが最も良いか。国を健全なる成長に導くが為には、如何なる道筋を進むのがよいかという問題である。聴いて見れば成るほどそうだったと、思わぬ人は恐らくは無いであろうほど、今が一ばんこの問題を考えて見るべき、大切な潮時であると自分は信じて居る。

言論の自由、誰でも思った事を思った通りに言えるという世の中を、うれしいものだと悦ぼうとするには、先ず最初に「誰でも」という点に、力を入れて考えなければならない。もしも沢山の民衆の中に、よく口の利ける少しの人と、多くの物が言えない人々とが、入り交って居たとすればどうなるか。事によると一同が黙りこくって居た前の時代よりも、却って不公平がひどくなることがあるかも知れない。自由には是非とも均等が伴なわなければならぬ。故に急いで先ず思うことの言える者を出来るだけ沢山に作り上げる必要がある。

いつの世になっても、我々の能力には、差等は免れぬだろう。そうして人は必ずしも手前勝手ばかり、述べ立てる者でないことは勿論である。あなたの思うことは私がよく知って居る。代って言ってあげましょうという親切な人が、これからは殊に数多くなることも想像せられる。そういう場合にどこがちがう、又はどういうのが最も我意を得て居るを決定するには、先ず以て国語を細かに聴き分ける能力を備えて居なければならぬ。まして平生自分の口不調法を知り、もしくは到底思ったことは言えぬものと、断念して居る人の中には、ついそこ迄は、まだ考えて見なかった、という者も多いのである。即ち聴く力の修練に先だって、各自に考えるという習慣を付ける必要があり、それには又めいめいの思う言葉というものを、十分に持たせて置く必要があった。国語教育という語が発見せられてから、五十年はもう確かに過ぎて居るのだけれども、この二つのものを与える学校は、実はまだ日本には無かったのである。

そうして是をただ家庭と親類、乃至は郷党の感化力に委ねたきりで、その古風な法式のどこに弱点があり、どの点が最も新らしい時代の要求に、相応しないのかを究めようともしなかった。今でもその説明のつかぬことは同じだが、兎も角も是ではいかぬというだけは明かになり、どうかしなければならぬという意見だけは強くなった。ちょうど小学校が国民学校と改名した際に、話し方という一科目が新たに設けられたのも其為であったが、それを斯うして授けるという方法が明示せられぬうちに、この大きな戦乱の渦巻の中へ、何もかも巻き込まれてしまって、もう又過ぎ去った事のように、思う人ばかりが多くなった。

そうして一方には話し方の意味を取りちがえて、童話の暗記をさせて居るという類の、うそ見たいな風説を聴くのである。それ程にも生きた毎日の日本語を教えることに、御互いは無関心であった。それというのは、古人の書いたものを読み、その言おうとしたことを把握させるのが、今日までの所謂「国語」だったからである。文章は出来るだけふだんの物言いに近よせるように、私などは心掛けて居るのだが、それも相応にむつかしいことであるのみならず、人によってはわざと耳遠い、字引にも無いような文字を並べて、深遠を粧う者もまだ無いとは言えない。それをこちらでばかり大骨を折って解ろうとし、解らぬとただ自分が悪いのだと思って自ら責め、又は解ったつもりか何かですまして居る者もあった。斯んなことをして居ても、少しずつは覚えて行かれるだろうが、それは間接の効果であり又応用である故に、それまでの働きは無い人が多く、忽ちにして国民は物の言える者と、言えない者との二立てに分れて来るのである。直接に国語を以て考え又言うことの出来るように、みんなを教え込むに越したことは無く、それが又話し方の当然の目的でもあったのだが、其点は奇妙なほど今までの人が考えてくれなかった。結果に於ては単に口真似が上手で、人とちがったことは思っても見ないという者を、沢山に作ることばかりに熱心であったと、見られても文句は言えないのである。

日本の歴史には、そうして置いても少しも差支の無い時代が、可なり久しく続いて居たことも事実である。国家の進路には天然の指示するものがあって、それとちがった方向を案じ出すことは誰にも出来ず、ただ多数の歩みに附いて行くことが安全で、思慮や言説の必要があまり感じられない世の中がいつの間にか固定しかかって居た。近世少しずつ新たな計画を立てて見る人が出たけれども、周囲が何分この通りであったから、それをよくわきまえて支持しようという所までは中々行かない。革新はいつでも非常に大がかりのもので、其効果は存外に小さくしかも動揺の犠牲はあまりにも大きかった。是から後はその革新を、是非とも手軽で且つ手際よく、何度でもやり直して少しも副作用の無いような、平易又簡明なものにしなければならない。乃ち国民総員の自由に思い又言い得る国語を、新たに教育しなければならぬ所以である。

今までの所謂軍国主義を、悪く言わねばならぬ理由は幾つでも有るだろうが、ただ我々の挙国一致を以て、悉く言論抑圧の結果なりと、見ることだけは事実に反して居る。独り利害の念に絆されやすかった社会人だけでは無く、純情にして死をだも辞せざる若い人たちまでが、口を揃えてただ一種の言葉だけを唱え続けて居たのは、勿論強いられたのでも欺かれたのでも無い。言わば是以外の思い方言い方を、修練するような機会を与えられなかったのである。一方には又或少数者の異なる意見というものは、国に聴き方の教育が少しも進んで居ない為に、抑圧せられるまでも無く、最初から発表しようとする者が無かったのである。斯ういう状態がもしもなお続くならば、どの様な不健全な挙国一致が、是から後にも現われて来ぬとは限らず、歴史に忍び難い悔恨の数十頁を留めることは、必ずしも是をただ一度とするわけには行かぬかも知れない。盗人を捕えての縄どころか、是はもう逍げ去ってからの縄かも知れないが、それでもなお我々は近き将来の為に、爰でみっしりと一つ所謂話し方の教育、活きた国語の覚え方を、考究して置かなければならぬと思う。

一億時宗などというような不可能な標語を、強いて流布せしめる必要は昔の戦争には無かった。乃ち民心の帰向が戦非戦を決すべき、大きな力であることは認められて居たのである。それを知りつつも甘んじてこの薄暗い谷底まで、降りて来た国民も心からだと言えようが、言葉を思った通りに使わせようとしなかった、教育にも大半の責はある。果して当路の人々はもうそれに気づいて居るのかどうか。気が付いて居るにしてはまだ少しばかり、懺悔《ざんげ》が足りないようにも思われる。しかしそういう押問答をして居て、時を費すことは我々には惜しい。それだけの根気を利用したならば、現在の未定の状態の下でも、まだ相応な仕事が出来そうに思われる。確かな学理や法則が打立てられるまでの間、じっと待っては居られぬから心づいた点だけを、早く少しでも実行に移して見たい。（十一月十三日）

（『展望』創刊号、一九四六年一月一日、筑摩書房）

二

四つになる児のいうことを聴いて居ると、どうして此様に言葉を覚えるのだろうと、不思議に思うことが毎度ある。その癖はたの者がかかって教えることは、長い為もあろうが忘れたりまちがえたり、又言おうとしなかったりするのに、一つ一つの単語だけはずんずんと数を増して、それを今までの文句の中へ、ほぼ正確にはめ込んで行くのである。最初は勿論物の名や人の名が多いが、動詞が入り始めると言うことが複雑になって、よほど又成人と近くなって来る。形容詞や副詞は加減もので、我々でも常に必ず適切を期し難いのに、それさえも言える限りは、大抵はおかしく無く用いて居る。そうしてあの時に聴いて居たのだなと、いうような心当りは無い方が多い。子どもの居る処ではうっかりしたことは言えないと、よく昔から人がいうことだが、実際我々のうっかりして居た場合が、かなり多いものと思われた。

小児の覚える日本語には対訳が無い。暗記といったところで試みようも無いことである。単に自分の内部の茫漠たるものに、それぞれの区劃を設けて、それを言葉にして行くだけで、成人には寧ろ望み難い技能のようである。この特長は年をとるにつれて、段々に稀薄になって行くべき彼等ばかりのものであるか。又は保護すればもう少し永く久しく、我々の国語修得に利用し得られるものであるか。そういうことを問題にする必要を私は今感じて居る。

現今は七歳で子供を学校へ入れた日から、国語の教え方が際立って変ることになって居るが、以前はその堺目の全く無い時代が、いつからとも無く続いて居たのである。字を識る字を習うといった寺小屋などは、いうまでも無く其必要の有る者だけの学校であって、そこで新たに言葉を教えてもらうことを、予期して居た者はまず一人も無かった。之に対して個々の家庭では、無論若干の文句は口授するが、それは改まった席上の辞儀応答とか、又は心の置かれる他人と逢った場合の、所謂よそ行きの言葉に限られて居て、他の大部分は当人たちの自修、聴いて自然に覚えて行くにまかせて、飯を食べさせる程度の世話すらも、親たちは焼こうとしなかった。それで居ていつの間にか、年に相応した生活に必要なだけの、国語を覚えて行ったのだから、是も亦一つの教育の様式であったと、私たちの仲間では認めて居るのである。この状態が学校によって中断せられずに、曾てはよっぽど大きくなる迄も継続し、今日もまだ細々ながら残り伝わって居るのである。場所や職業を変えつつ世の中へ出て行く者などは、自分でもしかとは意識せずに、再びこの少年少女時代の能力を復活させて、効果を挙げて居る例が幾らも有る。つまりは此以外にまだ一つの代案も出来て居ない故に、斯んな原始的な方法が、依然として役に立って居るのである。そうして置いてまず安心だと、私なども決して思って居るわけでない。昔の社会では是でも十分に間に合って居たけれども、今のように外部の情勢が変って来れば、もはや斯ういう古風なものだけに、拠って居ることは出来ないのかも知れない。どこに補強すべき弱点が潜み、もしくは踏襲してもよい長処がなお存するか。それを決定するのには外国の理論はそう参考にならない。やはり一たびは根本に立ち戻って、特に自分たちの国語が通って来た、路筋というものを考えて見るの他は無いと思う。

或はこの教育法があまりにも素朴であり、事実があまりにも有りふれて居る為に、是を人間の作為を超越した、自然の傾きのように見てしまう人も有るらしいが、仮にそうだったとしても適用は意思である。是で国民の活きて行く支度に、十分であった時代も確かにあったが、後々はそれでは足らぬという以上に、今まであったものさえも改定して、新たな組織を立てなければならぬ国、又は社会情勢があり得ることも、又否まれない現実である。乃ち過ぎ去ったものを正しく認識し又評価する必要が、国語教育の方面にもあって、それをどうやら御互いは怠って居たようである。

一ばんおかしいと思うことは、模倣というならば今日の学校教育ほど、模倣の甚だしいものは他には無いのに、なおこの従来の家と郷党との感化を、模倣の一語を以て評し去ろうとした者の多かったことである。そんなことを言って居るから、今度のような話方復興に際して、ただ官庁の指示ばかりを待ち焦れ、各自の良い判断を働かすことが出来ないのである。成人の場合までは請合わぬが、小さい子供の言葉を覚えるのは、自修であり又体験であって、断じて口真似ではないのである。私などの知って居る限り、何処でも幼ない者は口真似は嫌いでないが、それはただ戯れか人をからかうかに試みるだけで、自分の用を言う時は腹から出た言葉を使うのである。たとえ確かにあの時覚えたなと思う場合でも、当人は却って口真似だということを意識して居ない。

真似は真剣で無いことをよく知って居るのである。現に斯うお言いと母などに命ぜられても、人の前でははにかんで言わぬ児の方が多い。

マナブという動詞がもう久しい前から、文語として知られて居たにも拘らず、今なお口言葉に之を使おうとする人が無いのも、偶然でないと私は思って居る。つまりはマナブがマネブ又はマネルという語に、あんまり近いので避けるらしいのである。御経の暗誦とか漢籍の素読とか、口真似をして教えてもらう学業が多くなって、マナブをいやな事とも思っては居られぬ世の中が到来した。学校は乃ちその最も完備した機関となったのだが、なお一方には昔ながらの、聴いてオボエルという方式も不用には帰してしまわず、毎日の生活に必要なだけの、口語の補給を続けて居てくれたのである。だから其方式がもしも時世の影響を受け、殊に一般の無関心によって、ただ棄てっぽかしにして置かれるようだったら、或は日本人の言葉の生活は、今よりももっと悲しい零落に陥るかも知れない。そういうことを考えると、話方教育の実行方法がまだ容易に決定せられず、多くの当事者が去就に迷って居るということも、亦一つの覚醒の好機会と言えぬことも無い。

国語教育の歴史を知ろうとするには、国の政治の沿革も同じ様に、是非とも眼前の最も適切な疑問、即ちどうして斯くあるかの理由から発足しなければならぬ。そうしてほんの僅かな注意の向け方によって、自分や身のまわりの判り切った事実の中からでも、或答えは得られる。答えとまでは行かずとも、問題を更に細かく、答えやすい状態に分けて考えて見ることが出来る。私たちの年来の研究法は是であった。一つ二つの例なら今でも挙げられるが、たとえば御互いが、何かやや面白いことを言ってのけたと思う場合に、(言ってしまわぬ前ならなお好いのだが)全体この言葉はいつ覚えたろうか、どういう折に是を自分のものにして居たか、ということを反省して見るなども有効であろう。学者くさい人なら、先日読んで居た本の中から、ちょいと借用して我言葉にしたということもあるが、大抵は前に誰かがそういう語を用いたのに、感心させられた結果というもの、その中には父や叔父さん、その他の親しかった人の口つきに、我ながら似て居るなと思うこともあって、存外小さな頃の埋もれた記憶の、多く蘇えることに気づくであろう。いいや是ばかりは自分の独創、今まで斯んな風な言い方をした者は無い筈と、力んで見ても反対は誰もせぬだろうが、実際は外からでも気を付けて居ればわかる。多くの若い人の使って居る文句などは、何遍かどこかで聴いたものが多く、しかもそれは学校で学んだものの他である。口真似教育の最も濃厚な効能が、今や既に読み書き綴り方より外の方まではみ出して居るのである。国の未来の幸福は、是に懸って居るとまで、我々のあてにして居る話方の教育が、万が一にもこの筆法で推し進められるならば、形は全くちがえて、又第二の挙国一致が出現するかも知れない。戦慄すべきことである。

話が少しずつ枝葉に入るので、又要点が後まわしになってしまった。私が諸君に考えて見てもらおうと思うことは、国民相互の正しい交通の為に、古人はどれだけの準備教育を、与うべきものとして居たかということである。それには最も手近に居る最も率直な小さな人たちに就いて、彼等がどういう風に言葉を貯え、又之を出して使って居るかを見るのがよい。能力には多少の等差があろうが、順序と結果とはどこの児もほぼ同じであろう。其見当が大よそ付けば、次には自分はどうだったかということが、考えられずに居らぬと思う。話方教育の背後には、先ず聴方教育という大切なものがあり、その二つのもののまん中に、更に最も厳粛なる思い方教育、考え又は感ずるに入用な言葉の修得が、有るということは発見でも何でも無い。ただ近年の標準語運動者等が、言葉はただ口先のものだと誤解して居ただけである。彼等が失敗の経験も我々は利用しなければならない。(十二月十日)

(『展望』第二号、一九四六年二月一日、筑摩書房)

三

歴史にも無いような大きな事件の連発によって、実は国民は今大分くたびれて居る。無事に苦しんだ常の時ならば、革新という言葉だけでも人の心は引立ったであろうが、現在は寧ろその反対に、茲はまずそっとして置いてくれと、言いたそうな様子が各処に見られる。斯ういう時代に於ける物の説き方は、早く実現させたいと思えば、なお更注意し又加減しなければならない。一国総体の改良などということは、之を企《くわだ》つれば議論が永びくでもあろうし、又そう迄する必要は少しも無い。しかも御互いの僅かな力を揮っても、結構この世の為になる仕事の出来るのは、国語教育の方面より他に、今はまず無いと言ってよいのである。浪人風な気楽な態度と評せられるかは知らぬが、自分などはただ一人でも多く、国語を本当に利用し得る者を殖やして置けば、もともとごく自然な望みなのだから、末は雪達磨の如く大きくなって、やがて国民の精神生活は充実するものと信じて居る。いつ出るとも知れない文部省の訓令なんか、待って居るにも及ばぬと思って居る。

もちろん幾人かの協力が無くては、始められないことも確かだが、一ばん最初に頼まなければならぬのは、国語の講義をする先生と言われる人たちで、是に今までのようなむつかしい談義を続けられ、又は世上の是からの変りを胸に置いて、いとど解釈の余地の多い、高遠な学理を説かれては非常に困るのである。国語の応用は大切な生活技術であり、之を教えることも亦貴い一つの技術であること、即ち学問そのものでは無いということを、彼等に認めて貰わぬと困るのである。

現代の職業の何と比べて見ても、師範学校の生徒ほど見習期間の短いものは他に無い。学校の門を出るや否や、すぐに我々の最も大きな宝ものに、一生涯の型を付与する業務に就くのである。鋳金彫金などという職人が是とやや似て居るが、此方は遣りそこなうと叱られるだけで、鋳潰せばまだ手間と些しの損だけですむ。之に反して他の一方は、人を片輪にしてしまうことが有るのである。今までも実地の修錬などという語を聴くたびに、ひやりとした者は私の他にも多かったろう。実験というからにはいずれ成績が零、又はマイナスの場合もあるわけだが、何をそもそも其実験の材料に、使って居るのかと思うと心細くなる。斯ういう技術者にこそ予め十分以上の自信をもたせ、少しもためらわずに手腕を振わせること、恰も剣術の道場では一ぺんも人を斬らぬが、しまいには平気で悪者退治に出て行かれるのと、同じ程度の腕前にしてやらねばならぬ。大よそ世の中に、談理の五里霧中に引張り込んではならぬ人は幾らもあろうが、それが危険であり又その弊のすでに聊《いささ》か現われて居るのは、数が多いだけに教育方面が筆頭ではないかと思う。それが今や時代の転回期に遭遇し、おまけに学校も昇格したことだし、学年も延びたことだし、も少し高尚なことを言って聴かせないと、体裁を為さぬというような考えから、更に何割かの哲学とも名づくべきものを、加味せられることになったらどうであろう。損をするのは決して最愛の児を持つ親だけでは無いと思う。

書物の感謝しなければならぬのは、結局は我々の惑いを解いてくれる点に在る。爰に我生の疑問が起って、始めて前賢の是に答えた言葉が光を放つのである。ただ用に臨んでそれを求めたのでは間に合わぬことが多く、且つ予めその起るべき問題が想像し得られるので、いわゆる是だけは心得置くべし、一つの修養として前以て授けておいた方がよいという迄である。出来ることならば平明なる要約と良い索引とを以て、この為に費される時を節約し、少しでも渉猟の野を広くさせて、偏した一派の見に囚われぬようにしてやる方が今は急務であろう。無論学問が人を賢くし、世を幸福に導く唯一の手段であること、もしも余力があるなら半生を之に捧ぐべきことを、説き訓えることは非常に必要だが、是で肝腎な職業の練習時間を、削り略してよろしいという理由は絶対に無いのである。日本の青年には好い指導者が乏しくて、不安や苦悶が有るとただ本を読み、それが自分の疑惑に答えるものか否かを、顧みない者が折々あった。国民学校の教員だけには、それをさせたくないと切望して居るのだが、自分などの試みに読んで見た限りでは、却って此方面に判りにくい著述が多いようである。親しい友人の言語学者と、此点では私は毎度議論をした。言語は相手にわからせるのが、たった一つの役目では無いか。わからない言語学なんか自家撞着だと言ったものだったが、それでもその途方も無いむつかしい本が、沢山に売れて行くのだそうである。だから今のところ、まず私は負けである。がしかし少なくとも少国民の活きる日本語ばかりは、到底是では教えられぬと、まだ頑強に私は信じて居る。

然らばどうするか。是は私には詰問でも何でも無い。寧ろそう言わせてから一つの案を出そうと待って居た。固より是が唯一のものとは思って居ない。又非難の幾つかを参考として、改訂することを期して居る。ただ自分が動かぬ真理かと思って居るのは、国語を教えるには国語を知って居なければならぬことで、当り前だという人も有ろうが、私にはそれを如何にして学んで居るかが、今はまだ不明なのである。以前は街頭で人の物いうのを、採集することは容易でなかった。式亭三馬が写生した程度に、江戸の国語を知ろうとすれば、人から変なやつだと怪しまれなければならなかった。ところが今日はラジオがあり蓄音器の盤があり、速記もあり音譜もある。科学者にふさわしい実験さえも、しようと思えば出来る。まして此国語にどれだけの特徴、乃至はどれだけの癖と弱点が生じて居るか位なら、注意さえして居れば手無しにでも観測し得られる。しかもそれだけの事すら、まだ試みたという例を私は聴いて居ない。何の事は無い、少年少女よりも比較的久しく活き、比較的多く聴き、多くしゃべったというだけの経歴が、人を教員にして居るのである。読方ならそれでも教えられようが、話方の師としては少し足りない、と思うのだが誤って居るだろうか。

もっと多くの準備時間を、掛けてもらわぬと困ると私は主張するのである。それが窮屈な、諳記の必要な、又睡《ねむり》を誘うような講釈ならば、誠に気の毒なと斟酌する必要もあろうが、この実験は相応に興味のある、従って印象の深いものだろうと私は思って居る。ともかくも全く新らしい試みであるが故か、初期の何年間かは多くの手が掛り、累を名論卓説の時間に及ぼさぬとも限らぬけれども、少し忍耐すれば追々と事実が精確になって、一方に隅々に残った問題を際立たせ、他の一方には又時が国語の上に与える影響も顕著になって、読めもせぬ異国の言葉を例証に引くような、情けない受売は必要が無くなってしまうかも知れない。

土地の言葉の調査は、今までも少しはして居た。それを全く無益なものとは言えないが、是と当面の話方教育との交渉を考えて見ると、実際に何の為にそうしたかときき度い様な、淡い且つ遠い効果しかもたらして居ない。其理由は誰でも認める如く、方言は本来一つ一つの単語、又は特別な文句に伴なう現象であって、たとえば鮮人が鮮語で物を言うように、是ばかりで用をすます人などは昔でも決して無かった。ただ幾分かそのまじる分量が多くて、聴手にすらすらと通じない会話を、一括して方言と謂っただけである。故に方言の採録は、汎く全国の事実を比較綜合した場合に意義がある。しかも各地の方言家なる者に、他処を識ろうとした者は甚だ稀であった。或者はわざわざ片田舎に入って、人の驚くような実例を拾って来ようとし、又或者は東京でも始終耳にする言葉までを網羅して、是も土語だからと謂って澄まして居た。つまりは、人が現在如何なる国語に由って、生活して居るかの事実までは考えなかったのである。今度はしかしそういう断片までが、一種の補助資料としてもう少し役に立つだろう。

口語教育のこつを覚える準備には、もう少し一般的な、又適切な課題をもたなければならない。そうして出来るならば一地方の利害だけで無しに、僅かな用意を添えて他の府県にまでも、適用し得られるような事実を、互いに扶け合って一日も早く、確認するようにしたいものである。問題は勿論自分の中に生じたもの、将来解かずには居られぬものを、先ず片付けて行くに越したことは無いのだが、馴れない人たちにもし見当が付かぬというならば、幸い茲に自分などの、まだ半分の根拠しか無くて、断定をさし控えて居るものが幾つもある。たとえば形容詞や動詞の数が減じて来て、壮年の男子だけならともかくも、女や年寄が段々と不自由をしては居ないか。児童用の副詞というものが非常に乏しく、ませた口をきく子が多くなっては居ないか。歌に用いてよい綺麗な音の語が無くなりかかっては居ないか。それよりももっと一般的に、口言葉は五十年百年の前と比べて、可なり著しく貧弱になって、もう文語を借りないと思ったことが言えなくなって居るのではないか。斯ういうのが今すぐにも大きな問題として用立つだろう。（一月十四日）

（『展望』第三号、一九四六年三月一日、筑摩書房）

四

若い是からの国語の教員に、是非何とかして体験させたいと思う一事は、言葉は時代により又時代人の心掛け如何によって、良くもなれば悪くもなるものだということである。良くなることだけは大丈夫、悪くなることは万々有るまいという様な、そんな気楽な考えは持って居られないということを、単なる取越苦労では無しに、各人が思い知るような方法が、もし有るものならばそれを早く見つけさせてやりたい。

書き言葉即ち文章道の零落ということは、屢々之を慨歎した人が其時代にもあった。時過ぎてからならば誰にでもそれは心づかれ、書いたものは残るから証拠に引くことも出来る。しかし漢文とか擬古文とかは、利用者が始めから限られて居る。言わば個人の技術なり素養なりの問題であって、国民総体の言語能力などは、極めて間接にしか其上に現われて居ない。そうして我々の茲で問題にして居るのは、その国民の言語能力なのである。多数の普通人に必要であった文章、たとえば書札とか証文とかは、いつも俗用などと称して省みられず、従って僅かしか伝わっても居ないが、たったそれだけのものを比較して見ても、是が江戸時代の下半期に入って、急に自由になり又力強くなったことは否まれない。読み書き手習いの寺小屋教育が、是に大いに働いて居ることも確かであるが、それただ一つの原因からで無かったことは、明治の学校普及の時代になって、却って一般の文章が単調無味、印象微弱になって居るのを見てもわかる。つまりは此以外に心の用い方、殊に口言葉からの支持というものが、殆ど望み難くなった結果かと思う。

いわゆる言文一致の運動なるものは、確かに其趣旨に於て適切であり、従って又明治の文化諸運動中の、効果の目ざましかったものの一つに算え得られる。御蔭で私たちは一生の間に、胸に沁み入るような新らしい文章の、幾つかを記憶することが出来た。しかし斯ういう文人たちの、まだ考えようとしなかったことは、文の相手の言即ち口言葉というものが、如何に粗末に又投げ遣りに、荒れすさぶにまかせてあるかということで、其為に人は些しく小賢しいことを言おうとすると、すぐに言葉を文章の中から借用して、自然な腹の底のものを発することが出来ず、誰も彼も言うことが皆御揃いで、個人の表現というものに接することが愈々むつかしい。一方に今日の口語体なるものは、単に也をであるに改め、でありますに取替えただけのものになりかかって居る。国内の老若男女が明けても暮れても、この調子で物を言ってくれるようになったら、それも亦一種の言文一致かも知れぬが、何と考えても私などは、そういう時節の到来を待って居る気になれない。

口言葉には最初から、ふだんとよそ行きとの二通りのものがあり、一方はちょうど仕事着に対する晴の衣裳のように、本来は用いる日が至って少なく、且つ幾分かうわべだけの、空々しいものになろうとして居たことを考えて見なければならぬ。世が改まって交通往来が繁くなれば、晴言葉の需要の多くなるのは已むを得ない。それが片端から形式に流れてしまっては、困ることもよく判って居る。だから追々に羽織袴で無くても、客の前へ出られるように、しようというのならば道理があるが、今まではちょうど其反対に、なん時入用が有るかも知れないから、朝晩礼服で構えて居れと、教えようとしたのである。今日までの外形教育などは、寧ろ成功しなかったのを慶賀すべきもので、あれが大略五分の一程度、即ち一軒の家なら亭主一人ぐらいが、是にかぶれただけでももう相応に、結果は悲惨なものだった。我々日本人はすんでのことに、九官鳥になろうとして居たのである。

静かにこの原因を反省して見る以前に、御互いはまず我邦の常用口言葉が、果して衰頽の一途を歩んで居たと、言えるかどうか明かにして置くべきかも知れぬ。普通に其認識を誤らしめようとして居たのは、俗に謂う口きき又は口達者の増加であろう。成るほど以前には無口という人が最も多く、たまたま物を言ってももどかしいほど間が伸びて、調子に乗るという場合が甚だ稀であった。是を或は田舎者の特徴ででもあるように、思って居た時代もあったけれども、町でも大部分の人は皆この通りで、早口は単なる一つの芸に過ぎなかったことは、豆蔵という言葉の歴史からでも知れる。無口という中には、思慮ある人物が多くまじって居た。彼等がよそ行きの場合も同じように、使うに先だって言葉を点検し又選択をしたのは警戒だけではなかった。其上になお最小限度の言葉を以て、最大の効を挙げようとする趣味をさえもって居たのである。そういう趣味が軽んぜられ、又警戒を無用ならしめんとしたのは酒間であった。乃ち早口そのものの発源地も、ほぼ之によって想像し得られるのである。

近世の社交が都市のまん中の、いわゆる狭斜の巷で育てられたということは、恥がましいことだが事実である。之に附け加えて主客の序列が、複雑になったというよりも段々と対等に近くなり、それがいつと無く会話の様式を変化させて居ることは、気をつけて居れば文芸の作品からでも窺われる。近世初期の平和時代にも、すでに夜咄の会は盛んになって居たが、是には最初から話し手と聴き手、又は問う人答える人の対立が予期せられて居た。其後に始まった各藩留守居役の交際とか、又は国から登って来た志士連中の款談とかいうものは、体面もあるので互いに黙ってばかりは居らず、いわゆる一言居士の発生を促したのである。向うが何か言うなら此方も是非一言というような、短い会話の交換が流行になってしまい、際どい間合いを見て言いたいことを言ってのけるという類の、現代のおしゃべりを養成したものと思われる。

斯ういう歴史は若い人には用が無いかもしれぬが、とにかく口達者は必ずしも話方教育の成功で無いばかりか、今見る口言葉の零落の中には、原因をそこに求むべきものが多いということは考えて見なければならぬ。古来少年の敏捷が愛せられた逸話は、和漢ともに其数に乏しくないが、それは咄嗟の間に選択した用語が、簡明にして又剴切であったからで、それを普通の者が真似そこなって、笑われたという話も亦多いのである。人が笑ってでも批判してくれるうちはまだ害が無い。一旦斯ういうとんちきが当り前となり、珍らしくも無くなったらそれこそ事である。そうして私一人だけは少なくとも、現在がまさにそれだと思って悲しんで居る。

しかし幸いにしてまだ過渡期に属する故に、今ならば五十年前の記録、乃至は古風な人たちの物言いぶりと比べ合せて、退化か進歩かの実験をして見ることも出来る。私のこの長話がちょうど見本である様に、人を倦きさせずにしまいまで、我が言いたいことを言い尽すということは、今日の口言葉では出来なくなって居る。五年三年の苦しい旅から、やっと還って来たというような家族があっても、まわりの人がよほど親切な問いを、たびたび掛けてやらぬとその感想の五分の一も、伝えることが望まれない。始終同一の境涯に共に住めばこそ、気心を知ったとも言って居られるが、僅か職業なり立場なりがちがえば、義理より外には親類の繫がりが無くなる。つまりは互いに理解しあうだけの機能を、我々の口言葉はもう果して居ないのである。

国語の先生ばかりは文法を説くけれども、それは毎日の言葉には適用が無い。強いて言うならば省略形ばかりである。コンマは時折有ってもペリオドというものは殆ど出くわさず、活字に写すならば点線だらけになって、それも中途で気が替ると、ずるずると次の文句へ移って行くことは、教育の有るという人も変りは無い。是では折角の言文一致が始まっても、文の方で愛想をつかして、勝手なことを書くのも致し方が無いと思う。

古人も簡潔な表現を珍重して、何かというと感動詞の連発になったことは事実だが、それですまそうというには厳密な選定をしなければならなかった。ところが今日はそれが甚だ不精確で、たまたま好い語が使えたと思うと、つい嬉しさに何べんもくり返して、重複が如何に印象を損うものかということを考えない。それというのが早口に言葉を連ねるから、価値を十分に知って置く余裕が無いのである。

語彙の欠乏ということは、今日は想像の出来ぬことで、聴けばどうやら解るという語句ならば、とっくに以前の四倍五倍にもなって居る筈なのに、それを本当にはまだ自分のものにして居ないのである。耳言葉の整理分配ということが、話方教育の基礎になる理由は茲に在る。

或はまだ疑って居る人は無いとも限らぬが、それも是も今からの実験が決定する。仮にも私の悲しむような事実があるとわかってからは、それでも棄て置くべしという人は無かろうからである。

（『展望』第四号、一九四六年四月一日、筑摩書房）

聞きことばの将来

初めに

文語と口語の対立　文語と口語の対立について、かねがね日本以外の、ヨーロッパの小さな国々にもこんな問題があるかどうか、知りたいと思っていたところ、先日国語研究所の柴田武氏から最近のあちらの事情について話を聞くことができた。それによると現在ヨーロッパには二つの問題があり、その①はつづり字改良運動、これはつづり字と実際の発音が食い違うということからで、②は単語のなかに文語と口語で異なるものがあるということ。このうち①のほうがおもな問題になっているとか、後者は非常に少なく、たとえばオランダ語（オランダ国で使われるオランダ語）ではそういう単語は百くらいしかあげられないということであった。つまりヨーロッパのものは、日本語のこの問題とはかなり性格を異にするものであるらしい。私がヨーロッパにいたのは一九二三年ごろで、そのころのフランスには二つの中学校があり、クラシックを入れるほうが上品な教室とされ、したがってフランス語を教えるときにいくらか心づかいをしていたらしい。またほかの例では tion をつけることば、これは多くの場合、tion をつけると学者臭くなって、女や子どもと話をするときにはなるべく使わないようにしておったという。このような比較的日本語の文語と口語の問題に近いものが消えつつあるということは、これは世のなかが、非常によくなっていることを示すもので、それにひきかえ、日本の文語と口語の対立には、他国の先例では解決されない、異なった経歴を持っているように思われる。たとえば私どもが子どものころには、女が漢語を使うと非常に嫌われたもので、「あのおばあさんはいい人だけど漢語をお使いになるからいけない」などとよく耳にした。それで子ども心に漢語とは何かと思い、そのおばあさんにくっついていたところ、たった一つ「おりこうさんですね」といわれたとき、なるほど、これが漢語かと思ったことがあった。これは漢語でもなんでもないが、ただ切り口上でものをいうというだけでなく、ことばの選びかた、相手によって選ぶことばが違うということが確かにあったらしい。

「わからぬ」といえない日本人

ことばと政治　私が文語と口語の問題を取り上げた目的の一つは、国語が国の政治を明るくもし、暗くもするということを憂えるからである。今日普通選挙になり、だれでも二十歳になれば投票権を持ちながら、私を選んでくださいといっている者の話を、実をいうと、聞いたことはあるが、なんのことかわからない、聞いたこともないというのがたくさんまじっている。にもかかわらず、聞くほうはわからないのは自分の考えが足りないからだ、わからないといってはならないというような気持から、自分ばかりを責めて語り手の不十分さをがまんし、聞き流すものが多かった。これをしていてはほんとうの公明選挙はおぼつかなく、この原因をもう少し学問的に明らかにすることができたら、世のなかの改良のために、時世を新しくするために役だち、そのため二つの使い分け、文語と口語の対立を少なくしたいと願ってきたのである。

わかってもわからなくとも、とにかく人まかせにする気持がいまだに残っているが、私のみるところでは、この現象は、そう古いものではなく、明治の初めごろからのことで、それ以前は全体に、どんなに偉い人でも口語という意識を持ってしていた。その後になってはじめてかたくるしい字、むずかしいことばを使うのは特権であり、同時に一つの魅力であるというような風潮が生じたように思われる。具体的にいちばんひどい例と思うのは、演説が口語でないということ、演説というものはもとはなかったもので、あらたまったことばは多少切り口上ではあるが、平常のことばをそのまま用いていたのが、演説というものができ、それが文章朗読に近いもの、あるいは朗読の通りだといわれて、漢学の知識があるということが一つの名刺代りになってしまったことは、たいへん困った問題であった。文語を使う人にいわせれば、口語がだらしないから、人に強く訴えるにはどうしても簡明なことばを使わなければしかたがあるまいという意見も出るかもしれない。もちろん同時に口語の改良をしていくべきで、やたらに絶句したり、……で止まってしまう演説をしないようにしていかなければならない。たとえば、

「ヒヤヒヤ」

というと、パチパチと手をたたく、それから「ノウ」なんていって、聞き手までが文語になってしまう。多数の者はむずかしいことばを常日ごろ使わないだけでなく、ヒヤヒヤがどういう意味か、おそらくは今でもよく知らないのではあるまいか。ノウはあるいは下品なことばで直覚するかもしれないが、このようなことが続いて、以前から文語と口語の対立している国だったということを、国是というか、国の方針のようにしてきたのが、そもそもの誤りではないかと思う。今

のままの状態では、正しい選挙ができない、なぜなら多くの人々は弁士のことばが理解できないからということを強く主張していきたいものである。

新語・方言　多くの人々がふだん使わないことば、これはもう一つもとにさかのぼって原因をみるに、やたらに新語を作った時代があった。朝比奈知泉《あさひなちせん》といったような人の時代までは、何か向うの支那の本に使われているものでないと使わなかったが、いくらか社会運動などが盛んになったころから、かってに漢字を二つつなげて作ることば、たとえば「止揚する」とか「揚棄する」など、おそらく中国にもなかろうと思うが、あってもごくまれに近来使った新語で、普通の人は知らないものであろう。この種のことばが、非常にふえてきて、文章の書ける人、学問のある人は、わからないのは、おまえだけだといわんばかりのことばの選択をしても、少しも相手が反抗しない。知らなかったならば、「日本語でいってくれ」というべきであるが、それをいわずにきてしまったのである。

われわれ方言の社会に育った者は、都会のことばを知らず、はじめてこういうことばを聞いたとき「わからぬ」というのは情ないから口に出さず、ちょうど演説でみんなが手をたたくからいっしょにたたくといった気持でうなずいている。これがずっと今日まで続いてきているのではあるまいか。あるいは日本には、そういう、人のいったことに対して首をかしげて、「へっ？」といって聞き返すことができない習癖があったのではないかとさえ、今は考えている。

「トオカミエミタメ」　明治時代の初めか、おそらくは幕末のわずかな間と思うが、神道の一部分に、

「トオカミエミタメ、トオカミエミタメ」

ということばを使う宗旨があった。トオカミは亀卜《きぼく》のほうのことばらしいが、このことばは非常に霊的なものであるからそれさえ唱えていれば、南無阿弥陀仏と同じように効果があるという信仰で、とうといことばというものは、かえって説明のないものだという心持が強く働いていたらしい。この心持は古くからあって、たとえばお経のなかの偈文、これは字を見てもまったくわからず、何を意味するかもわからないもので、ただ非常にありがたいことばだからその理由をきいてはならないという教育を受けて今日にきているのではないかと思う。漢学などにしても「読書百遍義自ら見る《あらわ》」ということがあって、そうすればわかるんだからという教えかた、かえって語釈なぞすれば、へんな知識を覚えて困るという漢学の教えかたもまったくトオカミエミタメと同じものであろう。

もう一段と進んでは、明治時代になってからは勢力が弱ったが、漢文を読むからにはなんでも漢文で読まなければいけないというもので、支那語の現在音とまるで違っていることを承知の上で、固有名詞までそうした時代があった。沖縄はそのよい例といえよう。日本では返り点をつけて読むので日本語になったと思っているが、その返り点も道春点、それ以前は後藤点などといって、決して一定したものではなかった。私は子どものころ「子曰く《のたまわ》」は「の」はテニヲハだから「たまわく」が動詞だと思っていたところ、後に「のたもう」ということばがわかったのではじめて「子曰く」ということがわかったが、日本語ではあんなことはしない。これを一つ一つ「おかしいではありませんか」「今はいわないんですね」などときくことはいっさい禁止されていたといってもよい。このような漢文の知識の者が翻訳した明治の初めの文章には、もちろん文語としてもなっていない乱れたもので、慣用があろうがなかろうが、そんなことにはかまわずに漢語を入れるというものがたくさんにある。今も覚えているものに、森田思軒という人の訳したものので、男女の情事談、感情の葛藤したところなどの翻訳はまったくむちゃなもので、「そうしないではおられない」というようなところは「しかせんこそあるべけれ」と訳してあった。こういうとそうしないではおられないじゃないかという意味にも聞えるが、われわれ素読で長い間聞かされているので、これを質問したり、笑ったりする権利がないように育ってきてしまった。この状態で演説を始めたので、むずかしいことば、時には漢語を使う人は偉い人で、義理にも知らないということができないような気がしているのではないかと思う。使うほうもことばだけを覚えて内容の吟味はまったくしないし、極端ないいかたをすれば人にわかりそうもないことばを使わなかったら、公共の場に出られないような考えを持つようになって、無理な理解に苦しむことばづかいが行われたのである。これは改良しなければならぬ大きな問題で、しゃべるほうの側ばかりでなく、聞くほうの側にも、またむずかしいことばを使う人だから尊敬する、という文語に対する誤った尊敬があって、これを改良しなければ、正しい普通選挙は行われないとまで自分は考えている。

文字を知る者、知らぬ者

「である」の生れ　言文一致ということがいわれ、「である」をつければ言文一致と思っているが、「である」も以前のものと違い、明治にはいってからのものはまず兵隊が使い始めたもので、長州のことばの影響といわれている。それ以前の形は権力を伴った、たとえばいい渡しをするとか、代官の手付の者が庄屋の家にきて、百姓を集めていうとき「である」を使い、「だ」とも「じゃ」ともいわずにこれを使う。これも古くさかのぼればのぼるほど、フォーマルな儀式的なことばだということが証明できようかと思う。

「口きき」　昔の村の生活、宿場やはでな村でなく、普通の農村には、「口きき」というのが幕末ごろからおり、これには皆警戒しあって、それの前ではへたなことはしゃべらないようにする。何かの折には、発起人の筆頭には書かせないというふうに常に警戒しておりながら、それに反抗しないでいるということがあった。村の青年男子のなかにおり、この数が私の中学生ぐらいまでの間はかなり少ないもので、これをじょうずに押えていきさえすれば、村は静かに治まるというふうであった。ところが、それがだんだんにふえ、しまいには肩をたたいたりして押える人もなくなり、ことに戦後はひどくなって、この「口きき」の類の人間にかかっていろいろな仕事をしているありさまにまでなってしまった。いうことは理屈があるが、いうべきときでないのに若い者が出てきて、むずかしいことばを使って、まわりの者を煙にまくとか、標準語ができるということだけを利用して、方言でしかものをいえない者を押えつけるとかいうことを、もとは非常に憎んだものであった。この点からいえば、文語の使用が制限されていたということも多少はあったのかもしれない。

文字を知る優越　字を知るということ、これは非常に急激にふえた現象で、初めから日本には字を知るということは限られた人だけのことであった。もとは御祐筆《ごゆうひつ》というものがあり、これに手紙そのほかのものを書かせている。これについてはおかしな話がたくさん残っているが、江戸の落し咄の一つに、ある侍の家の玄関で、訪問客に帳面を出して「どなたでございますか」と尋ねたところ、名まえをいう、むずかしい苗字なので「なんと書きますか」というとたいへん困ってしまい、とうとうしまいに「こないことにしてください」といって、帰ってしまったという話が残っているくらい、昔の者は無筆であった。またそれでこと足りていたのである。ほんとうに字の書ける人というのは、大きな藩でもわずかしかいないものであった。それが儒者というものができ、また自由にだれでも儒者の門にはいることを許されると、急激にふえて、ちょうど頼山陽あたりの時代がその境ではないかと思う。別に目的はなくとも、少しは固い字を読んで覚えたほうがよいといって手習いのほかに読むことを覚えたものらしい。つまりこのあたりから漢文、むずかしい字を知ることはある種の優越感を伴ったものではないかと思う。

漢文と横文字　日本人のことばの採用力、口語に新語を採用する能力は、少なくとももどの民族よりも進んでいると私は思っている。明治になってからふえたことばはたいていアブストラクトなことばが多いが、そういうことばを実にまちがいなくよく使っている。このセンスは非常に発達して、すでに八十年間続いてきているゆえに、口語はたいへん豊富になり、昔の口語で語いが足りないからマスコミュニケーションにまにあわないとはいえないと思う。

横文字を使う習慣も、明治の初めやたらに漢語を取り入れたものとまったく同じに、つまらぬことにまで英語を、特に若い人は使いたがっている。この間もある機会に、地方の優秀な教員を三十人ばかり集めた席上で、ひとり十分か十五分ぐらい話をしてもらったところ、話は少しもおかしくないのに、印象を受けずにはおられないのは、その十五分ぐらいの話のなかに一ことばずつ必ず英語を入れていることで、その英語がまちがってもいなければ、あたらないでもない。発音もごくあたりまえで、しかしながら入れずには気がすまないというのがあることは三十人の人がみな入れたので明らかになり、非常に強い印象を受けたものであった。漢語を使うというのとまったく同じ心理で、別にわれわれを軽く見たものではなかろうが、使わずにはおられないという気持、これはいわゆるインフェリオリティ・コンプレックスではないかと思う。この話をある校長さんにしたところ、あとから「あれくらいひどい打撃を受けたことはない、実は私らもすぐ英語を入れて話をしがちで」といったという話を聞き、気がついたが、意地の悪いような心でありざけったなら、「何がいけないのです」といわれるだろうが、こういう気持があるということを強くいってひとりひとりが注意していったなら、ことばはもっとよくなるのではないかと思う。

口語を育てる

今私はいつでも選挙の正しく行われるためのことばという目的のほかに、一方には英語さえ適切な場合にしか使わないというところまで知識が進んでいる、これを利用して口語をふやしていくことを願っている。「口語を使いなさい」といっても、江戸時代の人が使っている程度に限定したら、「なんと申しますか」なんていうことしかいわなければならない。義務とか法律とか、政府とかいう字は昔はなかったが、それを快よく日本語の昔からあった松や竹と同じように使っているこの態度、これを認めなければならないと思う。ただ略号や、絶句してあとをいわずに、ひょいとまわりを見まわす、それで目的を達して終ってしまう、これだけはぜひともやめなければ、格調の高い口語はいつまでたってもふえていかないと信じている。

山本権兵衛の議事録　私は昔、山本権 兵衛《ごんのひょうえ》という人が議会で非常におしゃべりで口数の多い人だという世間の評判があったので、試みに議事録をとって読んでみたところ、気分が変るときに、前の句を終らずに、次の句に移っていくということがわかった。したがって速記のほうは……とか!!をつけずにはおられないことになり、座談ならば連想がすぐ働いて、非常に動きの多いおもしろいものになろうが、文章のほうはおかしなものになっている。高等学校の英語の教科書でラスキンの「胡麻と百合」という論文を教わったが、これはちょうど山本権兵衛式で、文章はわかるが、文法ばかりでおさえていく者にはのみこめないというむずかしいものであった。私にはこんなにがい経験があるので、絶句したり、まなざしや身ぶりでごまかすことをいましめ、単に「である」をつけた言文一致でなく、ほんとうの意味の言文一致ができるように、ことばをはっきり終りまでいうくせをつけたいものである。

「わかりません」をはっきりと　柴田氏のお話によると、トルコではケマル・パシャの革命の後、新たに文語と口語が生れているとか、口語には古くからのアラビア語を使い、政府の書類などは文語、すなわち革命後、人工的に復活させたり、新しく作りあげた単語（主としてトルコ本来の単語）を使っているというお話であったが、ことばは自然にまかせるべきもので、自然をいくらか促進するとか、やわらげるとかいうことは必要であるが、それをもとに戻すなどということはできるものではないと思う。

日本ではすでに明治の初め、日本製の漢語を使ったりして、今のトルコにまけないくらいの思い切ったことをしてしまったが、以来九十年、これを少しも疑わずに、昔からあったように思ってきたことはまことに大きな誤りであった。

今後どのようにしていったらよいか。私はまず聞きかた教育ということをあげたい。そのための教科書を作るということはできないけれども、教科書の前後に、いう者が聞く者に対して義務を負うような気持で話をする。もちろん相手が理解をするということを限度にして、これをまず説きたいものだと思う。それには一つだけこつがあって、それさえすればいいと思うのは、聞き手が「わかりません」という聞きことばを、「あなたのおっしゃることはわからない」ということを、ごく気軽に口に出すことができたら、この問題は解決されていくものと私は信じている。選挙演説にしても、候補者は一票でも入れてもらいたいのはやまやまゆえに、聞き手がみなこのような態度になったならば、おそらくはもう少しわかるようなことばを使うように努力していくのではなかろうか。

（『ことばの講座　第二巻　これからの日本話』石黒修・泉井久之助・金田一春彦・柴田武編、一九五六年七月一五日、東京創元社）

話し方教育の方向——国語の問題と普通選挙——

この春の選挙で　また一つの大きな経験をつんだわけだが、国語の問題と普通選挙というものは、たしかに関係がある。そういう気持を教員たちがもってくれて、国語の問題までも問題としてくれないと、私はどうも将来を悲観しなければならないと思う。

というのは、常に政治家のつかうことばは、近来は、東京ではだいぶ国語に近くはなったけれども、地方で、むしろ聞いてすぐわからん人の多いような所になると、むずかしいことばをつかう。

文語というものの、いちばんやっかいな弱点は、聞いて耳の中で、あれはこれを意味することばなのだと、自分のふだんつかっていることばにかえる労力がいる。だから、理解をじゅうぶんにする余裕がなくて、なれない人たちには、それを理解するのに、文語をキャッチするために、たいへんな労力をつかう。ちょうど英語の達者なものが、英語を聞いて、それを、自分たちの日本語になおしながら聞いていくのと同様である。ごく平素なれない文語のことばなどを聞かされた人たちは、それを、消化しながら食べていくような形になる。

このままつづけておったのでは、どんないい教育制度があっても、国をよくすることに役立たない。

残念ながら、日本人はよそいきのことばをもって政治を聞かされるので、普通教育の本旨とあまりに反対になる。いくらやさしく読み方、書き方を教えても、演説をする候補者の方が、どちらかというと、あわよくばごまかしてやろう、聞いたところ非常にていさいのいい、音吐朗々としてやろうという考えばかりもっているのだから。

国をもう一段とよくする手段としては、文語を全廃してしまって、日常もう、われわれのつかっていることばを、すぐ消化できるようなことばにしてくれればいい。これはなかなか準備のいることなのだが。これからさき、口語を改良するという名義にして、文語を廃止するとか、併呑するとかいったような、殺伐ないい方をしないで、口語の改良をすすめたい。口で言うから演舌なんだから、演舌のごとき口で言うことばを、もう少し消化力をやとわずして、頭の中へ、からだの中にすうっとはいっていくようにしたい。それが理想なのである。

どこの国ももうそんな国はないのだから、文語・口語の差別をなくしてしまって、少しいかつい、く聞こえても、口語で公の話をするようにしなければならないと思う。

私は、実は、国立国語研究所の諸君が、いちばん最初にこの問題をとりあげて、どの分量で、どこまでを口語にする、たとえば、儀式のことばとか、議会の開院式のごあいさつとかいうものを、おおよそこれだけは文語的な荘重な文体をつかってよろしいが、ほかはこうやってやろうと、早く決めてくれたらよかったと思う。

明治からこの方　口語は、文語が成長するとともに非常に衰えた。

いちばんわれわれの感ずるのは、こんなことをあまりほかの人は言わないのだけれど、動詞だと思う。動詞に、〝する〟動詞とわれわれがいうものがある。なになにするというあれは、もとは子どもだけがつかっていたものである。あんよするとか、たいたいするとかいうふうに。〝する〟動詞というものは、ふつうの人の話では言わなかったのが、近来、漢語をつかうようになって、たいてい二字ずつつながり、きびしく聞こえるようなことばに〝する〟をつける。

これがひどいし、それから形容詞になになに的など的の字をつかう。なんでもいいから的という字でもって、これは形容詞であることを示す。支那でもつかわないような的の字のつかい方をしていた。ああいうばかなことはあるものではないと、私がわいわいさわいだのが、一つの力でなかったかとうぬぼれているが、このごろはつかわなくなって、よほどへってきたようである。なになに性などということばもつかう。そういったことばをつかったり、また、それに該当する、ありあわせのことばをつかっている。

とにかく、私らが話をしようと思うときには、こうやって、思わず知らず、長い間の心がけで、頭に出てこないような字のあることばはつかわないし、昔の人は篤実だから、そういう場合に、どんな字を書きますかとか、どういう意味でございますか、私はふだん聞いたことがないからとか、昔の人はたずねたものである。今ではだれもそのようなことをおたがいにしていないし、もう、おたがいにわかった顔してうなずくものだから、きまりが悪くて言えないのである。それでみんな漢語になってしまった。

形容詞と動詞は話の大きな眼目で、形容詞などは、日常生きる、いろいろな気分や感覚をあらわす、一つの方法なのである。それが注釈を要する、翻訳を要するような状態であってはこまる。

口語は事実、貧弱をきわめているので、これを豊富にしていくことを考えたい。方言などもこの点、たいせつなものであるのに、今日までの言語政策を論ずる人々は、方言をせめて、ことばの数の多いことを非難する。同じようなことばがいくつもあっておかしいと言う。その方言を話す人にしてみれば、私どもは、この場合にはこれしかつかわないのだと言っている。

それの、いちばんひどくやっつけられたのは、広島県だったと思う。山口県の方もそうであるが。いたいということばが、通例、五とおりぐらいあるという。はしるといえば、歯がいたいとか、おなかがいたいときにはただいたむとか、にがる、うずくといったようにつかいわけて、いちいちわざわざ歯がとか、おなかがとかいうことを、言わなくてもすむようなことばがあったのを、それを標準語ではいたむしか言わないものだから、みないたむにしてしまった。こういったことばが、およそたくさん今日の日本語にはまだある。

今から一世紀半　百五十年ほど前から頼山陽の書物が読まれたり、十八史略が漢学をやるのに読まれたり、それが民間までひろがった。平素、手習いだけしていれば、もうそれで国語の教育は用がたりたものを、少しは本が読めなくては、公のところで、人前に出て口がきけないからというのである。

やがて明治になると、今から考えてみるとおかしいほど、明治の初年には、ひどい状態で新しいことばを作った。それが漢語で、私らがどんな文字をつかうかわからないでしまうようなことばが、たくさんある。

そのいちばんおかしいのは、公の議会で、また町会とか村会とかの中で、平素、となりどうしおたがいのことばでぺらぺらしゃべっている者が、そこへきて、名ふだをおこすと、それからもう、すっかり改まってしまう。人にものを言うときに、諸君などと言わなければならない。諸君とはなんということばなのかといえば、〝もろもろのきみ〟と書くのだという。

演説の実に愚劣であったことは、今でも私らが覚えているのだが、「ヒヤヒヤ」ということばがある。「ヒヤヒヤ」と言わなければ、賛意を示すことはできない。「ノウノウ」と言わなければ、反対を表わすことはできない。英語をつかったのである。私らの小学校時代、冗談をよく言う人があって、「きょうは涼みにいったら、演説会があって、ノウノウがヒヤヒヤした」などと言ったりした。こんな話をするくらい、きまったことばをつかっていた。

そのころの、宴会の席でうたった女の歌に、

〽今の議員のはやりのことば

いわゆる、含蓄、やむをえず

というのがあった。そのうち、〝いわゆる〟と〝やむをえず〟は、今でもつかっているが、〝含蓄〟ということばは、どうも使わない。そんなふうな、笑われるようなことばを、たくさんつかいながら、憲法発布を迎えたのである。

そういうふうになってきて、人に話をするときに、私らの講演ならば、男の人に話をする場合でも、女の人に話をする場合でも、同じに話をするのだけれども、ところが、それが気に入らない。信州あたりは、ことにそれがはなはだしかった。この先生は、よほどわれわれをばかにして、

むずかしいことばで言ってはわからないものとみなして、やさしいことばをつかっていると、かげで言うらしい。そうすると、私らをかついでいる若い諸君たちがきて、むずかしいことばをまぜてくれないか、そうでないと演説をねうちのないものとみるからなどと言ったりする。そういうことを口にする者は、いちばん軽薄なので、どちらでもかまわんような人間なのだ。しんみりと聞こうとする青年には、そのときすぐには考えられないけれど、あとで考えると頭によくのこっている。それには口語で話してくれた方が喜ぶだろうと思う。

そのような時代を重ねて、もういかんともすることができない状態になったときに、政友会内閣の原首相が、政策的にひょいっと普通選挙を採用したのである。普通選挙には条件がある。今でこそ六年・三年の義務教育であるけれど、当時は六年間で、ふつうの人間は世の中に出ていって、それからせいぜい勉強したところで、九年にならない間に世の中に出ていって、それですっかり一国の政治を理解し、かつ、その甲乙の候補者の優劣を、適否を判断することはできるものでない。

しかし、そのようなことをいっていたら、きりがない。いつまでも準備がたりないという理由で、普通選挙の実現をのばすことはできないという意見が有力になって、とにかくやってみようということになったのである。

結局するところ　普通選挙を実現して、その理想を表わそうとするためには、政治家自身のことばを、自分の頭で考えたとおりに、すうっと聞く人のからだの中へしみこむようにしなければならない。あのことばは何だっけと、いっぺん覚えておいたことばをいいなおして考えなければならんような、まるで外国語を学ぶような形であってはこまる。実際、明治以後、〝いわゆる〟でも、〝やむをえず〟でも、口語になって今では通用しているのであるけれども、それでもまだかんじんなものには、たくさん口語にないことばがある。

ことに、文の最後にくることば。用言が日本語では文の終りにくる。用言の語尾で文が終わる。これがある以上は、用言をもう少し考える必要がある。いいか、わるいかということはだいじな表現をするときに、常につかわなければならないことばなのである。

それを、〝あらざるべからず〟などといった、まわりくどい表現をつかって、わざと、はっきりしないようにする態度が見える。

元来、演説は口語ですべきものであるのに、少し説明が苦しいとき、やや難解なことばをちらちらつかって、それと同時に、「あなた方にはそう言うことは必要がないけれども」とか、「皆様とくに御承知の通り」などとおだてあげると、それでとおったものである。

だから、私は、国語の教育というものを、日常の生活にさしつかえるとかなんとかを考える以前に、も一つ、国をよくする手段に、政治の方につかうということを考えなければならんと思う。

こういうことは、一つも新規に考えついたことではない。

なんとかして、最初の案、すなわち、いいことばをたくさん口語の中に供給して、口語でものを言いながらも、それで自然に思ったことを言えるようにしていきたい。文語をつかう人は、うそをつくつもり、ごまかすつもりなのだというふうに見るようにする。

もう一つだいじなことは、先生が説明するときに、わざと文語の解説をつかってみる。そして、子どもたちにわかったかときくか、むしろわからんときには、これから諸君は学んでいくので、恥ずかしくないのだから、「今言われたことはわかりませんでした。」と言えるようにしむけていきたい。

それから、もう少し演説などを、女や子どもに言うときのようにかえたい。それは、大学でも出た教育のある人からいうと、そんな、かんでふくめるように話をすることは、よくよく自分らを低能者とみているのだと思うかもしれないが、そんな人のためにやっているのではない。街頭に出て演説をするのは、街頭でしか聞かれない人に話をする。本を読んでいるひまのない人たちに話をするのである。

だから、六年・三年の義務教育を終えただけで、世の中へ出てしまったものが、もう七年か六年かたって選挙人の資格を得たときに、すぐ頭にはいるような話し方に、もう一段、力を入れていきたいと思う。

そのために、話の聞き方の問題も、もう少し重要視していきたい。幸い、東京教育研究所が私のこの問題を採り上げてやってくれているのは、たいへんありがたい。

できれば、このような読本を作り、そうしなくとも教育課程を作って、実際化していきたいとまで考えている。

（『教室の窓』第七巻第一六号、一九五八年一〇月四日、東京書籍）

新たなる統一へ　……独立後の教育について……

独立とはなにか

ことしは独立の御祝いにでもすべき年のように言って騒いでいる人さえあるのに、何だってまた、こう際限もなくよその国の真似ばかりするのであろうか。昔は戦にまけると泣きながらでも風俗を改めさせられたことがあったらしいが、今回の占領方針などは全くの型変りで、何でもめいめいの好み通りに、自由に活きて行ってよいということになっていたのに、進んでこちらから無二無三に、真似てまね抜こうとしているのだから踏切りがつかない。これではどうしても今一度、独立とはそもそも何であるか、国が如何なる状態にあることを意味するのか、という問題を出して答えをさせてみるより他あるまい。

昔も政治家が採長補短などと称しつつ、よその出来上った文物制度を運び込み、考案創意の労を助かろうとした場合は多かった。その道にかけては日本は名取りの国であったが今から振返って見ると余計な回り道、または行き過ぎ後もどりの例も少なしとせず、またたまたま成功したように見えるのも、実は隠れて大きな代価を払っているものがあった。国の容姿を一変するほどの重大な選択でも、通例はわずかな人の手で断行せられ、これを嘆いたり、うらんだりする者が若干はあったとしても、いつの間にか消えて無くなって子孫も残さず、再びまた次の平面を作りあげてしまうのが、多くの国々の歴史であった。

消えゆく泣き声

変れば必ず「改良」という迷信は、少くとも日本ではもう通用しない。むだと失敗と犠牲とを出来るだけ小さくするように、ここで民衆の判断力というものを養成してかかる必要があり、それにははなはだ遠いようだが、やはり小中学校の教育に進路を求めるの他は無いかと思う。

手近なしかも棄てて置けない問題は、消費過度の傾向であろう。国の生産総力とのつり合いをちっとも考えずに、今のままのおごりを一般にすることは、出来もせず、もし出来たならば短期間の破滅であろう。それを承知の上で許さるる者の限りが、かかる愚かな浪費を競うということは、さきが見えているだけに、是は個人自由の範囲とは認められない。

悪人の侵撃は戦場よりも惨虐であり、腐敗吏員とそれに近い者の身の上話は、新聞の半面を埋め、その残りの半分は衣食の最小限度をすらも保障してもらえないで、どしどし消えて行く者の号泣の声である。是が昭和廿七年の「独立」によって、果して十分の一でも少なくし得る希望が有るのであろうか。

節倹と簡素とは上下を通じての、人の美徳であった時代もあるのだが、それを政策が支持し利用するようになったことから、かえって自分等だけは例外という階級が生れて来た。これに対する反感がまずこの制約を破ろうとする者を多くし、次には今日の如くこれを口にする者を旧弊とし、いわゆる封建時代のいやしむべき残留であるかの如く思う者ばかりが表面に立って、背後で苦しむ者を構わなくなったので、つまりは民衆の判断力の衰弱といってよい。

以前も人生をもっと明るく、少なくとも今ある憂苦と不安とを脱出するために、己れを空しゅうして働いてくれた大小の義人が何度か出て来た。彼等は最初から周囲の信任を得ており、または一切を自分に任せてくれと公言し得るだけの良心をもっていた。かりに危ぶむ者が少々はあっても、然らばどうするという第二の策は無く、ついて行くより他はなかったので、たまには失敗の経験があるにもかかわらず大抵の場合には皆一致した。中心人物が本ものの義人であったのと、一度にたった一人しか出現しなかったこととが幸福な結果を導き得たのである。現代の不幸はちょうど正反対に五人も七人もの自分のみが正しいという者が一時に現われて指導しようとするのである。

賢明な政治家を選べ

国に賢明なる政治を行わしめようとするには、賢明な政治家を選ぶより他に途はない。各自の判断のただ一票は心細いが、それが自然に集まって一人に帰するようだったら、まずは千万円を当落の目安とするような浅ましい標語はなくなるだろう。小中学校の国語教育で、ついに教えられずにしまったような、むつかしくて判らぬ言葉で演説を打っても、いや声がよいの、態度が堂々としているのという類のくだらぬ評判で投票を申し合せるようだったら、消費職業者の暗々裏の力は、是からもなお分配を混乱させ、いわゆる闘争力の強い団体だけに、生活の権利を主張させて、残りは今以上の苦しい生活を強いられることになるであろう。義務教育の六年三年を経て来た者は、あんたの言うことは判らぬと堂々と言い切るだけの権利を認められなければならぬ。

最後にもう一つだけ、事実を正確に教える、というよりも体験せしめること、是が社会科教育の本務であることを述べて置きたい。

日本再建と学者

今日の教え方で進んで行ってよいとは決して思わぬが、大体に是から世に立つ人々に、ここで覚えさせて置かないと、もう機会はないというものだけは落さぬ様にすること、それが私たちの念願であり、成るべくは学童の全部を通じて、疑いかつ知りたがっている方向を追うて行きたいとも思う。日本人が公人として判断すべき場合に、それを誤らしめる最大の危険は、確実なる知識の欠乏であり、それが過去においても歴史を悲惨にする主要なる原因であったことを考えると、学者が日本の再建に寄与すべき事業は、特にこの方面に多い。

（『朝日新聞』一九五二年一月一日、朝日新聞東京本社）

考えない文化

地図の日本を、じっと見つめて居ただけでも、まだ少しは国ということを考える機会になるだろう。文化という言葉などは、主としてこの目的のために設けられたものなのだが、何分にも新語であり、又翻訳によって知ったのが始めなので、毎日口癖のように使って居りながらも、是をお互いの集合生活の問題とは思わずに、何か外から来た人に見られるものの名の如く、体裁とか体面とかに近いもののように、心得て居る人ばかり多いのは困ったことである。今日の普通教育は、文化の本義の穿鑿よりも前に、先ずこの俗用の誤りを正すのが急務ではないかと私は思う。

外から来る観察者の中には、既に修養を積み又方法を究めて居て、ほんの少しの勘どころを押えて行けば、容易に一国全面の事情が見破れるように、思って居る人も有るらしいが、それも僅かな気の弱い、自信の足らぬ者を動かすばかりで、少なくとも現在にまだ是ぞというほどの洞察の一致は無く、結局は斯うした外部判断の数多くを集め重ねて、種々共通の濃い点を見つけて行くの他は無いのだが、そんな面倒な仕事は日本人でないと出来ない。又そういう結果の現われて来るのを、待ってばかりも居られない。

日本が何時でも選手を出したがる風などは、時代の流行と言おうよりも、多分は国柄であったかと思う。もとは年占と称して正月の祭の日に、村と村との間で色々の競技があり、勝った方が其年は運がよいと信じられて居た。中でも相撲の歴史などは古いもので、諸国選進の制度は夙く廃れたけれども、なお村々から最手（ホテ）関取を出すという習慣が、会津や佐渡島には近い頃まであり、一方には昔の御抱え力士を思わせるような後援のし方が、本場所の方にもまだ残って居る。しかも是はまだ強いのだから、現実に面白いのだからという説明も付こうが、たとえば射芸のような衰微しきって居る武道の方面でも、久しい因縁があればなお大きな力瘤を入れることが出来た。瀬戸内海周辺の広い地域にわたって百手（モモテ）と称して春の初の祭の日に、少年に晴の衣裳を著《き》せて、弓を射競べさせる行事などは其一例であるが、永い行掛りや酒の力も手伝って、勝った側の歓喜と興奮とは、聊か局外者の想像を超える場合が今でもある。誰一人として問題にする者もないが、負けた側の萎れ方くやしがり方はどう始末がつくものか。殊に少年であるだけに、考えれば考えさせられる。

他の多くの東洋諸国も同様に、日本人には勝った者を崇敬し、敗者を無視し賤視する癖があるという批判は、無邪気に過ぎる故に、却って痒い処を掻かれたような快感さえある。是がもしも兵器を執っての勝敗だけならば、もはや我々の問題で無いかもしれず、仮に一歩を踏み出しても、是がスポーツに限られるとか、乃至はミス・ニッポンという類の戯れの入札に限られて居たなら、あんなことを言われたとてそう痛くはない。ただ富士山は最も高い山、そうして姿もけだかく美しいから、あれに我邦の天然を代表させることにしよう。其他の山々は小さくなって居りなさいというような、又はそれを御尤もとするような気風が、時代毎の学問芸術を支配したならばどうであろう。それも次点か残念だったというような場合ならばまだ比較が出来ようが、ただ一部の人たちの見えや外聞によって、無やみに人気を或一方に高ぶらせ、後先構わずの最上級の讃辞を奉ろうとするなどは、言わば国民の古疵を引掻いて、殊に瘢痕《はんこん》を見にくくしようとするものではあるまいか。

近頃の新聞を読んで見ると、紙面がまだ窮窟で、国の生活の全部までは報導が出来ず、しかも一方に、広告は言うに及ばず、記事の大部分がただ都会地の消費生活に限られて居る。もしも不馴れな外来の観察者がやって来て、日本の生産はもう是ほどの消費が許されるまで豊富になって居るのかと速断し、もしくは少々の不均一はあっても、ともかくも斯ういう消費生活が可能なほど、物資と娯楽とは全土に行き渡って居るのかと思い、個々の家庭でも赤子や老人までが、それ相応に手当てされて居るのかと、大ざっぱに推測したような場合に、それを訂正したり解説したりする役が、別に政府か新聞以外に、誰かきまってあるのだろうか。私はもう少し此点を痛論したいのだが、ちょうど残念ながらここで行数が一ぱいになった。もっと上手に斯ういうことが言える人を、是から探して来ようと思う。

（『心』第五巻第五号、一九五二年五月一日、酣灯社）

文明の批評

一

文明は批評すべきものであるということを御話したいと思います。そうして若し能うべくば、文明は果して如何なる態度を以て、之を批評するのが正しいかを、諸君と共に討究して見たいと思います。

我々が日本の次の代を考える毎に、いつも青空に一片の雲を見るが如き感じがするのは、是はそもそも何であるか。所謂文明の暗黒面なるものは、苟くも文明あれば則ち必ず之に伴うべきものであって、如何に我々が最愛の子供たちの為に努力しても、予め之を防ぎ又は除いて置いてやることは出来ないものであるかどうか。即ち世中が進むということは、何でもかんでもいやな事の多くなることを意味するものであるかどうか。皆様が之を考えて見ねばならぬ時代が、愈々やって来たように思います。

物をむつかしく考えて見る風習は、結構なようだが実は損でありました。其為に日本などには、大に考え込む至って少数の人と、最初から別に考えて見ようともしない多数の人々と、二つ相対立した組が出来てしまいました。是は簡明な単語に乏しい日本語の性質が、そういう風にしたのでは無いかと私は思いますが、一つには又我々があまりに多忙で、そうして世渡りに疲れる為もありましょう。そこで若し系統の立った生活哲学を打立てる余裕が無いとすれば、どうしても簡単に一つずつ当面の題目をきめて行く工夫をせねばなりますまい。と私は思いますが、皆様の御考は如何でありますか。どうか此機会に先ず之を考えていただきたい。

私の見る所では、第一に文明は実際問題であります。魚が水に住み、小鳥が樹に遊ぶ如く、よかれ悪かれ我々は其外に出て生息することは出来ない。だから此問題を学者に考えてもらって、そうですかと謂ってすませて置くわけには行かない。第二に、文明は変って行くものです。即ち昨日の文明はもう明日の文明では無い。従って良くならなければ悪くなるかも知れません。時代が進めば曾て良かったものが悪くなると共に、今良くないと思うものが、他日大に改良して我々を幸福にしてくれる見込があります。多勢の人の力が合致すれば、雨乞いや豊年の祈禱などよりはたしかにより大なる効果が有ることは、是迄の経験が之を証明いたします。故に出来るだけ綿密なる研究を以て、常に改革の為に協力せねばなりませぬ。

第三に文明は沢山の制度や仕来りの組合せであります。而して片端から其部分々々が、常に変って行くものであります。故に又至って容易に改良の効果を見ることが出来るのであります。それを凡人の力ではまるで動かすこともならぬように考えさせ、我々をして久しい間、夢中で此間を辿らしめようとしたのは、所謂先覚者の恕《ゆる》し難き誤であります。

第四に文明は要するに摸倣であります。真似というと何か安っぽくも聞えますが、個人が単独に発明し、又は只一つの団体が之を利用するだけでは、まだ我々の文明ではありませぬ。知って之を採用する者が一般的になって、始めて世中は此が為に改まるのです。即ち我々は極めて自在なる、摸倣権とも名づくべきものをもって居るのであります。国と国、民族と民族とが新たに接触した場合に於て、殊に此問題は大に起るのでありまして、日本人は大昔から、決して摸倣の下手な国民ではなかったのです。歴史を見ると幾度か著しい前例があります。但しよく教科書などに、唐制摸倣時代などと特に時代を限って、摸倣の盛であったように謂いますのは、あれは単に時の当局者が、政治上の力を働かして寧ろ稍々不自然に、摸倣を為し遂げた時代のみを意味するので、其他の時にもやはり少しずつ常に他民族の文明を採用しては居たのであります。

併しそういう中にも明治の初年から、殊に所謂条約改正の前頃から、つい此頃までの数十年間の外国摸倣は、恐《おそら》くは後世の歴史に於ても、著しい例として伝えられることと思います。こう云う時代になると、先ず文明の実質よりも名目を、精神よりも形骸を、さきに輸入して来る傾きがあるようです。それも亦一種の方便と考えられたのでありましょう。即ち取敢えず名目と形体を入れて置けば、其実質と精神はおのずから之に附いて来ると思ったのかも知れません。併し結果は必しも常に其通りで無かったのみならず、此の如き方法に伴う弊害としては、多数の国民は、何故に此の如き新しい生活をせねばならぬかを、よくも考えて見ること無く、隣の人もそうするからと言う理由のみで、ふらふらと附いて来ると云う点であります。即ち往々にして我々の批評の力が鈍るという弊があるのであります。

二

世中には何でも新しければ即ち善いものだと速断する人がある。又多数の人々のとくと考えて見ようとせぬのをいい事にして、自分たちの都合にばかり忠実であった摸倣者もあります。今日までに輸入せられた新文明の中には、大分これが有るのです。そこで目下は大に之を整理するの必要が生じたのであります。

是に於てか更に根本的の問題として、全体我々の文明はどう成ればよいのか、と云うことをきめてかからねばなりません。世中が進んだと云うことは、果して何を意味するのか、又意味せねばならぬかを、知って置く必要があります。是も私はごく簡単に斯う考えて居ります。万人が万人共に満足し得るような文明ならば尤も結構、それが六つかしいとならば、出来るだけ多くの人たちが、此変化に由って今一段と安楽な生活を為し得ること、今一段と上品な生活を為し得ること、即ち自分等と眷属の者だけでは無く、多くの他人も亦同時に之に由って悦び得るようになれば、其を文化が進んだと名づけてよろしい。何となれば此より以外には、我々が集まって世中を為し国を作って居る意義は無いからであります。

そこで問題になるのは、大昔の希臘《ギリシャ》や埃及《エジプト》のように、何千何万という奴隷を働かせて、其力で磨き上げた文明はどうかと云うことです。掃溜に鶴と云う譬の通りに、無数の哀れなる者、無数の惨澹たる者の間からずば抜けて、ほんの一人か二人の優秀なる芸術家や思想家の出て来るのを見ても、我々は其ひどい社会を「進んだ社会」と呼ぶでは無いか。是はどうかと云う評が有るかも知れぬ。併しそんな事は分りきって居る。それは何も無いよりは善いと謂うだけで、それが元で更に善くなる見込が有るから結構なので、そんな処でじっと止まられてはたまらない。それに我々の辛抱我慢の力も今日では大層弱くなりました。結局する所、更に不平党の数を増すような新文明は、早速取替えねばならぬ文明だと云うことになるのです。

併しながら新旧の文明の価値を比較することは、其中に住む者に取ってそう手軽な仕事では無い。人に由って第一に見方がちがう。又精々正しい判断をするつもりでも、或は弘く物を観る力が無い為に、各自の身勝手に陥いることも無いとは言われぬ。そこで意見衝突の面倒な争を避ける為に、いっそ昔の如き所謂明君賢相乃至は先覚者なるものに任せて置こうと云う傾きが、つい近頃までも有ったようですが、而も此委任は全くの失敗でありました。

人間の賢愚に大なる差等の有った時代でも、賢人は五百年に一人ぐらいの割にしか出ないと、孟子などは申して居られます。人は先ず平均三十年しか働かぬとすると、残りの四百七十年ほどは乱脈な、指導者の無い世中の続くのを忍んだわけでありますす。今時そんな人をあてにして居るわけには行きませぬ。仮令への字なりにでも、くの字なりにでも、兎に角時代々々の我々が自ら此鑑定の仕事を片付けるの他はありません。現に各地方の傑物の世に出でて名士となって居る者を見てもよく分る。彼等は名こそ名士でも、単に地位を作り、稀には金持と為り、肝腎我々の期待する国の為の判断、社会の為にする文明の選択は、第一に勇を鼓して其任に当ろうともせぬのが通例であります。政治家などと云う者は、いつでも階級戦のどちらかの先棒であって、信用して公平の意見を聴きに行くことが出来ませぬ。

そんなら政府の人はどうかと言うと、先ず世中が彼等の為に大き過ぎる。僅かな間に意外に複雑なものになったことも事実だが、必しも此人々の智者として欠くる所ある為ばかりでは無く、役人には皆分担があり分業組織に為って居る。権能を付与せられた方面だけは、何とか遣って行くのであるから、此問題の解決には無能であっても、別に責められるわけは無いと考えて居るようだ。而も世中には、知事の所管にも属せず、文相の職掌にも非ずして、国民全体の管轄すべき偉大なる社会問題がある。それがいつ迄も捨てて置かれるのである。此は抑々誰がきめるべきものであるか。

三

諸君の見らるる所は知らず、是も自分だけは至って簡単に答えることが出来ます。即ち直接利害の衝に当る国民としての我々は、誰もきめる人が無いから其儘にして置こうと云うわけには行きませぬ。此は責任と云うような重苦しい問題では無いので、打遣って置けぬから御互の間でどうにかするのであります。勿論個人の一人々々に、そうすべき義務があるのでは無いが、何処かで始まりそうなものだと、人の事にして傍観して居るわけには行かぬ。然るに我々は此からどう変化するかの見当も無しに、唯徒らに暗中摸索をして居るのであります。是が今日の社会不安の原因であると、自分等は思っています。

現在の選挙制度などは、名は立派でも実は心細いものです。我々は既に自ら政治上の代表者を選定して置きながら、肝腎の本人が国の政治をどう進めて貰ったらよいのか、とつおいつ気迷いに日を送り、又は丸で空々寂々として居るようでは、仮に名士が名士らしく、我々の態度を国に代表しようとしても、どうしてよいのか分りませぬ。普通選挙も今や理論としては反対し得る者が殆と無い。反対をするにしても、僅かに目前の故障を云々するのみで、之を要するに時の問題であります。然るに幸にして近き未来に、凡そ此国の成長した男子は悉く、選挙に参与し得る時代が来たにしても、その折角権能を得た者が、今日の多数の如くに無我夢中で、それは知らぬと謂って居ては、政治にも何にもならぬことは明であります。現在の選挙人たちは財産ばかりか、智力に於ても概して此から加わって来る人々に比べて、一頭地を抜いて居る筈であるのに、それが多くの地方に於ては全くの無批判で、或は懇意づくとか折入って頼まれたからとか、又は一二の顔役の説に雷同し、印形を以て役場へ来いと言われて何分然るべくと謂うような選挙をして居るのであります。是では普選が始まっても国は改まりそうに思われませぬ。我々は此の如き古風な生活方法を罷めて、力の限の正しい批評に由り、少しは役に立つ見込のある政治家を、前へ出すことを心掛けさせねばならぬと思って居ます。即ち国及び地方団体の普通選挙の為には、先ず以て大なる実際上の準備が必要なりと思って居ます。諸君の地方の実情は、自分はまだ一々に就て詳かにし得ないが、兎に角今日まであるいて来た府県に於ては、存外に此の如き警告の適切であることを認めました。

演説などはどこの地方でも、二十年此かた只大に流行して居る。話をする人の方では、或は黙々として皆が謹聴してくれるのを悦ぶかも知らぬが、それだけでは真に時間の損であります。彼等は屢々我々に分らぬことを言い、又は無理な註文をしたかも知れない。少くとも現今各地方を講演して廻って居る人々の中には、甲と乙と氷炭相容れざることを説いて廻った者も有る筈であります。此場合に、たとえ即座にでは無くとも、成るべく早く皆様は、何れが当を得たる説、何れが当を得ざる説ということを決定せらるる必要が有る。否尚一歩を進めて、いち早く当を得たる説を採用して之に由り、其他を排斥せられねばならぬのであります。処が其勇気が欠けて居らぬ人でも、之を実現することにかけては、秤の物の目を表す如く、敏活に其判断を発表し得る者の至って稀であるのは、全く平生からの準備が足らぬ為のように思われる。我々は是非ともその準備をして置かねばなりませぬ。

四

自分の観察も誤って居ないとは申されぬ。出来ることならばとくと諸君に批評をして貰いたいのですが、今日日本の対外関係はよほど悪い。数十年来尤もよくない時節のように思う。政府が気をもんで、成るたけ国内で発行する新聞には、色々の噂を書かせぬようにしますが、外字新聞さえ見れば、何でもかでも筒抜けにわかる。殊に上海天津などの新聞紙には、うそかも知れぬが国民として、うれしく無い評判が毎日のように出て居ます。一言で申せば、日本は多くの外国に於て悪く言われ、支那や露西亜《ロシア》の問題でも、其他の事件でも、何を言出しても一つとして行われたことが無い。言うことが無理なのか、説き方が拙なのか、兎に角に淋しい国際的孤立はもう実現し始めたのであります。例えば先頃の尼港《にこう》虐殺事件の如き、全国の青年が正義の為に血を涌かして居るような侵害をすら、一言に冷評しさって、日本の態度が誤って居たのだから、自業自得だと言った者さえあるのです。

処が此ほどはげしい国際上の不利な地位、ごく粗末に日々の新聞を読んで居ても、あたりの空気からでも少しずつは感ぜられる位の国の否運を、匿すだけでも悪いと思うのに、わざと誤って報ぜんとする人があります。例えば或地方では、与党の代議士が戻って来て演説をして、近来の外交は着々成功だと言い、或は不可抗力の外の事件は、皆うまく結末を告げるらしいと言い、或は米合衆国が近来殊に日本の移民を排斥するのは、普選即行の民論があまり過激だからだなどと言います。果して其通りでしょうかと聞かれて、返答に困ったことが何度もありました。

つまりは一種の演説中毒であると、私は思います。演説をする位の人は、皆先覚者だからと言うような考、耳は働かせて居ながら心は働かせず、自分たちの質朴を標準にして、あんな大きな強い声を出して、うそを言う筈が無いなどと、何でも信じようとする善良なる癖が、今や心術の正しからず、或は為にする所ある者の為に、附け込まれんとして居るのであります。故に政治生活を一新せんとするには、此際先ず大に各自が批評の風を養わねばならぬと考えます。

五

耳ばかりでは無く、目も亦そうであります。今の日本人ほど、プロパガンダのよくきく国民は、他に無いかも知れません。少しく新聞を弁護することになりますが、新聞は決して宣伝の手先となることを甘んずる者では無い。明かに宣伝とわかれば勿論最初から之を顧みませず、又あらゆる方面からの報道を比較して、一番正しいと認めたものを伝えることに力めます。而も少しでも早く又少しでも多く、報道を伝えたい為に、時々は巧なる宣伝に引かかることもあります。又其失敗が後にわかった時に、あれは実は乗ぜられたのであったとは言わず、知らぬ顔をして後を続けて居るのは、悪い痩我慢には相違ないが、そんな時でも、少し落ち付いて二三日の記事を見て行くと、所謂先入主となるような人で無い限、大抵は後になってハハアと合点が出来ます。のみならず疑わしい記事を用心して丸々掲載しないよりも、之を見る人に批評の力さえ段々養成せられてあるならば、却って宣伝の種類性質に由って、裏面の真相を看破し得るの便もあります。例えば新規な或事業の見込が盛に説立てられることは、此に必要なる資金が得にくいことを意味して居るのが普通です。何となれば資本家には、好い儲け口は成るたけ内証で、小人数でやってのけようとする心理が有るからであります。

以前我邦の新聞が、始めて電報を以て世界の通信を取ろうとした頃には、恐くは何人も之を計画はして居なかったことと思いますが、兎に角最近殊に大戦争以来は、西洋の諸国の国際宣伝は、誠に虚々実々の妙技を尽して居ます。之を読んで居ると、へたな小説などよりも遥に面白いのは、作者が同時に二人以上あって、何人も趣向の変化を自ら予測することが出来ぬからであります。日本の方でも此節漸く此文明の摸倣を始めたようですが、新入生だけにどうも不細工で、多くは何か事件が世に現れた後、其説明又は弁解見たような、誰が見ても出処の一目で知れるものばかりで、而も其練習のつもりか、時々は国内宣伝と称して、我々の気を引いて見たり迷わせて見たりするような、目的のある、単純で無い報道を流布する者がある。昔風な新聞の記事に、某大官談とか、某所着電などという類は、赤嘘であっても尻の持って行き処も無く、而も一時的には印象が強い。其他諸君の判断を、大に煩さねばならぬ記事が、毎日中々多く出るのであります。

其はけしからぬ、それでは困るで無いかと言う人があるかも知れぬ。又そう言って憤慨する人の盛に出ることを、自分としては望みます。而も盲信的に之を信ぜんとする者が世中に有る限りは、遺憾ながら此風習は、今後も猶進むことと思う。現に新聞には、何々派の機関と云うものがある。

堂々とそう名乗って居るのはまだ男らしい方で、名乗を揚げずして一党一派の走狗と為って居る者も随分ある。もっと甚しいのは一二の者が、表面はどこ迄も中立又は甲の味方と称しつつ、独り潜かに乙の派の為に助勢して居るのさえ有ります。自分の僅かな経験の中でも、記者にして金銭の為に動かされた実例が、曾ては些しばかり有りました。今はもうそんな奴は無い筈ですが、同じ一つの時事問題の批判でも、少数者の間の意見であるのを、多数の者が一致賛同して居るかの如く、見せかける位のことは、此からもやるであろうと思います。宣伝という語は、現に悪事とは認められて居りませぬ。嘘はつかぬ迄も、大に誇張し且つ競争者を排斥することを、大に宣伝をするつもりだなどと、当人が自ら謂うのです。宣伝を受ける者こそよい迷惑であります。

勿論責むべき者は手前勝手な彼等であります。併し彼等の方が悪い、悪いのは自分等で無いからと謂って、仕方が無いから騙されて置く、誤ったる判断に陥ってやろうなどと、そんな譲歩をする法は無いのです。右のような場合に、如何にして我々は自ら保護すべきか、如何にして独立自主の公生涯を完うすべきか。是につけても一日も早く、黙従黙聴のあまりに遠慮深い境涯を脱却したいと思います。そうして先ず大に脱却の手段を講じたいものと思います。

六

尤も自分などは、此までも常に読者側の利害を代表して、屢々所謂新聞の誤報に対して苦情を唱え、其関係者と此点を論議したことがありました。或時の如きは某有力者が、怒って斯う言ったこともあります。それでも君は新聞無用論を主張することは出来まいと。成るほど是は名言であった。世には一面の弊害の為に、制度其物を棄ててしまうことの出来ぬ物が随分と有る。而して新聞は其尤なる者の一つです。だから我々は、心有る人々の協力を以て、改良の策を立てて貫うことを望んで居るのであります。

爰に幸なることは、世中に新聞ほど輿論に対して弱いものは無いと云う一事です。或は内輪の秘密を洩すことになるかも知れませぬが、此は独り日本の新聞のみで無く、何れの国に在っても、新聞と云う物がそんな性質なのだから、言ってしまってもよいでしょう。数万数十万の大部数を発行する大新聞でありましても、常に五人七人の批評、それも智識経験から出た理由ある批評で無くとも、凡人の感覚に基く漠たる好き嫌いの如き説にも、至って忠実に耳を傾けるものであります。多いと謂っても高々五十通か三十通の読者の投書に由って、新聞の拵え方を変えるほど、批評には動かされ易いのです。

それと言うのが新聞事業の企業化の結果、微細なる人気の兆候をも、察知するに汲々として居るからではありますが、一方には又年来の経験から推して、かねがね読者の水準を見て居る故に、たまたま一万人に一人、二万人に一人の人の出す批評が、略々全体の読者の意向乃至は趣味を代表して居るものと、強く信ずるようになったのです。だから極めて内々の話ですが、此急処が我々に由って感づかれ利用せられ出したら、実は新聞は往生であります。至って容易に短時日に、読者の思うような新聞になる。此改良の如きは批評力の発達に由って、いくらでも外部から為し遂げられると信じます。

例えば前に申す無意識又は故意の宣伝に次いで、我々が平素読者として、又新聞の友人として不満を抱くのは、新聞に真の新しみの乏しいことである。国民の高尚なる生活を促進するような記事の豊かで無いことである。地方の事情の十分に中央に伝えられぬことである。一の地方と他の地方との間に、精神上の交通の欠けて居ることである。要するにもちっと変化の多い有益なる材料を増加して貰わぬと困ると言うと、之に対しては只何分紙面が狭いものだからと謂う。何の狭いことが有るものか、続き物の小説を毎日三つも載せ、講談などには五寸四方も有る木版の挿画を入れ、時々は又一面ぶっ通しの、足袋や歯磨粉や女の雑誌の広告なども出すのです。処が変な話で、講談などは間違いだらけの、歴史でも無ければ文芸でも無く、ちっとも新しいもので無く、日々見て行く必要は無く、若し又楽しみに少しずつ読みたいのなら、大きな「めくり暦」のような形に一年の始に印刷して、引掛けて置いてもよかりそうに思うのに、未だ曾て一遍も読者から、講談なんか止めてくれという葉書投書などを受取ったことが無いと、多くの関係者が明言して居るのであります。つまり何百万の読者が、申合せて此様な非現代的の現象を存続させて居るのです。

同じ様なことは他にも色々ありますが、つまりは世中の人が、賢明に批評して猶之を必要とするのでは無く、始から批評を断念して居る為に、改め得るものが改まらぬのです。広告なども素人の自分にはよくは分りませぬが、現在は大きいだけ人が多く買うそうで、全体ならば書籍の如きは教師学院と同じで、智識を求める方の人から、虫眼鏡を持って捜してもよいものなのを、是も亦宣伝に都合のよい今日の人心が利用せられて、無暗に広告を大きくせぬと名著で無いような感じを養成し、貧乏な購読者までが高い広告費を、あたま割りで分担せねばならぬようにしてしまいました。外国から来る新しい報道の如きも、大きな見出しを附けぬと大事件で無いように思う虞があって、矢鱈に場処を取るから沢山は出ず、而も議会で取組合いがあり蛇が投げられたなどと言えば、すぐに多くの電報をすてて馬鹿騒ぎの為に、我々の智識の筧《かけい》を断水させるのです。こんな風な微細なようで而も我々の日常生活に大関係のある、又此から世中の事を追々学ぼうとする人の為に必要なる改良が、単に我々の批判権の抛棄《ほうき》と云うことの為に、今尚実現すべくして実現をせぬのは、如何にも残念なことであります。

七

私が爰で新聞の例を引きましたのは、別に深い意味が有るので無く、単に只今念頭に此問題が有ったから、之を引合いに出した迄であります。此以外に於ても、諸君の判断がいとも容易に其効果を挙げて、着々と生活改良の目的を達しさせてくれる場合があります。例えば代議士の如きも、自分の観る所に依れば、元来輿論に対しては至って従順なるべき性質のものです。それを一部一階級一地方の人々が、僅かに自分の関係ある小さな手前勝手の註文、例えば鉄道を近くへ敷け、停車場を置かせろの、やれ学校を昇格させろの、郷社を県社にせよのと、おおやけでも無く国家的でも無い一時のはした仕事の為に働かせようとする為に、それを恩に着せてしまって、「だからえらくは無いけれども、今度も我輩を選挙すべき義理が有る」などと、言って来るようになる。殊にいつでも小さな地方問題の、双方から反対の希望が出て、取捨に迷うような地位に置く為に、結局右と左とから支柱をして貰った形になり、煮え切らぬ態度で居っても少しも恥かしいと思わぬようになるのです。

此選挙区などは慥《たし》かな代議士を出して居られるから問題では無いかも知れぬが、我々は常に国民として考えた時に、一つの問題に対しての正しい答は、右か左か兎に角にたった一つしか無いことを十分に認め、又彼等政治家をして之を認めしめた後、批判をするから君の意見を述べて見よと言うようになったら、真に自信ある正直な人が代議士として出で来り、少しでも心細い戸別訪問以上の能の無い者は、自然に引下ってしまうことと思います。此練習は普通選挙の来るよりずっと前に、是非とも予めして置く必要があります。或は仮に選挙権は当分諸君の或部分に得られずとも、我々の批評が正しく且つ確かならば、漠たる人気にすら動かされる程の弱い商売の政治家であるから、いつと無く自然に之に動かされずには居らぬことと考えます。

それもわざわざ議論を吹掛けて、試験をして見るにも及ばぬので、幸にして彼等は常にしゃべって居るから、第一に其賢愚、及び公明と邪佞《じゃねい》とはすぐに鏡に映ずる如く現れて来る。我々は単に言論と行動の是非優劣を弁別する能力を、出来る限り注意して具備して居ればよろしい。是には勿論智識の新しい供給が必要でありますが、諸君の態度さえ真率且つ熱心であるならば、之を供給する途は、今日の日本と雖決して乏しきを患いぬのである。

之を要するに我々の持つべき態度は、多くの修練を積まねばならぬような面倒なもので無い。即ち日本の青年の持ち前の美点、それを失わぬようにして居れば沢山なのであります。諸君は誰に頼まれなくても、十分に率直である。そうして智識を欲求して居る。只諸君の感情は美しいがよく走る。其感情に余分な物を載せて走らせてはならぬ。行掛りと云うものに拘束せられぬように、いつも感情の宮殿を掃き浄めて、来りて影を投ずる物を、鏡の如く映し出さねばならぬ。或は公平と云うことは老功の人で無いと期せられぬように言うが、それも誤であります。若き人には私が少ない。偏ったる物の観方をする必要が殆と無いのです。若し其判断を誤らすものが有りとすれば、それは智識の欠乏から来る過信と未信とであります。故にどうしても先ず智識を求めねばなりませぬ。此国の本来の面目、現在立って居る国際上の地位などは、之を明瞭に諸君に説明すべき任務を持つ者があるのです。彼等が其智識の供給を怠るような事があれば、我々は率先して之を責めようと考えて居ます。故に諸君の方でも亦、安閑として今日までの生活を続けられぬように願います。(大正九年十二月　福岡にて)

(『定本柳田國男集』第二九巻、雑纂I、一九六四年五月二五日、筑摩書房)

個性の教育に

女性が国をおもい、同胞国民の前途の幸福の為に、何か働く機会は無いかと考えるようになったこと、これなどが今度のなさけない大敗戦期の、大切な副産物の一つであるような気がする。もともと何にでも細かく心を配り、人の言うことをあだには聴き流さぬのが女の美点であることはかわらぬが、その代りには気が弱く動かされやすく、たとえば空論は無益だとでも一言いわれると、すぐに、はっと思って夢を打切り、大急ぎに自分の小さな身のまわりに引籠ってしまう。そういうことを三四回もくり返すうちに、忽ちにしてただの苦労性な年よりになって、自分を人生の全部のごとく、感ずるような人を多くするのである。一つには比較の方法、又は材料が豊かに与えられなかった為で、これからの教育こそは、必ずその弊をすくうであろうと思う。

愛国を犠牲と同じ意味に、説こうとした指導者は憎んでよい。我身も楽しみ悦びつつ、自然に一国を光明に導くような生き方は、女ならば徐々に考え出すことが出来るかもしれない。手近な一例を引けば丈夫な児、思慮ある青少年の数をふやして行くことが、民族再建の根本条件であることは知らぬ者は無い。配偶者の選択に用意が足りなかったら、良い家庭を作って生涯の設計を立てられぬこともわかり切っている。ところが、斯ういうわかり切った定理にも、むしろ平凡なるが為に異を立つる者があり、それが真似られたり流行したりしたらどうだろう。私はしみじみと、文学がローマンスであった時代を羨まずにはいられない。

真似も平凡の後を追っかけている間は、まだ弊害が少ないだけでもよかった。この節は、ひねった新らしい走りに、飛び付こうとするからたまらない。原因は今も判断の教育が行われず、ただ指導者を無やみに小粒にすることを以て、民主だと心得ている者が多いからであろう。そういう中でも、女はまだ少しばかり真似に臆病であり、歌とか俳句とかいう類の真似やすい文学にも、そうどやどやとは入って行かない。自分の物だとなると、髪の毛などは可なり粗末にするようだが、大体の行動には必ずしも軽挙はしていない。彼女たちのとつおいつこそは、判断力の素地であり、同時にまた批判の機会である。一番最初に学ばせたいものは歴史、ことに島国の集団生活が、いわゆる大勢順応主義の巣であって、最近その為にあきらめ切れないほどの、大きな失敗をしてしまったという事実である。

（『婦人公論』第三七巻第九号、講和後の日本、一九五一年九月一日、中央公論社）

第四章　いかに選挙民をそだてるか

——柳田國男の社会科教育

日本人の教育に社会科は必要である

一　今日の社会科論

日本と幾つかの国の間に講和条約が結ばれてから、占領政策に伴ないろいろの事態に対して、厳しい批判が提出されるようになった。それは、いろいろな方面にわたっているけれども、教育に関しては、特にその再吟味が要求されている。しかも、ひとり教育界のみならず、一般世間でやかましい問題となって検討が進められつつある。中には新しい教育体制の全般について、その改造を要求する声も聞えるが、さしあたり教科の問題として社会科などは、絶えず俎上に載せられて、あるいはこれはアメリカの占領政策に伴なう、まったくの押しつけによる産物であるとして、否定し去ろうとする者があり、あるいは、実際に社会科を数年試みた結果が、一般世人の眼より見て十分にその教育効果を挙げていないと見るが故に、これに対して非常に懐疑的な言説を吐く者もいる。いわゆる逆コースの風潮につられて、社会科に対する否定論ないし懐疑論がいよいよ濃厚になっていくかのようにみえる。しかし、今の社会科のあり方がどんなにいろいろの問題をもっているにしても、その理念までも全く抹殺せられて、はたしてよいものであるか否かは、たいへんな問題である。

われわれが戦後新しく教育を立て直す方途をいろいろとまさぐっていた間に、アメリカのソーシャル・スタディズ、今日訳されていわゆる「社会科」となっているものを知ったとき、一応これが日本の前途の発展にとって、意義のある教育であることを感じとって、その内容を研究しようとしたことは、まぎれもない事実である．あのときわれわれは、なるほどこれだという感じを、確かにもったはずである。ただその内容は、「社会科」という表面的な言葉で、われわれがとっさに描いたものとは大分開きがあったけれども、要するに子供たちに「世間」に関しての認識を深めさせ、「世間」はどんな構造をもち、どのように個人々々に対して働きかけているか、「世間」のよって来るところはどういうところにあるか、あるいはその「世間」に身を処していくにはどういう態度をとったらよいか、というようなことを勉強させるものとしてうけとった。言いかえれば公共社会人としての訓練をしようとする狙いをもつものとうけとった。それで社会科は、日本の教育界にまさに正しい方向を示唆するものであると、非常な好感をもってうけとったのであった。だから、まったくの押しつけとして何もかも甘んじて受けて、不承々々にこれを実験的に試みてきたという類いのものではない。

現在の社会科に対するさまざまの厳しい論難は、純粋に教育のためを考え、日本の子供の将来を憂えての論としてよりも、多分に政治性をもつようである。日本の独立を確保し、アメリカの植民地化から脱却する手段としての戦後色払拭という意図から、すべて一括して否定し、その中で社会科をも葬り去ろうとする傾向がないでもない。われわれはそういう政治的な一種のたくらみとは別に、素直に昭和二十年八月十五日直後のわれわれの感慨に立ち戻って、あのときに何がこのような悲惨な事態をもたらしたかを、お互いに真剣に考え合ったことを思い起すべきである。日本人が戦争をしでかして、それに敗れたことについて、あるいは科学教育の欠如がそれをもたらしたと言った者もあり、あるいは物力の不足に由るとした者もある。あるいはまた、日本人がほんとうの愛国心をもっていなかった、あったものは縦の人間関係の間での忠君を軸とした愛国心であって、民族、同胞全体が横につながりあって、真に責任をもち合う意味での民族同胞愛風な愛国心ではなかった、従って、統制経済の中において国民が何をしていたかといえば、自分さえよければ、あるいは自分の家の者さえよければ、またあるいは自分の世話になっている、恩恵をこうむっている人さえよければという態度で、一般の民族、大衆の協調、協力をもってする責任感は十分に培われず、日本人がそういう意味での愛国心を自分の身につけていなかったことが、敗戦を導いたのではないかと言った者もいる。

科学教育のことは別問題として、あとの点は今でも重大な意味をもっている。物力の不足については、物力を増大させるような基盤条件を考うべきであり、もちろん物自体の問題ではなしに、生産をたかめる意欲をさかんにし、しくみをととのえる社会の問題である。第三の点について思うに、観念的には、日本人は非常に愛国的な人間であるといわれ、何となくそういうつもりになっているけれども、内実、たとえば英国人の愛国心などと比べてみるとどうであろうか。家族的な利己主義という点で、さきに挙げた望ましい民族同胞愛としての愛国の情が制約されているようなことはないであろうか。家族的利己主義が増長されれば、親分子分の関係にある者が、その人情にしばられて結束し、排他的になってしまうであろうし、要するに、上下の人間関係の間でまとまりが強くなって、横に拡がっていかなくなってしまうのである。天皇に対する忠義、上長に対する絶対服従ということを通してのみの愛国心が燃えていたのは、そうした家族的利己主義の拡充されたものであるとさえいえるのではないだろうか。そうしたことが、結局公共社会人としての個人々々の訓練を十分にさせてこなかった理由でもあるし、明治の半ば以来立憲政治が行われてきていたにもかかわらず、ほんとうに正しい、各人の公明な判断に基づく選挙は行われずに、自分の世話になっている人、恩恵をこうむっている人の勧誘、あるいは要求があれば、それに応じて候補者の中から投票すべき人間をきめてしまい、自分個人の判断で決定しないというようなことがあって、十分吟味して自信をもって、りっぱに選挙権を行使していたとはいえないのである。

このような明治以来の日本人について、少くともわれわれは、格別今日になって初めて反省したのではなく、大分以前から感じてきたのであって、幾たびか物に書いたこともある。戦後の事態に直面して、今後の国民教育は公共社会人として個人が責任を全うするような正しい人間を育成することに主眼を置きたいと思ったのも、前からのそのような考え方に基づいてのことであった。

そこへ現われたのがソーシャル・スタディズであったわけである。そこでまずわれわれは、かの地（アメリカ）での内容の詮索をする前に、これこそわれわれの、日本人の将来の社会を発展させる、意味のある教育になるのではないかという確信をもったのであった。格別アメリカ的な内容の社会科を移植するほどまでに、それを尊重したわけではないが、日本人としてあのときにほしいと思った教育を、社会科という理念のもとにまとめていくならば、成功するかもしれないと思ったのである。

その後の社会科の実際は、いろいろの批判が寄せられている通り、必ずしもわれわれが意図した通りには進んできていない。それには占領という制約が確かに大きく働いていたこととは思う。しかし良心的な教師が、占領下にあってもなお、とにかくこれを日本的なものとして積極的に改造し、社会科を進歩させていこうと努力してきたことは確かである。そのような最初の意図とか、その後の多くの努力を全然無視して、今日これがアメリカ的なものであるからといって、一概に否定し去ろうというのは、この数年間をただいたずらに過したことにしてしまうばかりでなく、あの戦争が、われわれに何ものをもプラスしなかったことにさえなってしまうのではなかろうか。

二　日本における旧教育

明治の学制頒布以来、国民教育の方式が確立されて、数的にみれば日本ほど義務教育が徹底した所はないというほどにまでなった。なるほど文字を読めない、簡単な数がかぞえられない人間は乏しいものになってきている。けれどもそのような学校教育は、子供たちがおとなになったとき、彼らを社会的に有能な人間とさせることに、どれだけ貢献できたであろうか。

初めのうち村の年寄りたちは、子供を学校にやることに大きな疑いをもっていた。子供を学校にやったところで、怠け者がたくさんできるだけではないのだろうか。自分の家の仕事、自分の村の仕事にとって有能な人間が、はたしてできるのかどうかについて、大きな不信の念をもっていた。「学校にやっていてはよい百姓はできぬ」などともいわれた。

もちろん一方には、「学校に行けば行っただけのことはある、行かないものよりも、同じ百姓になるにしてもましだ」という考え方も行われた。しかし初めはそういう見方は弱かった。ところが次第に社会圏がひろめられ、村人が村に生まれて死ぬまで、終生村以外に出ないというようなことがなくなり、中央とか都会に進出して、いわゆる立身出世で一かど名をなすようなものが出たり、兵隊に出たりして、相応に新知識を伝えてくると、学校に通うことも結構なものだ、出世のいとぐちだとか、学問をしておかぬと世間のつきあいができぬとか思うようになってきた。村の年寄りは、かなりそろばんずくで就学の意義を認めた。

けれども、そうした打算がゆき詰るときがきた。村々に深刻な不況時代がきたからである。都市での就職もすこぶる困難になってきた。学校に長く通うことの経済的困難、卒業はしたけれども、村人としても役立たず、なお徒食をつづけねばならぬ不安が濃厚になってきた。あげくの果て、罪は学校教育のもつ非現実性に帰せられた。じっさい、村々の自力更生が絶叫されても、その能力は、学校卒業者であるものと、そうでない老人との間に差がないばかりでなく、むしろ前者は劣ってみえるほどであったからである。

つまり家庭経済上、学校教育を受けさせることに無理があったのに、せっかく学校へやって卒業させてみても、その間にかけた経費が、卒業後、自分の家庭なり地域に還元されてこないようにみえた。そのような人間しかつくれない学校教育への不信の情が濃くなっていたようである。今でも、ごく僻地に行くと、学校は二義的なものであって、たとい義務教育期間の学齢にある子供であっても、家庭が忙しくないときにだけ学校に通わせようという態度をとっている所がある。だから、以前には、確かにまだ相当各村々にこの傾向が強かったのである。それを国家主義が支配的になるにつれて、村の役人の勧誘とか、教師の勧誘によって、強引に学校に籍を置かせるようにして、表面上は一貫した教育体系の中に、すべての子供たちをぶち込んできた。そこで籍の上では、一応みな就学児童生徒であったかもしれないけれども、その裏には久しい間、地方人の学校に対する懐疑、また学校教育よりは家庭での生産技能を、という態度が流れていた。

そこには、一般人が近代国家における義務教育についての理解をもっていなかったためとばかりは片づけられない大きな理由がある。それは、教育そのものが非常に非現実的なものだったことである。今までの教育の内容は、文字の教育に力を入れすぎていた。また、あまりに概念的、観念的であって、子供たちが立脚している地域の実生活、あるいは自分の家庭での日常生活にぴったりと即した内容を感じとることができなかった。それ故にこそ、学校では意味のない教育をやっているものだという非難が、父兄の間からも出てきたわけである。

たとえば文字の教育にあまりに重点を置きすぎ、話し方の訓練を無視したところから、人間社会として欠くべからざる文化要素である言語などが、いったい地方的にはどう違い、どう変ってきたかというようなことについて、一向に教えることなく過ぎてきてしまった。教えたことといえば、早く東京の言葉になじませようという統制的な言語教育で、それは標準語普及という運動によって、強引に促されていった。そのことがまた地方人に対して、学校というところは、結局迂遠なことを扱っているにすぎないのだ、という感じを抱かせることになった。

そうした画一主義が、いろいろな学校教育の中に一貫しておったから、その学習内容がいつまでも生活から遊離したものになって、毎日ここでどうしたらよいのかというような具体的な問題をもとうとすると、それにはさっぱり答えられないような教育であったわけである。従って、いかに自主的にものを考えろといわれたにしても、しっかりした足場をもたず、頭のてっぺんにがむしゃらに植えつけられていくだけのものであったから、自分自身がここにおいてどういう態度をとったらよいか、などと考えていくことのできない憾《うら》みがあった。

明治以後のいわゆる立身出世主義の一般の風潮に伴なって、その学校教育の目指したものは、とにかく都会に出て、めざましい働きをすることができるようにすることであったから、相手にされるのは、少数の優秀な生徒に傾きがちであった。中以下の子供はほとんど無視されて、めざましい働きをする子供だけが、先生の眼中に入れられるという弊害もあった。さらに子供にできないことを課して、強いてそれに到達させるよう鞭撻《べんたつ》したのである。だから、子供がすでにできることをよくわからせること、あるいはできることをやり遂げさせる態度にはなっていなかった。

一方、いわゆる識者の間において、そういう教育ではなく、もっと一般人的な、だれにでも会得できる教育をしろとか、ほんとうに家とか村の役に立つ人間になれる教育をしろというような意見が起っていたが、それは非常に実利主義的な、あまりにも現実的、経験的な議論であるといわれて、排撃される傾向さえあった。せいぜい試みられたものは、教科を綜合的にする合科教育、あるいはほんとうに村の全体をあげて学校教育に集中する全村教育、あるいは生活学校、また労働ないし技術に教育の重心を置く労作教育などであったが、それらも、全国的な立ち上りではなく、ばらばらに各地域々々で、思いつき的に行われてきた憾みがある。従って、根強い力としては育たずに、線香花火のように大正時代の教育界をにぎわしたにすぎなかった。かつ、教育を社会化する、あるいは実生活化する狙いがあっても、生活そのものの実体、あるいは社会そのものの実体を究めて、その把握の上に立って教育を吟味するのではなく、抽象的に受取られた生活であり、社会であったために、それが十分に成功しなかったといってもよいであろう。生活学校といっても、その生活は学校で仕組まれたある特殊な生活であるとさえいえたのではあるまいか。

明治以来の教育が、実生活的に意味のある効果を発揮できず、実生活化を試みようとしたものも不十分であったということから表われてきたものが、これを国民精神作興の教育にしようとする意図であった。教育は単なる知識人をつくるものではなく、実践人をつくり出すために行われるべきだという意欲が流れてきたのを巧みにとらえて、それを国民的な実践人とし、これまた一層観念的な団体精神を培養し、強調するという一線で、あらゆる教科をしぼり上げていこうとする教育であった。いわゆる戦争時代の国民学校的な教育がそれである。これによって主知主義の教育に対する疑惑、反省をごまかし、景気のよい主意主義の教育を行うことになったのである。

こうみると、日本に近代的な教育制度が施かれてからも、実はまだほんとうに足が地についた教育を果してきていないことがわかる。このこともまた、この戦争をがむしゃらに引き起させた理由であり、かつまたそれに敗れてしまった一つの原因に違いない。

このような日本の近代教育を一貫してきた「世間ばなれ」の弊害を最もよく矯め直す意義をもつ教科は、われわれが今受取り直して再建したいと思っている社会科をおいて、ほかにないと思う。そして、この社会科こそ、優秀な子供を相手にするのではなく、十人並みの人間をつくることと、一人前の選挙民をつくることを標榜できる最も好適な「世間」教育の教科ではないかと思っている。従って、そこからでき上ってくる人間は、きわめて平凡な、せいぜい手紙がよく書け、新聞を理解し、世間の動きを判断していける人間であり、あるいは家にあり、村にあって、用足しがよくでき、仕事がよくできる人間であるにすぎないといわれるかもしれないが、そのようなことさえできない子供——一応なまいきな口をきくけれども、実際に毎日々の生活ぶりを見ると、そのようなことさえしっかりとできない人間がいるのであって、これを新しい人間像として、そこに教育目標を置くことは、決してむだではないようである。ことに、義務教育を終了するまでに、新聞を批判的に読める素地をつくっておくことは、非常に大事なことである。他人に頼らず、自分の力で世間の動向を判断できるようになれば、その人はもう一人前の選挙民として信頼できる者だといってよいわけであるが、その点に関して、これまでの教育はほとんど顧慮していなかったのではなかろうか。

いかに制度が立憲政治から普通選挙と進んできても、また戦後、婦人に男子と同様の権利が与えられ、選挙権を行使できるようになったとしても、ほんとうに選挙を正しくりっぱに行なっている者は、きわめて少ないということからみても、社会科をその育成の方向に向って、健全に発達せしめなければならないといえると思う。

（『社会科教育法』柳田國男・和歌森太郎、一九五三年六月一日、実業之日本社）

柳田國男先生をめぐる座談会

——社会科——
——要項の報告——

主催　成城教育研究所

○

日本国民俗学研究の先駆者である柳田國男先生を囲んで、現代学校教育の中心的教科をなす社会科について先生の御意見をうけたまわることの出来たのは、われわれ研究所員にとって幸せの限りであった。この喜びを読者のみなさまに伝えようと、出版部では「社会科の新構想」と題し単行本の計画中であるが、それが出来るまで一日も早くその二、三だけでも、とりあえず報告することが私どもの義務と考える次第です。

○

まず、問題になったのは「社会科」という言葉についてであった。

先生は、それについて、

「アメリカでは、お母さんの使う言葉も、学問上使う言葉も同じだから都合がよい。日本では、まるで家庭に通用しない言葉を使うのでこまる。社会科などといっても、聴き手がまるで新らしいもののような感じを持ちはしないか。それを叩きこわさなければいけない。社会科とは『世の中』といっていることと同じだということを力説しなければならぬ。」

「社会というと何か別物のように見られたり、考えられてはこまる。気持は『世渡り』とか『世の中の道』とかいったような口言葉にも結びつけて、始終考えるというようにすべきだ――」とおっしゃられた。

社会科を、どうして教えようか、だれかうまいプランを作ってくれないか、などということばかりに、頭を悩ましていた私どもにとって、全く手厳しい教訓であった。社会科は「世の中の道」を学ぶのであるというなら、他力本願によらずとも、今の私どもにだって直ちにできそうな気がする。子供とともにやって行こうとする勇気も出てくる。ソシアルスタディの訳である社会科なんだといわれると、何んとなしにおじ気が付いてしまう。

「社会」という時間割を発表したら「先生、社会ってなあに、」と聞かれてこまったという話なども出て、この問題については、つきるところを知らぬというにぎやかさだった。

○

先生は、歴史教育に最も大切なことは「史心」を養うことではないかとおっしゃられた。――これまでの歴史教育者がとった要項にかいてある事柄だけ覚えるとよいという要項主義の教育は、一日も早くやめなければならぬ――という。

社会科の教育にあたる者は、先生の提唱されるこの「史心」を心とし、世の中の事実や要点のみを教え込もうとすることを、避けなければならぬと思う。

○

「年中行事・地方行事については、どう考えたらよいでしょうか。ことに地方ではこのことが問題になる場合が多いと思うのですが。社会科では、これをどういうふうに見て、どういうふうに取入れていったらよいだろうか。」

という私どもの質問にたいして、先生は、

「楽しむという気持を認めてやったらどうでしょう。たとえばお正月とか、お盆だとかいうものは、子供たちが楽しむのですから、自然に任せておいたらどうでしょうか……」

と答えられ、また、

「この年中行事といったようなものは、社会科の題材として、どの程度に重要視してよいでしょうか。」

の疑問には、

「そんなに、重要視するには及ばないと思う。重要視というより、むしろそれを取扱うなら、年寄りの気持のわかるような、それに対して好奇心のもてるような時代がきてから――女の子なら五年とか、男の子なら六年とかいう時代になってから、教育する方がいいのではないかと思います。説く時代を遅くしたらどうでしょうか。とても、二、三年生ぐらいの子供には、説明はつかないでしょう。」

と。

現今、日本で行事重視の社会科教育プランを立てている人々が、多いということをききます。

この人達は、行事ということを全国の人々に理解させるようにした元祖ともいうべき柳田先生のこのお言葉を、あわてずにゆっくりと、かみしめて見ることが必要でなかろうか。

○

「われわれは、あまりに事実を知らなさ過ぎる。事実は、探せば得られるものである。先輩にきけば教えてくれる。字引にもある。百科辞典にもあるということから、教えてやらねばならぬ。学校で、歴史や地理を二、三年やったから、一通りのことはわかったという気持をもたせることは、注意する必要があると思う。今犬ぞりの問題が出たから話をするが、それは知らせるのに骨が折れるでしょう。しかし好奇心をひき起して、知らない事実を教えるということに力を入れてやらねばならぬ。私の『火の昔』という本は、それを注意しながらかいたのだが、若い人たちには、昔のおかみさんに対する同情が足りないと思うものだから、昔のおかみさんはこれほど苦労をしているということを、つい言ってしまっている。それではいけない。」

このことは事実を重視せよとの教えであって、「かく心得べし」「かく解すべし」と、いいたがる旧来の修身科・公民科の先生たちはもちろんのこと、社会科の教科書や参考書をつくろうとする人たちの再考を要することと思う。

○

社会科学習については、

「質問を重んじなければならぬ。」

「これまでのような心得おくべし、これだけは知っておくべし、といった指導態度を捨てて、自発的な知識を培養しなければならぬ。」

「それには、七、八才の子供が両親に向かって——それは何々、どうして——という如き、腹を割った質問ができるように、仕向けなければならぬであろう。」

との御意見であった。

この御意見は、われわれにとって重大な問題であるので、どうすればよいか、ということになった。一番大切なことは、指導者の態度だろうということになった。しからば、先生はどんな態度をとったらよいのだろうか。これは、われわれ実際家に課された命題であり、一日も早く解決の鍵を探さねばならぬということになった。

この腹を割った質問を中心に、話合い、調査し合っていくところに、社会科学習の本道が、あるのだろうということになった。

このとき要心しなければならぬことは、奇抜な質問ということである。これは、デスカッションなどでも陥るこまった問題で、それを防ぐには環境の整理（教科書やいろいろな教具類）もさることながら、先生の「手心」が何んといっても一番ものをいうだろうということになった。滋養になる成長に役立つ質問、価値ある質問を出すようにしなければならぬ。

○

農村の社会科については、文部省案のあのままでは、実行が難しいだろうという。あれを参考に、地域別に十分なプランを作成する必要がなかろうか。

それが実施には、衣食住に関するもの・生活様式や、生産機構・村の組織などについても調査し、その資料を、各学校で持っていることも必要であるが、子供と共に調査して行く力――調査方法をわれわれが身につけておくことが、それよりも大切なことでなかろうか。

そのためには、柳田先生がこれまで長い間かかって育てあげた「民間伝承の会」の調査方法こそ、社会科の発展にとり、大きな役割をもつといわねばならぬという意見も出たのであった。

○

この座談会は、座談会とは名ばかりで、まったく柳田先生から社会科についての御意見を伺う会に終ったのであった。われわれは、もっともっと勉強しなければならぬと思った。四月九日、十六日の二日間にわたって貴重な時間を、おさきになられわれわれにこれまでの御体験をもとに御話をして下さったことは、所員一同感謝にたえないのです。

それにもまして感激にたえないことは、先生の革新的なお考えからくるわれわれへの素直な御忠告であった。

「私どもに許された範囲において、むしろこの際、変えないでいいものまで変えて新規なやり方でいく。日本のこれからの教育史においてもこれより大きいエポックはないのですから、この機会に思切ってやってみたらよくはないかと思う。それで今君たちのお話を伺ってみると、私の印象では変えずに進めるものならせっかくここまで継続してきたのであるから、今までのやり方を進めていこうという気持が、おありになるように感ずるのですが、諸君の方でも、一つそれを検討されたらどうでしょうか。

私は、実は先生の予期するような答を生徒がする。あれをやめたいと思うのです――たとえば、何に好奇心を持っているかということを考える。遊戯をしながらルールをすぐ覚えてしまうという、あの吸収力というか、収容力というか、あれを、もう一段と強よくするような方面に、力を入れていただきたいのです。」

この先生の革新的な御意見を、心の奥深く刻み込んで、先生のお邸を三十名に近かい所員が出たのは、第二回目の座談会が終った四月十六日の夕暮近くであった。（文責・きくち）

（『教育改造』第一〇号、社会科のページ、一九四七年九月二〇日、成城教育研究所）

社会科教育と民間伝承

終戦後新たに民間伝承の会に参加して下すった遠方の諸君に対し、会の成立ちと是から先の計画とを、とくと御話する折がまだ有りませんでした。今度はもっと働いて見ようという若手も大分ふえて、自然に編輯ぶりが少しは変るかも知れない上に、ちょうど会の事務所の移転などをしました為、もしか内部に動揺でもあるかの如く、誤解されてはつまらぬ話と存じ、言わば是を好い機会として、少しばかり古顔連の気焔《きえん》を揚げて置こうかと思うのであります。

一言で申しますれば、普通世間なみの古顔と、聊か我々は古顔性を異にして居るのであります。昭和十年の七月、始めて民間伝承の会というものが結成を企てた際には、是があいった時世に大手を振って、活きて行けるだろうかを危ぶむ者が、仲間のうちにさえ有りました。果して我々は大いに辛苦し、労力の報いられないのは覚悟の前でしたけれども、其上になお色々の遠慮をさせられて、思った半分も仕事が出来ませんでした。僅か五年七年の動乱時代を通って来れば、是ほどにも以前の生活ぶりが、不明に帰するものだということを知って居たら、無理をしてなりとももう少し、各方面の記録を豊かにして置くべきだったのですが、それを今悔んで見たところで何にもなりません。ともかくもこの十何年間の、会の同志の力によって、人が気づかずに居たことが是だけは公けの知識となり、消えて跡形も無くなって行く患いを免れ、将来大いに起るべき研究の、資料となることが出来たのであります。文化再建の急が叫ばれて居る今日、是がどの程度にまで有用であるかということを、立証するのは計画者の任務であり、同時に又権利でもあります。年を取ったという位の平凡な理由を以て、休養を許されるような時期ではありません。

以前我邦にはさまざまの投書雑誌が出て、繁昌した時代もありましたが、それと『民間伝承』との全く類を異にするのは、こちらには共同の目標があり、競争の代りに互いの援助があるというのが一つの点でありました。編輯者は終始最も熱心なる読者であったと同時に、多くの読者は亦それぞれの興味の中から、いつと無し一つの学問の進路を見つけ出し、趣味や道楽の間に低徊することが出来なくなるのであります。我々が何よりも重視していたのは、事実の正確ということでありましたが、それは全国の隅々に於て、多分は自分の土地ばかりと思っていた慣行俗伝の、遠く飛び離れた一致又は類似を、発見する悦びによって、段々と望みやすくなります。人間のすることには必ず動機が有る。一見無意味に見えるのは、寧ろ我々のまだ知らぬ何物かが、隠れ埋もれて其背後に在るのだと心づきますと、若い人たちの知識欲は、急にかき立てられて来るのであります。古人先輩の明白に過ぎたる解説でも、当時まだ省みられなかった幾つかの事実があることに心付きますと、そう安々とは服従することが出来なくなって来ます。そういう未知の事実につき合せて見ることが、より正しいものに進み近づく、最も安全な路だと私たちは信じていたのであります。

民間伝承の会では、今まで何人も問題にしなかったものを問題とし、又は通説の既に動かぬものと認められていることを、改めて今一度考えて見ようとする気風が自然と起りました。是は全く国内の同志の、新たに確実に知り得たことが、数を加えて来た結果でありまして、是にもそんな小さな問題を、彼是いうべき時節かなどと、非難がましいことを言う者はありましたが、小さくさえあれば出たらめを答えてもよいように、思っているというのが第一いけないので、我々の方では構いつけずに居りました。それのみならず今になって考えますと、問題は決して小さくはなかったのであります。疑問がある限りは、答えを得ようとする願いが必ず伴ないます。現在はまだ決して最終の解決とは言えないまでも、少なくとも今は斯うより他は考えられないという程度に、明かになっている問題も幾つかあるのです。斯ういうことは他日諸君の手で、詳しく拾い上げられる日が来ると思いますが、さし当り私などの知っているだけでも、この会の力によって先ず問題の価値を認め、更に少しずつその解決に向って進んで行こうとしているものが幾つかあって、是等はよその国の書物には書いてないばかりか、知ったら彼方の学者にも、ただ聴流しには出来ないものばかりであります。

それを話の種に二つ三つ挙げて見ますと、たとえば我々の仮に同齢感覚と名づけているもの、同い年の人の死を耳にすると非常に戒慎し、何とかして二人を繋ぐ無形の紐のようなものを断ち切ろうとして、さまざまのまじないわざをする。其方法が主として食物に依り、又周囲の多数者の助勢を必要としました。耳の効果を打消すことに力を入れますので、耳ふたぎという名が尤も弘く行われていますが、年たがえという名もよく通じ、又中世の記録にもあります。つまりは同齢者の間のみに、何か古くよりの連帯があった痕跡が、偶然にこの区域にだけ全国的に残っていたのです。新らしい社会に於て、是からも一つの課題となるにちがいないドシ又は友だちという一つの組織には、日本は又日本だけの沿革があったのみならず、それが或程度に今も約束の力をもっています。形を軍隊や組合のようなものにかえる以前、村でも或年齢の幅を認めて、統御の力の中心を作り出そうとしていましたが、それは改造であって、本来は一年毎の群であった点が、下級の生物ともよく似ていたことは、我々の間でならば、まだ若干の証拠資料が集められます。家という群がもし本とうに崩れてしまうものならば、其代りとなって再び出現するものは、どんな群であろうかと考えるときに、最初に注意すべきものはこの同齢感覚であるかもしれません。それをともかくも我々の会が、ほぼ全国的に跡づけているのであります。

　次になお一つ、是も仲間の術語のようにして、仮に我々が両墓制と呼んで居りますもの、是は日本数十万の部落を、土著の時期によって大体に二つに分け、古い方の半分にしか是は行われて居らず、それも追々に滅び去ろうとして居ります。それは死人を送った野辺を出来る限り早く見棄てて、別に便宜の地に永遠の祭場を設けようとするもので、現在は多くは石塔を立てますが、石工の進まぬ前はただの林地であり、又は樹であり、岩であり、もう一つ以前は家の周囲であったとも考えられますから、両墓制の名は或は当らぬということになるかもしれません。大昔の埃及は有名でありますが、近隣の中華民国でも、極度に遺骸を大切にして居りまするに反して、こちらは又霊と朽ち行くものとの分離に熱心であって、至って短い期間しか後のものの保護を努めなかったのです。火葬の普及ということを仏教の信仰に帰するのは、中古以前に於ても誤りだったということが、段々に判って来るかと思います。人が多くなり原野が狭くなって来ますと、旧来の処理方法は乱雑で、到底持続し難かったのであります。大陸の文化の影響が早く上流を動かし、それが段々と一般に及んだのは自然でありました。しかも今日も可なり広い地域に亘って、まだ昔のままの葬法を、ほんの僅かずつの改定を以て踏襲しているのであります。忌わしい問題ではありますが、是は民俗学の為には働き甲斐のある未開地であります。この土地毎の習俗の差異は、可なり微細に階段付けて、その変化の過程が立証し得られ、引いては同じ方法を更に他の題目にも適用し得られます上に、是が又神道の人々は勿論、是のみを職業にしていた民間仏教の僧たちにも、まだちっとも説明の出来ないことばかり多く、しかも将来に向っては此ままにしては置けない社会の一大案件となっているからであります。

今一つ、比較的小さいように見える問題で、やはり凶事に関係した願《がん》もどきという風習、是も『民間伝承』で始めて取上げられました。人が亡くなったすぐ後に、生前に掛けていた願を取消すといったような心持で、或は扇の要をはずしたものを屋根の上に投げ揚げたり、又はその死人の衣を逆さにして振ったり、その他種々のかわった行事をする。是も注意をし始めますと全国どこの地方にもあります。土地では又他処との一致を知らずに、いわゆる無意味な仕来りと思って軽蔑し、ただ気にかける人がまだいる故に罷めてしまうことが出来ずに居るのであります。どうして此様なかわった行事が始まったかに就ては、色々の説があってまだ一定しませんが、是を怠ると死んだ者が非常に苦しむと、そちこちで言い伝えて居るのを聴きまして、私は一つの想像説を立ててました。是は仏教に死後の霊魂を託するようになって、その説くところが、今までの信仰と明かに両立しないことが判り、寧ろ後に生き残った者が苦しみ始めたのであります。仏教の浄土は途方も無く遠い処に在りました。之に反して我々の祖霊は、高山の頂にいおりして麓の里を見おろし、毎年季節を定めてもとの家を訪れて来るものと、考えられていたのであります。二つの教条は相容れぬものであったに拘らず、なお最後まで神仏を共に信じている者が、一人一人としては多かったので、結局は葬事を管理していた者の指導が打克ち、こんな方式を以て他の一方の関係を、断ち切らしめようとしたのではないかと思います。日本人のいわゆる宗教情操は、この一点に関する限り、甚だしく茫漠として居ります。口や筆で言うことと、心の奥底で感じていることとは、いつでも少しずつの喰いちがいがありました。そうして民俗学の新たに知ろうとするのは、申すまでも無く内に潜んで表わされない事実で、言葉や文字の方ではないのであります。仮に私の推定はまだ確実でないとしても、斯ういう方面からでないと、このむつかしい問題に近づいて行くことは出来ませぬ。それ故に又是も決して小さな発見とはいうことが出来ぬのであります。

この会の諸君のような共同の観察、又連絡ある採集を続けて居たならば、未来の学界に提供せらるべき興味ある問題は、まだ続々と現われて来た筈でありますが、これが出来なかったのは一つには時世の牽制、又一つには日本人が、素朴に物を訝かる子供のような向学心を、もう久しく失ってしまって、何でもかでも先進の説く所を、呑込み記憶するのを詮要としていた為だと思います。今度は愈々世の中が新らしくなりました。是を境として少なくとも我々の仲間のみは、前人の足蹤に追随せず、久しく打棄ててあった学問の曠野《こうや》に、踏み出して行こうという壮快なる決意に、若手は固より、創業以来の古つわもの迄が、皆一致しているのであります。それには僅かながらもこの十何年かの収穫が、我々を勇気づけてくれるのでありますが、一方には又新らしい社会の要求、殊に普通教育方針の根柢からの立て直しが、じっとしては居られない程の強烈な刺戟となって来たのであります。

社会科教育の原理は、どの様にもむつかしく説き立てることが出来ましょうが、ともかくも始めて人の世にぱっちりと眼を開いた者に、退屈させるような話をしてよいという理由は有り得ません。試験に引掛けなければ記憶もしないような知識を詰めこんでそれが何になりましょう。そうして又彼等くらい経験の浅い者が、自ら知ろうとする問にも答えられぬようだったら、我々の学問などは大よそ無用なものです。彼等を完全な世の中の人に、育て上げるということが空論で無いならば、我々はまずこの最初の関門に立って、自己検討というものをしなければならなかったのであります。勿論問い方が幼なくたどたどしく、それを正しく言いかえさせて、やっと答の与えられる場合もありましょう。或はそういう事はもっと大きくなってからでないと、話して聴かせても判らぬから後まわしと、言わなければならぬ場合もまま有るでしょう。しかし大きい人がよく知っていて、今はまだ答えられないのだという時と、知らないものだからああ言って遁げるのだというのとは、子供は敏感でよく見分けます。それが我々にとっては、何よりも怖ろしい一つの関門で、社会科教育の新設が、図らずもこの隠されていた今までの弱味を、警告した結果にもなるのであります。

同じ文化科学というものの中でも、種類によってはごく少数の、天分ある者だけに伝授して置いて、それでもうよろしいというものが今でもあります。しかしかりそめにも人生の常なるものを、明かにしようという学問に、こんな限定があってはたまりません。愛する子たちの心からなる疑惑に対してすら、すこしごまかさなければ答えられぬような状態を其ままにして、ただ片隅の珍奇なる穿鑿に進んで行くような傾向は、趣味と言おうよりも寧ろ邪道です。社会科の教育が始まったから言うのでは決して無く、我々の本意は最初から、確かに知り得た事実を少しでも早く、万人公有の知識として、自由な利用を可能ならしめようというに在って、其為には可なりよく本や雑誌を出しました。それがまだ十分に行渡らず、知らない人のあるうちは紹介も亦必要でしょうが、少なくとも古い興味にほだされて、いつまでも同じ処をほじくって居るのは、損であり又拙であります。今までの物知りたちの丸で気づかずに居た問題が、こんなにもたくさん転がっていることを気付いた人々は、是非とも其力の大半を、新らしい知慧の芽生え、又は研究の手掛り暗示ともいうべきものの発見の為に傾けなければなりません。よく知られた伊呂波がるたの中にも、負うた子に教えられて浅瀬を渡るというたとえがあります。小さな者の質問に面くらって、はっと心づいたことは私などにも毎度あります。直接教育の任に当る人で無くとも、民俗学の効果を前進させる為にも、やはり彼等と協同して、この平凡なる深秘を探って行かねばなりません。それが新世代の楽しい贈り物の一つであって、御礼をいうべき者は寧ろ我々民間伝承の学徒であります。

○

うっかりと長話をしてしまって、言おうと思っていたことを幾つも言いのこしました。この会報の人気人望は、いつでも各地方の報告者の、話題の興味によって左右せられます。

編輯者等は極力興味の多い方へ梶を取ろうとしますが、自分も大抵の場合は読者になってしまって、新らしい話題の在りどころを見つけることが出来ぬのです。大体に一つの地方の資料に偏しやすいのが一つの病かと思いますが、是は最近の会員増加によって、段々克服する見込が立ちました。通例何かやや変った事実が報告せられると、きっと其次の号には是に追加した投稿があり、是も我々としては楽しいものですが、一度に幾つかのものを並べて見た程には効果がない様です。雑誌『民族』の時代には、田植とか盆棚とか婚姻習俗とかいうような資料を、集めて置いて一回に並べて出すことにして居ました。それには早期の寄稿者を待遠がらせる嫌いはありますが、後になってみると、今は貴重な記録です。そうして又同じ問題を取扱った人たちの間に、互いの長処を知り合う機縁にもなるのであります。

○

隠れたる地方の事実を導き出す為には、質問も亦一つのよい手段であります。どうして斯んな事が、それほどの関心を持たれるのかということを、明かにするまでの説明が附いて居てもよいかと思います。東京の同志者の中には、地方からの質問を非常に歓迎する気風が起って居ますが、出す人はきまって居て、一般にまだ尻込みがちに見えます。斯んなことさえ知らぬのかと、笑われるとでも思うらしいのですが、この気おくれだけは早く無用なものにしたいと思います。判り切ったことというものは、現在はそれ程には沢山ないのです。実例で申すならば、北陸と四国の外側に、殆ど同じといってよい言い伝えがあって、其他の地方にはまだ一向聴いて居ない。両地直接の交通がない以上、もとは弘く行われていたものの残留かとも思われるが、まだ容易に断言はしかねる。斯ういう場合にも我々は質問するのであります。中には今一段と神経質に、類例は何箇所もあって、もう大よそ確かと思うものでも、自分が力を入れているのだと癖のように人に尋ねたがり、又理由などを問うてみようとします。私たちの計画では、大よその条件、頻数とか分布状態とかに限度を立てて、たとえば耳ふたぎや願もどきの類は、もう是を日本の習俗と認めるようにし、又その由来とか原因とかいうものも、現在ほぼ反対のないものを通説として、一応は登録して置くのがよいかと思っています。そうしないと問題が多端に失して、新たなものの発見の妨げになるからであります。今までそれをやや怠っていたわけは、島でも、山間の古風な村落でも、まだ我々の同志の調査の手を著《つ》けない地域が、あまりにも多かったからでありまして、それは幸に是から段々に縮小して行くことが出来るかと思います。地方の新加入者の住所を当って見ますと、都府がフォクロアの最初の発生地であったと同じく、やはり一部のやや開けた地帯に偏しています。故に今日のような交通障碍の下では、今後はそれぞれ便宜の地に居る人たちが、近い山間や海のはずれを、自分の仕事にして見に行くような習慣をつけたいものと思います。現在も既にそういう企をしている同志は少くないのです。只今計画せられて居る一地民俗誌の続刊が実現するならば、費用も恐らくは容易に弁じられ、又そういう仕事も興味を持たれることになりましょう。

○

民俗学研究所の基礎が愈々固まり、紀要が規則正しく公刊せられるようになれば、我々民間伝承の会の活動も一段と自由に、又楽しみも多くなって来ることと思います。限られたる毎月の会報の中で、精緻な研究をつづけ、又はカンダラ攷《こう》のような論弁をまじえんとすると、誌面も許さず、それよりも是が学問の上でどれ程の重要性があるかもきめられず、一つの学問の体系を樹立する上にも、却って混乱の種であります。専門の研究をする者は、民俗学に於てもやはり限られたる数でありましょう。他の多数はやはり学問の正しい理解者、又は利用者となって、彼等を少しでも働きやすく、同時に又大きな責任を負うものとする方に協力してよいのかと思います。今までの経験によりますと、動植物などの方面には、そういう素人の篤学者が多く出て、幾つかのよい援助をして居ります。考古学の近頃の状況を見ましても、そういう外側の人が十分に楽しみ、且つ又小さからぬ寄与をして居ります。それ等に比べると民間伝承の学は、採集の原野が更に弘く、未発見が殊に多く且つ重要なので、功績は却って専門に研究所を守って行く人よりも大きいことがあります。一方をファンだの家来だのと考えることが悪いので、主たる職業が別にあって、係り切りになれない人たちが、外から一部分を支持しつつ、共々に学問の成果を味わい又身の養いとすることは、聊かでも気の引ける生活ではありません。西洋でフォクロアと謂って居る学問などは、寧ろ斯ういう人たちの力で段々に大きくなったので、今でも専門と言われるような学者は、却って国によってはやや立ちおくれをしているのであります。日本は之に比べて国情がちがい、何でもかでも大学が尊とく、講座か研究所がないと学問でないように思う者があるので、期成同盟会のような意味で、我々は民間伝承の会を立てて見たのであります。今や目的のざっと半分は達しました。いよいよ御互いが太平の世の中にふさわしいような、修養ある文化人として活きられる時が来たのであります。ただその『太平の世』がまだ根っから到来せず、それにもこの学問の活用が欠くべからざるものとなることを感じます故に、ここの会員たちで、もっと大いに働いて見ようという申合せがしたいのであります。

（『民間伝承』第一二巻第七号、一九四八年七月五日、民間伝承の会）

歴史教育の使命　『くにのあゆみ』に寄す

新教科書を通覧すると、固有名詞や年代を思い切って少くしたのみならず、かなりの改良、苦心のあとがみられ、よくこれだけ書けたものだと思ったのだが、私は元来、教科書なしで歴史を教えてはどうかと思っている。そして、また上代から今に及ぼすこれまでの説き方をやめて、現在から過去へ遡る歴史をわれわれは書こうとしているのである。

もともと歴史とはわれわれの過去の経験であり、これによって現代を解釈、批判し、よりよき将来を計画しうることが歴史教育の目的なのであって、今回の如き大いなる反省の機会に際会した現在、われわれはあらゆる方法を試みるべきではなかろうか。教科書無しでは教員諸君は大いに困却するであろうが、この教科書のみに縋《すが》りつかれては甚だ困るのである。生徒の八割までは、これだけの知識をもって世の中へ出てしまうのであって、これだけを教えれば歴史教育は済んだのだという如き錯覚に陥ることだけは、今後は絶対にやめねばならない。教科書に書いてあるのは、ほんの要項に過ぎず、決して歴史の全部ではない。生徒達が大きくなった後までも、事ある毎に判断の基礎を正しい過去の知識に求めるような気持を養成することが、歴史教育の眼目である。

明治廿年代に、東大史学科の教科書用として出版された「国史眼」は、真にエポック・メイキングな官撰国史の一つであるが、本文の傍に沢山の黒と白の○印がつけられてあって、白印は大抵信じてもよいもの、黒印は現在までの材料では、こう解釈するほかないが、さき行き変るかもしれぬところと、註がついている。他の学問も同様だが、史学は殊に現在成長しつつある学問であり、この態度を機会ある毎に生徒に深く印象づけることに努力してゆきたい。旧式史学が、明治以降今回まで、何等の進歩発展もなく、新しい発見も、本も出ていないことは驚くべきものである。一般の需要のまるでない内容の史学が、年代と固有名詞の暗記学であり、検定のための学問に過ぎず、また試験の最大難物であるほかは、興味のまるでないものであったのだから、その衰えは当然の結果であった。今後の歴史科は、無試験にして、ただ聴いていて、疑問を書き止める程度にしたいものである。同時にまた、教科書に載っていること、学校で教えることは、国の歴史のほんの片端にしか過ぎず、例えば、万人が必ず一生のうちに経験し、悩み考えねばならぬ婚姻や誕生、葬制の歴史は勿論のこと、生活の根本問題たる衣食住のことなど殆ど記載されておらぬことを教えねばならない。

「くにのあゆみ」に挙げてある教授要項については、それ程反対はなく、江戸幕府以降に全体の半分を割いている態度には大いに賛成である。今まで上代史ばかり研究していた歴史家には気の毒だが、われわれの近代生活の夜明けは、実は応仁の乱あたりから始っているのであるから、近世史には、もっと頁をとってもよいのであり、多くの疑問も実は、近世史に含まれているのである。文部省は、これを永久不変の教科書にしようとしているかもしれぬが、何度でも改訂せねばならぬものであり、また民間から、国定教科書と競争せんとするものが輩出し、優れた歴史家が国民教科書を出すことも奨励してよい。

最後にもう一つ、この教科書の利用者にすすめたいことは、生徒達の発する純なる疑問を集大成、整理して、この次の編纂への基礎材料とする仕事である。先生は全智全能の如く信じている生徒に『それはまだ解らぬ、それは先生も知らぬ』と白状することは、かなり勇気を要するではあろうが、知らぬを知らぬといい、率直なる疑問を提出する人の一人でも多くなることが、学問成長の第一歩にほかならない。生徒達は彼等にふさわしい数々の疑問を持っているのであるから、これらの質問を各校毎に何年間か集めて、その統計を作製し、今回のこの、初期の実験の恩恵を後世に譲ることとしたい。『つまらぬ事をきくな』等と、自然、率直な成長の芽生を押えつけて誤魔化さずに『それは大変いい質問だが、まだ専門の学者も解っていないのだから、君達が大人になって研究するといいね』という風に育てて行きたい。教育の真の目的は、よき疑問を起させるにあるといっても過言ではなく、国民生活の要求の上に立たぬ史学は、有害無益なる遊びの学に過ぎない。

従来は、外国史同様、自分の国の歴史を、まるで縁のない遠いものの如く感じさせて来たが、歴史の結末は、自分と国との関係、幽かなものと国との関係になければならず、最後を太平洋戦争においたのは一時凌ぎに過ぎないであろう。更に進んで、個々人と世界との関係を教える学問は、歴史教育以外にないことに想いを到すべきである。現在のものが決して最上のものではないという断定は、学問の未来に希望を持つことなのであり、決して悲しむべきことではない。

（『毎日新聞』一九四六年一〇月二八日、毎日新聞社）

歴史を教える新提案

国民学校の歴史科はもうやがて再開せられそうなのに、原理の論見たようなものが幾つも出て居て、それも中々帰一しそうに見えない。国家が今度も亦全国劃一の方式を制定するのだったら、言ってもむだだから自分は黙って居るが、事実恐らくは或程度までの自由裁量を、地方なり又は個々の学校なりに委ねないではこの過渡期は通られない。それが又兼々我々の考えて居る教え方を、試みるのによい機会のようにも思われる。出来る限り単純且つ率直に、自分なら斯うするのだがということを言って見よう。仮に一箇処でも之を採用することが出来なくとも、斯ういう案も有るということは参考になるであろう。のみならず是は又一つの予言として、十年の後に保存せられ得る。日本の歴史教育は、結局斯うならずには居ないということを、私は今からもう信じて居るのである。

○

父兄の意見というものが、此頃はもうよほど普通教育の方針決定の上に、参酌せられて居るように思って居た人もあるらしいが其想像は肝要な点でまちがって居た。以前少しでもこの問題に口を出したのは、まず全部が上の学校へ進む子供の父兄であった。六年の義務教育をすませば、すぐにも人生へ出てしまおうとする大多数の児童の家では今まで何一つ注文を付けず、是からも多分は任せきりにしようとするだろう。誰か彼等に代って口を利いてやる人が無くてはならなかったのである。歴史を十一二歳の童児に教えるということは、新らしい事業であり又容易でない事業でもある。どうせ中等学校に行ってもう一度、授けるものときまって居るならば、或はこの様な重複は避ける方がよかったのである。目的は寧ろ学校を初等科で切上げて、それからは実地と自修とに移って行こうとする者の為であったことは明かである。そういう行路を選ぶ者は是からもなお少なくは有るまい。たとえ彼等の父兄は気にしなくとも、やはり主として斯ういう人達の立場より、方法の適否を考えて見なければならぬものであった。

○

始めるとすれば早い方が却ってよかろうかと思う。出来ることとなれば、私は三学年からにして見たい。其理由は三つ、一つはなるべく促迫を加えず、いわゆる詰込主義の残虐から脱却させんが為、第二には小さな子の物の起りを尋ねたがる自然の好奇心を役に立たせる為で、試験々々でいい加減知識慾の萎《しな》びた頃に、斯んな面倒な仕事を始めたのは、わざと無効果を期して居たとしか思えない。第三には是を新らしい国語教育、即ち人の話をよく聴分ける練習に間接に利用する便宜があるからで、児童の話言葉の能力の展開には、第三学年の辺が一つの堺目らしく、自分などは思って居るのである。文部当局はどういう所存でか、国語は国語、歴史は歴史というように、今までは科目を厳密に区ぎり、そのくせ実際は殆と皆読方教科書の域を出て居なかった。生徒は文字を暗記する以外に別に覚えたり感じたりして居たように見えない。つまらぬ重複だったと思うが、畢竟は目的をはっきりと、又具体的にして居なかったからである。国語は大切だからどの科目と複合してもよいが、歴史を教えるからには何の為に、如何なる目途を以て教えるのかということを、始終念頭に置いてかかることは必要であった。其目標さえ見失わなければ、国語は勿論、数学でも地誌でもはた道義観でも、今は其時間で無いからなどと排除するには及ばぬのである。専門教育でも無いものが今まであの様に割拠を能《よし》として居たのは、まことに理由の無い形式万能であった。

○

そんなら歴史は何の為に、国民学校の初等教育に入れて教えるのか。是に関する答えは今日は既に区々であって、中には宗教学校で先ず神を認めしめると同様に、一つの見解を初一念に注ぎ込もうとする者も有るのだが、それを今日の際に於て許したら、少なくとも民主的とは言えない。何となればその点が我々の同心協力して、是から新たにきめて行かねばならぬものだからである。如何なる歩み方をして国が進んで行くことが、日本に許されたる又は可能なる、同時に最も願わしき民主主義であるのかは、早くきめたいけれどもまだ中々決し難いであろう。一旦きめても修正は免れぬであろう。一代で成し遂げ得るとも受合われぬので、それで現代の学童をよく育てて置くことが、常の場合よりも一段と大切なのである。国論のすでに定まって居る国の教え方を、真似ては居られぬ理由も茲に在るし、又我々の目的を、少しも後暗いものにしては置かれぬ理由が、この際は殊に痛切でもあるのである。明白なる歴史教育の目的は、正しい判断をなし得る日本人を、出来るならば全部、そうで無くとも些しでも数多く養い立てて置くことでそれが又歴史始まって以来の本然の任務でもあったのだが前には只一部の人だけに、其学問を利用させて居たばかりに、恩恵が国総体に及ばなかったのみか、折々は濫用の弊があったのである。児童は是から追々に観察の方法を学ぶべきものであって、どの点から見ても現在の正しい批評者で有り得ない。その所謂白紙状態を奇貨として、国は又は社会は斯く見るべきものだと教え、斯く判断したのが正しいのだと言って聴かせた結果が、終に浩歎すべき今日の悲運を招いたことは、余りにも生々しい我々の経験なのである。悔いても及ばぬが是からは警戒しなければならぬ。そうして其反対に囚われざる自由なる判断を、一人前になった後に十分に下し得るように、極力準備しなければならぬのである。人の経験の次々の蓄積が、未来の判断の有力な参考になることは、児童と雖も異なる所は無い。ただ彼等の行動の世界は狭い故に、伝授の必要がまだ至って少ないだけである。愈々人生の荒波の中に漕ぎ出して、右に左に自分の針路を定めようとする場合に、始めて前人の経験したものを、正確に学び取る必要が生ずるのであって、もしも昔のような余裕の多い生活であったならば、歴史はもう少し年を取ってから覚えた方が身になったかも知れない。ただそういう機会を逃しそうな人の為に、やや早期に与えて置く歴史教育である以上、それに相応した用意が無くてはならぬ。是だけ知って居ればもう宜しいという、考えをもたすことが既に不当であった。まして取捨判別の力のまだ備わらぬ者に、わざわざ一種の先入主を作らしめようとしたことは、予め人の独立心を奪うものであった。是からは是非ともそれを禁止しなければならない。しかしそうして見たところで、結局は周囲の感化があって、大きくなる迄には色が付いてしまうという者があろうが、是は事実であるから致し方はあるまい。教育はそういう色々の場合を仮定して、右からも左からも、つっかい棒をするというわけには行かぬ。寧ろ夙いうちに都市の癖と村の癖、人は自分の確信にも基づかずして、他人の言うこと、することにかぶれるような弱点があるものだということを、知らしめて置くというのも歴史教育の一つの仕事だろうと思う。

○

さて愈々新らしい歴史教育に取掛ろうとするに当って、最初に解決して置かなければならぬ実際問題は教科書である。楽をしたがる人にはやや迷惑かも知れぬが、教科書は無い方がよいというのが私の意見である。少なくとも他日斯ういう教科書なら有ってもよいということに決するまで今暫らくは無しに教えて見てはどうかと思う。不吉な予言をするようで相すまぬけれども、長く役に立つ教科書などは、今日はちょっと出来そうにも無いからである。尤も一方に親切周到なる教師用本を供与し、又成るべく多くの参考書を、手に入りやすくすることは望ましく、更に教室用としては地図や年表、生徒にも使えるような人名地名の索引、伝説や事記の類は是からも世話を焼いて、手頃のものが幾つでも、新たに出版せられるようにすべきであろうが何を教えるかに就いては土地の事情、又は教える人の考えによって、よその真似をせずに之を決定し、それも結局は生徒自身の希望にも、それを汲取ることが六つかしければ努めて彼等の興味をもつことを標的に置くべきであろう。相手構わずに教授項目を選定し、おまけに必ず年代順に並べて見せなければならぬとした為に、素朴の世の事蹟は共鳴しにくく、それを強いて印象深く説こうとすれば、歴史とも言えない教え方をしなければならなかったのである。しかし解説は或は行き過ぎて居たかも知れぬが、此等の項目の選択には、偏頗があったとまでは私は考えない。いつの世になって回顧しても、何れも注意してよい大きな事実ばかりであり、従って斯ういう問題に触れないで、国史の教科書を書くということは不可能に近い。改めなければならぬと思う点は、是よりももっと外の方に在る。斯ういう事柄さえ覚えて置けば、それで一通り歴史の教育はすんだような、まちがった考えを抱く者を多くし、こちらも亦そんな気持で、ここばかりに力を入れて居たことがいけなかったのである。国が古くなり文字の利用が久しければ、歴史の分量が多くて整理利用が行届かず、それが国民学校の僅かばかりの時間で、教え尽せぬのは当り前の話である。このさきまだ無限の新らしい知識、殊にめいめいの生活と交渉のある事実が、段々と明かになって来そうだと感じさせてこそ、是を子供のうちから授けて置く甲斐はあった。然るに今までは寧ろ正反対に、たとえ大事なことにもせよほんの少しの片端を全体のように思わせ、それも余りに実際から懸離れたことを、それこそ有無を言わせずに記憶させようとして居たのである。絵とかお話とかの外からの刺戟があって、特に興味をもって居る少数の児童の外は、大抵はいわゆる勉強を以て取附いて居るばかりで、試験でもすめばもう問題にせず、この大切な知識の応用はさておき是を自分たちの長い一生と、どれ程の関係が有るかをすら考えない者が多くなった。折角与えられた一つの機会を、寧ろ此学問が嫌いになる原因にした感じが有る。自然にまかせて置いたら恐らく斯うはならなかったろうし、今までの方法をもし続けて居たら、どんなに教科書を書き改めて見ても、尚且つ教材の偏った選択は免れないであろう。もし是非とも全国統一の教科書がほしいというならば、其前に今一度、どういう目的を以て歴史を国民学校で教えるのかを、考えて見ることが必要では無かろうか。

〇

ここまで書いて来てから、自分は暫らく筆をさしおいて幾つかの最近の雑誌に、歴史教育の理論を説いて居るものを読んで見た。六つかしくて多くは呑込めなかったけれども大体の感じは今私の抱いて居る意見に、真向から反対しようとする者があまり無さそうだということであった。それを知りつつなお念入りに説き立てることは、むだでもあろうし又政治家じみても居る。そこで出来るだけむき出しに自分の案というものを掲げ、理由又は動機は疑う人が有ってから、その疑いの点を参考にして、改めてやや細かく述べることにきめ、今はやや自由に、斯うしてはどうかを説いて見ることにする。

○

私の案というのは第一に教科書を使わぬこと、二つには第三学年から始めてはどうかということで、この二点は前段にすでに挙げた。三年は見込によっては四年からでもよいが、要するに是まで久しく試みられて居る郷土地理というものを、丸々歴史科と遊離した教育とせぬ為に、後者をいわゆる倒叙式に、今から段々と前代へ登って行く形で、教えて見たいのである。地理は一通り自然地理と併行してでないと覚えにくく、是にはやや六つかしい算数能力を前提とするから、教えるにしても出来るだけ遅い方がよい。ここでは単にその下ごしらえの意味で、言わば歴史の入れ物として、邑里《ゆうり》山川道路を注意させて置く位でちょうどよいかと思う。名称はどうでも構わぬようなものだが、自分などはレキシを親しみの深い言葉にして置きたい望みから少しでも早く之を使わせ、郷土科などは之に合併させたいのである。そんなに早く始めては時間があまると思う人があるかも知れぬが、あまって困るほど十分な教え方をして居たわけでも無く、又之を振替えて他に使うとすれば、五年六年の国語の時間などは、まだまだいくら有っても足らぬかと思う。要するに一科毎に目的を区切って脇目も振らぬようにして居たのがつまらなかったので、歴史の時間で国語を覚えさせてもよく、又その反対であってもよいと思う。地理なども国民学校で教える位のことは、歴史のついでにも知られることであり、又は都合によっては地理の名に於て、重複せぬような補習をさせてもよいのである。

○

そこで具体的な方法としては、学校では先ず町村の地図を作って置いて、学年の第一時間に一枚ずつ之を学童に給与することにする。一度こしらえて置けば暫らくは使えるだろうから、大きな費用ではあるまい。此地図には成るたけ中央に学校の位置、それへ通じて居る大小の道路だけは書き入れる。紙の大きさ又は教員の労苦が之を許すならば其道路に沿うて各住宅を、○か□かで入れて置く。地形は原版には水の流れと池と、ざっとした高低線ぐらいを表示しただけでよかろう。

最初に之を見せて何かわからぬことがあったら聴いてごらんと言って見る。是を私は学童の物を問う練習にしたいのである。是は地図というものだ。この村又は町の在り方を紙の上に写したものだと謂って、先ず表現というものの概念を与えてもよい。それが丸きり考えつかぬ児が、何%あるかはよい実験だが、多分兄姉からすぐ学んで、判らぬという児が少なくなって却って困るであろう。

方角ということは是ではっきりと教えることが出来る。距離が割合次第のものだということは口で説くよりは此方がずっと頭に入りやすいかと思う。是は引つづき時の間隔を説くときに、類推せしめねばならぬ大切な知識だから或はやや念入りに言って聴かせる必要があるかも知れない。それが大よそわかって来たのを見すまして、さて君たちは何処から来る。自分の家はどれだと問い、又はうちの在る処にしるしを附けて見よと謂って、皆と一緒にそれが正しいかどうかを点検する。是が教師の方から出して見せる最も適切な疑問の第一例で、答えには正しいもの、正しくないものが有り得るということを、体験せしめるに最も好い機会である。

○

是だけは或は一時間では足るまい。三時間までは是にかけてもよかろう。地図は長く使うものだから無くなさぬように、又汚さぬように袋でもこしらえよと勧めてもよい。この次は何かこの地図の中に、まちがって居るところは無いか、気がついた者は言ってごらんと言って見る。ああそうそうお寺が抜けて居た。あんまり山の中だから。又はお宮やお堂は人がふだん居ないから入れなかった。入れた方がたしかによいねと言って入れることなどがあってもよい。あんまり小さな路や溝は、先生も知らなかったものもある。そんなら行って見ようと天気のよい日に、見に行くなどということは好記念になり、又話方のよい機会にもなるであろう。正確ということを覚えさせる為に、斯ういう訂正は軽く取扱わぬ方がよいと思う。

或は児童の印象として、無くてはならぬというものが落ちて居るかも知れぬ。そういうことを知るのは成人にもよい学問である。たとえば路の傍に毎日見て通る石造記念物又は土地で名の高い老樹名木がなぜ出て居ないか。それは説明してもよし又は許すならば其学級の名を以て是からは入れて置くことに改めてもよかろう。

新たに調べて見る必要を感じさせることも、地図利用の一つの利益になる。全部には行渡らずとも或二人又は三人の児童に、互いに家の在る部落の字を言わせて見て、境があるということを心付かせるのもよい。斯ういうことは大人でも知らずに居る人が多いが、家がそう離れて居ないで土地の名がちがうとすれば、その中間には必ず境の線があるので、それは実地に就いて尋ねて見れば、はっきりと判って来るにきまって居る。人はいつもそういう風に、尋ねたら判ることと、時々はまだ知らずに居るものだと、口で事々しく言わないで皆に考えさせ、正しい地図というものは大抵は其境をはっきりと示して居るものだということを説く為に、町村別又は府県別の地図などを出して見せるのもよかろう。

○

境の概念は応用の非常に広いものだが、現在までは是をやや大きくなってから、自修させて居た。以前の自ら守るべき社会では、或は小児を地境につれて行って、そこで手ひどく尻を打ったなどという、おかしな昔話までが伝わって居る。自他のけじめを一度は考えさせなければならぬとすると、寧ろ斯ういう無我とも呼ばれる時期に、始めて置いた方がよいのである。

私などの経験では、子供の知識欲はいつも一つの線に沿うて伸びるようである。そうして向うの端というものは大きな好奇心を持って居るらしい。歴史を教えるには、この自然の傾向は利用し得られる。たとえば此流れはどこへ行く。境を出てから幾らほどの距離で、もっと大きな何という川に合し、流れ流れてしまいには海ということを、説いて聴かせて置くならば、海の絵を見る時にも感じはちがうであろうし、又は或山陰の僅かな清水が、いつしか大川に導かれるということを心づくなども、時という無形の流れを、理解する上に大きな役に立つのである。道路が目的無しにただ長々と横たわって居るものでないことを説くのにそこを通って行く大小の車馬、それが各々行く先をもって居ることに心付けば、めったに土地を離れない児童でも、よそというものが大体に同じ条件の下に存在することをさまで詳しい説明を要せずに、常識として収得することであろう。地理を教えるという心持のみを以て、是等の知識を注ぎ込もうとするのは誤りだと思う。是は一つの社会、一つの時代ということを、最も簡単に意識せしむる手段であって、学問としては寧ろ歴史の系列に属し、その大切なる基礎を為すものであった。

○

さて段々説明が長くなり、到底一篇の文章には尽し難いことがわかったが、自分の目ざす所は斯ういう方法の幾通りもの試みによって、出来るだけ言って聴かす言葉を少なく、子供が自ら心づくことを多くしたいという願いで、それは何回かの模様替えの後、少しずつの順序のちがいによって、存外容易に効を奏するかと思って居る。成功と目してよいのは、鈍い無口な生徒までが、自然にめいめいの疑問を持って来ることと、それが彼等の心から出たものであって、しかも我々の是非答えてやりたいような、適切なものになって来ることである。中にはこちらから水を向け、もしくは代って提出してやりたいものも有るか知らぬが、何年かの後には斯ういう疑問もあったという記録がたまって来て、末には却って我々に道筋を示すことになろうかと思う。

以前の邑里の生活に於て、最も精確を期し難かったのは時の長さに付いての観念であったが、是は何とかして教えて置く必要がある。或は道路の開通などによって、説明してやるのが便利かも知れぬ。近い頃造ったものは年代もはっきりと知られて居て、大抵は社会の大きな必要に基づくことがわかるに反して、他の多くのものは一括して、元からあったと謂って居るけれども、是とても記録が備わらぬというのみで、一度に出来た気づかいは無く、少し気をつけて見ればその順序もわかるものだということを、あら方は理解せしめて、通例一口にむかァしと謂って居るものに大へんな間隔があることだけは、成るべく早くから聴かせて置く必要がある。大水で崩れたとか、峠を人が通らなくなったとか、いうような話も村々には多い。時は何物をも変化させるということも、この方面からならば子供にも心付かせやすいかと思う。

〇

前から児童には祖父母の小さかった頃というのが、過去への関心の一つの焦点であった。それが父母の学校へ上った時分、時には君たちのちょうど生れた前後にとまで、いうべき問題がもう出来て居る。近世史を細かく段階づけなかったことが我々どもにも大きな損であり、子供には殊に自然でなかった。今度は其点が必ず改良せられることと予期して居る。百年といえば、もとはそう永い期間でも無かったのだが、日本に取っては是が国運を二変三変させて居る。変って又変った中間のものが忘れられ、又は少なくとも軽視せられようとして居る。他日必要と思えばたやすく尋ねるように、過程というものの存在に注意するだけの、習性は付与してやらねばならぬ。変化の実例は毎日の生産方面にも又は尋常家内の現象にも、拾い切れぬほど数が多いが、之を一括して只何もかも改まったという概念をもたせることは不利だと思う。幸いに児童の例示を好む傾きを利用して、たまたま興味をもつべき幾つかを挙げ、其他にまだ幾らでもという印象を受けさせたい、そうしなければならぬ理由は説明にも及ぶまいが、個々の変遷は屢々時を異にして又態様を同じくせず、それを一つ一つ見て行くべき必要が人の一生には多いからである。今まで我々が元のまま、昔の通りと謂って居る事物にも、よく見ると古今の差あり、名や形は伝えて内容のややちがえたものも多い。古いというものにもなお其以前があることは、米や酒などの如き有りふれたものにも見出される。それを一つ残らず綜合し得ないことは、決して学童のみの弱味では無いのである。歴史は要するに人の一生涯の需要であり、普通教育に期待し得るものはその片端にも足りない。是で一通りは教えて置いたという積りで居た結果が、何としても申し訳の無い現今の大破綻であろうと私は認めて居る。

◯

現在の生活疑問は、大小に拘らず、近世史によって一通りの解釈が付くというものが多いのであろう。しかも其理由となるものも、すべては皆過去に於ける事実事態であってそれにも発現の時があり又原因があって、必ずしも少数者のよこしま、わたくしが之を為し遂げたとは言われず、或は其世としてはそうならずには居られなかったのかも知れない。それを現在の立場から、又は寧ろ未来に向っての計画から、同じことなら勢いの窮まるまで待って居らずに、次々と梶を取って行くのが国民の正しい判断なのである。指導者と称して人よりも早く且つ鋭く、よき判断を下す者は重んずべきだが、それに従うか否かを決する者は個人でなければならぬ。学校は正しい取捨選択の力を養うべき処で、ただすなおに長者の結論に附随することを教えるのでは、是は取りも直さず今までの歴史教育法の踏襲である。そんな事をしてもらっては迷惑は自分ばかりで無い。

そこで力の入れどころは、我々の今日して居ることが、他日再び悪い結果を招かぬかどうかを、検査する力を養って行くことである。それには一つ一つの心から発した疑問を支持して、それを学年と共に伸長させて行くように、稍々永い期間を掛ける方がよいのである。それ等の疑問の価値が個々平等であることは教えなければならぬが、同時に一国万人に通用するものが、最も力強いということも知らしめる必要があろう。

教員は単なる伝達機関で無いときまると、彼等の職務が相応に骨の折れるものになろうが、その代りには又どの位楽しみが加わって来るか知れない。世間も勿論あらゆる方法を以て彼等を助け、多くの効果多き資材を以て一家一人の埋もれたる生存が、末には国の成長と繋がり、更に世界の進運と結び付くことを、今まで自分の周囲しか見なかった者に、体験せしめ得るであろうと信ずる。よくも日本を知らぬ人々が、よかろうというような教科書などは、あっても格別邪魔にもなるまいが、それればかりを教えて暗記をさせて居たのでは歴史は愈々めいめいとは縁のうすい、大きくなってからもちっとも役に立たぬものと化し去り、しかも一国の史学は今よりも更に衰えてしまうだろう。そうはさせたくない故に、私たちはなお働こうとして居るのである。

（『教育文化』第六巻第二号・第三号、一九四七年二月〔『定本柳田國男集』に拠る〕）

郷土生活の中にある学校

1

今までの日本の普通教育は、国家の国民をつくるということで、国家教育にかまいすぎて来た。地域とか郷土とかの教育は論じられてはいたが、少しも表面には出なかった。これからの教育に進路をきめる上に地域に根ざす教育を考えることは正しいと思う。

地域に根ざす教育は土地の利害から出発する。村の繁栄のためによい郷土人をつくることが目標となるが、それには村をどうするか、郷土はどんな人物を望んでいるか、地域は何を要《もと》めているか等、土地全体の立場から要求するものを認めなくてはならない。この要求を摑えるには、土地はどんなことを要求すればよいのか、具体的な案をたてて、土地の者からの要求を純化し、それを学校当局者が認めるのがよいと思う。

この意味に於いて、今川口市で行っていることには賛成である。しかし川口市は日本の公共団体（コミュニティー）としては特殊なもの――新興の都市で而も鋳物《いもの》というめったにない生産が中心となっている――だから、其処で行っている形をそのまま倣《ま》ねて他の地域で行えるというものではない。これを消化して応用することは非常に困難である。川口市が日本の都市の通有性をもたないことは惜しいと思うが、その地域計画のもつ心、精神はどこの土地に於いても大いに生かすことが大切である。そこで、川口市のやり方は川口市のためにはあれでよいが、全国のための例としては公共団体の普通のものからとって、通有性のある手本を作ることが必要だろう。玉川学園にせよ、成城学園にせよ参観人が非常に多いけれども、その人たちが満足して帰えるかどうか疑問だと思う。それは外部の普通のものからかけはなれていて手本になり得るところが少いからである。私はこの普通のための手本になるように標準公共団体を頭にえがいているが、これが完成すれば役に立つのではないかと思う。

2

都市の周囲にある大きな町村――衛星都市――をよくとりあげるが、勿論そこもみなければならないけれども、このようなところはそのままにしておいても発展して行く。交通に恵まれない僻村を対象とすることが必要であろう。僻村にも優秀な人はいるが、劣った人が大部分である。学務委員などがいても、教育上の要求など出せないところが多い。こんなところの人々が協議したところでそれは小田原評定になるばかりである。実際のところ全国の村の六〇%から七〇%を占めると思えるこのような村をどうするかを先ず考えなければなるまい。最も恵まれない村のためにに案をたててやり、進んだところは足踏をさせても、全体のレベルを上げることが大切である。

土地の意図するものを子供に与えるといっても、公共団体の大半は自らの総意をあらわす方法を知らない。土地の要求を知るために、目的委員会協力会議或いは諮問委員会等をつくることは望ましいが、ほんとうに各界層から代表を出せば、今の社会の現状ではただ喧嘩をやらせるばかりということになりはしないだろうか。そこでこれは将来の問題として残し、現在は自ら考える力のないところのために代って考えてやる人が必要である。われわれ民俗学の仲間も今日この方向に向って進んでいる。教師はこのはっきりしていない土地の意図を土地の人に代って考え、子供を導かなければならない。村によってその要求するところは異るといっても、大体に於いて一定していよう。その型は十もないだろう。或いは五つ位かも知れない。いくつか普遍性のある型を作り、それに従って各町村の問題を考えればよいと思う。

これまでの市町村は名ばかりの公共団体であって一つの有機体（オルガニズム）になったという時がなく、うやむやの中に行政区劃によって一つの有機体という形になったので、所謂セクショナリズムに陥っている。今ある市町村をこのまま長く維持するかどうかが先決問題である。ともかく単一な有機体となることが必要だがもう少し大きくしたらよいか、小さくしたらよいか、実際問題としてもやっかいであるから、学校教育ではこの点を手かげんして地域を考えなければならない。明治の初めの村は地形に制約されて、大小さまざま、大きいのは二百戸から小さいのは二十戸位、それが適当に行政区劃にまとめられて現在の形になったので統一的でなくやりにくいが、隣保の生活はまずまずこわされているということはない。農民の概念にある村の生活意識から始めることが大切である。

3

郷土の社会のための教育で一番大切なことは仲よくくらさせることだと思う。今までは地域間の支援がひろく一般に及ばなかった。これが明治以来の一つの弊害で、内輪の統一ということを考えずに、他処と競争する意識をあおることは唯害があるばかりである。恵まれないものを保護し、伸ばしてやることが大切である。内輪もめしていては決して発展するものではない。

今の市町村になる前は明治の初めころまでの小さな村が健康に生きていたから、現在まで大字として存しているのである。子供にもこのことをはっきり知らせることが必要だと思う。おぼろげながらでよい、村は一つの生活体であるということ、生きる力をもっているということを教える態度としては「今までこの村がどうして生きてきたか」を口で言ってきかせるのではなくて、子供達自身がじっくりととらえて知るようにすることが大切であろう。例えば、一つの小さなもめごとがあれば村全体の進歩が止まってしまう――都会ではそんなことはないけれども、村では屢々である――そんな事実から知らせることとである。

それから「村の衛生」「村の養生」というべきものに心づかせることも大切である。これは「村の育児法」といってもよいが、育つものには育ちゆくための一つの方則があることを知らせるのである。うっちゃらかしておいて自然に村が進歩生長することは絶対にない。現在のままで棄てておけば村はめちゃめちゃにこわされてしまう。口に出して言う人はなくても、心に村の生長をねがわない人はない。誰にもかくあるべしという予期（期待）がある。こうした世の中になって卑屈な束縛はとれたけれども、未だこの一人一人の予期が口に出されて、村の予期として外に表われることは少ない。子供達には現在までの村の生活を考えると共に、この予期をもたせるようにしなければならない。大体かくなるべしということはある条件に従っていえることとである。この条件が常識であるが、常識というものは自分自身を育ててゆくのみならず社会全般を導くものでなければならない。そこでよく常識を備えることが大切である。

4

今日の教師には子供たちが「あたりまえの村人」になるためにはどうすればよいかを考えてもらわねばならない。今までは村を見せておくだけで、積極的に村をどうしたらよいのだということがなかった。修身とはわるいことをしないことである。実際に子供は学校から学んだことよりも、友達とか先輩とか環境とかから学んだことの方が強く影響するものであるが、そんなことは考えずに、却って家庭等身近かな群の感化力を邪魔ものと考え、それを度外視して学校のみに教育をまかせていた。この学校にさえまかせておけばという考えがまちがいである。こうして多くの者が村に対して消極的な平凡な人になってしまった。群の感化力というものは非常に強いもので、殊に保守的になりがちである。無意識に生活すればこれに押流がされてしまう。この点では敗戦にも感謝しなければならない。今までは国家教育ばかり叫けんで、自活教育を考えなかったが、これからは村から学ぶのでなくてはいけない。

けれども、これも反動になってはいけない。反動は恐るべきものである。それには教師はよく今までの日本の教育が経てきた経路を理解して、その歴史的な理解の下に子供に当ることが肝心である。

5

地域社会の意図、課題といっても、それを生に与えることはいけない。六才から十二才までの教育は現在までの生活の実際を知らせる程度でよいと思う。課題は飽くまで教師の背後へおいておくべきもので、これを生に出すと結論をおしつける、即ちイデオロギーを強制する結果に陥りやすい。これはおそろしい誤である。英国などは一国の国是として国民の全てが民主主義でかたまっているから、堂々とはじめから民主主義の理論を与えているが、我が国ではまだこのような思想上の一致がない。だから教師各個のイデオロギーが押しつけられるということが起るならば、国家が混乱するだけのことである。子供達には地域現実の中で、正確な事実を見せること、そして社会をよくしていかなければならないという考えをもたせることである。

地域の現実を見せるとすれば、今の社会は混乱しているから、至るところで矛盾や醜悪面にぶつかるであろう。社会の欠陥のわかる子供にはわからせておくがよい。社会悪を全く蔽いかくすことは不可能だし、不自然でもある。ただ、その際、結論づけることはいけないと思う。学校は学習の方法を与えるところであって、結論を与えるところではない、民俗学では事実の把握ということを非常に重くみている。どこから、誰がみてもかわらない客観的な事実を正確に把握すること、これが第一に大切である。そして、一つの事実を前に、その歴史を正しく見るならば、これからどうしなければならないかが出て来る。また、ある事実について、その原因はAであると簡単にかたづけられては困る。Aと其の他、この其の他ということが大切なのである。今日の所謂進歩的な人々の意見にはこの其の他ということが欠けているのが特徴であるが、子供達がこのような人間に育っては困ると思う。

小学校では事実を正しく認識するということに力を入れ、判断力は漸次に育てることである。選挙権が二十才で与えられるということは、この年頃になって始めて、一人前の判断力が身につくという意味である。だから、二十才までの間に一人前な判断力がつけばよいので、余り早急に判断を強いることは却って誤りと言わねばならない。

事実を与えるということになると、自然、感情的にも感覚的にも親しい郷土から始めることは当然で、教育は地域の教育になる。事実の把握には確実なもの、興味あるもの、未知のものから入ることである。事実を教えるには順序をたてなければならないが学年によってどの様に排列するかが難しい問題で、これには未だ結論をもっていない。

6

教師がたびたび転任することは余りよくないことである。少くとも首脳部は土地の人でなければならない。余り長く一つところにいても親しくなる一面、教師の個人的愛情がつよくなり偏するという弊害があるけれども、しかしその村の個性を自ら摑えて、その村の課題を自からの課題とすることが出来る位にじっくり腰をすえてその土地に住まうことが必要である。

これまで学校は郷土から出た有能な人ばかりをとりあげていた。百年に一度出るか出ないような偉出の人の話ばかりをしているのは淋しい。これからは恵まれない者への教育が大切である。恵まれないものを保護し、伸ばして満足に生活する能力を与えること、そのためには特殊教育は是非して欲しい。村には劣等児が多いのである。

同じことを繰返えすようであるが、ずぬけた偉い者とか、村から他へ出てゆく者のみに力を入れて、村に住む人を忘れているような教育をやめて、村が真に一個の有機体、生活体になることを目標に、「あたりまえの村人」を育てる教育になって欲しい。以上は父兄の立場からの発言である。

〔後記〕記者達三人が老先生を成城学園の御宅にお訪ねしたのはよく晴れた十一月二十八日の午後であった。老先生は「あたりまえの村人をつくる教育」について三時間にわたってお話下さった。それをまとめたのが本稿である。まとめたものは君の目で私の真意が現われていると思ったら別に私に見せるにはおよばないから雑誌にのせたまえという御親切な言葉である。それでこの稿の責任は一切記者にある。お話も必ずしもこの稿の順序で行われたのではない、いろいろなことにわたってのことだから、スムーズに文の流れが行かないところもあるように思うが、一に記者の筆の拙ないことによるのである。しかし、老先生の御意見を曲げてはいないと確信する。老先生は特に社会科に興味をもたれて、近郊の諸学校を視察し、全国から資料を集めておられるから、皆様が研究や実践の記録を送られるなら、よろこばれることであろう。老先生の御住所は東京都世田ヶ谷区成城学園町である。なお先生が公共団体と言われるのは地域社会のことである。（皆川）

（『明日の学校』第七巻第六号、一九四八年一月五日、国民教育図書）

選挙と政治（小学校社会科教科書）

1　学校生活をよくするために

クラスのいろいろな係り

クラスの生活をよくしていくために、クラスの人たちはみんなで助けあい、力をあわせています。クラスにはいろいろな係りがあって、それぞれ仕事をうけもっていますね。

クラスでの、おもなできごとを記録する係り。

教室のそうじの計画をたてる係り。

運動用具の係り。

学用品をせいとんしたり、くばったりする係り。

まだこのほかにも、いろいろあるでしょう。どんな係りが必要であるかは、学校やクラスのじじょうによってちがっています。

私たちのクラスには、どんな係りがあって、どんな仕事をうけもっているか、表を作ってみましょう。それぞれの係りの責任者は、どのようにしてえらんでいるのでしょうか。

全校児童会

学校生活を明かるく楽しくするために、みんながいっしょに集まって話しあうのは、よいことです。しかし、おおぜいの人がのこらず集まって、たびたび相談するのは、むつかしいことです。それで、みんなの気持をよく知っている人を委員にえらび、その委員たちが集まって話しあいをすれば、つごうよくいきます。

委員はみんなの代表者です。だから、児童会の委員の責任は、たいそうおもいものです。みんなは委員をとおして、学校生活をよくするために力をあわせることになります。りっぱな委員をえらんで、みんなが力をあわせれば、児童会の活動はかっぱつになり、学校生活はいっそうよいものになっていくのです。

私たちの学校の児童会は、どんなしくみをもち、どんな仕事をしているのでしょうか。表を作ってみましょう。

ピーティエー

先生たちは学校をよくするために、いつも努力しています。

教えるじゅんびをします。生徒が作っているさまざまな部のしどうをします。児童委員の相談にのります。そのほか、先生たちで研究会を作って、教育についていろいろ研究もしています。

しかし、さらにいっそう学校をよくしていくためには、生徒の父兄も、先生によく協力しなければなりません。

家庭と学校とがいっしょになって、生徒のためによい教育をしていくしくみがピーティエーです。この言葉は、父母と先生の会という意味の、英語のはじめの文字をとったものです。

ピーティエーのする仕事は、たくさんあります。

講演会、運動会、遠足、バザーなどをすることもあります。学校のせつびをよくするために、協力するのもピーティエーです。

このしくみは、学校によってちがいます。きそくを作って、委員を選挙し、衛生部とか会計部とか、いろいろな部にわかれて、活動しているのがふつうです。

私たちの学校では、ピーティエーがどんなしくみで、どんな仕事をしているでしょうか。

2　郷土の生活をよくするために

郷土と学校

日本人はたれでも、九年間の義務教育をうけることになっています。そのため一人一人に、つくえやいすがいります。校舎もいります。そういう費用は、どこから出るのでしょうか。

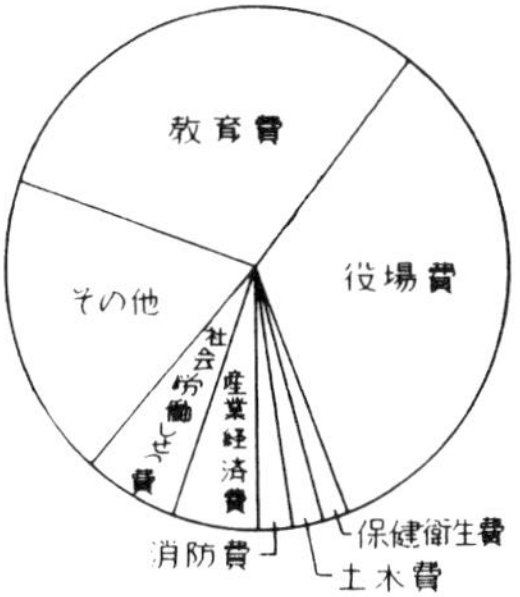

学校に必要な費用は、国も金を出しますが、大部分は郷土の人たちの税金から出ています。上の表は長崎県のある村の例です。昭和二十五年度に約八百万円を支出していますが、そのうち教育費は約二百四十万円で、全体の三十パーセントにあたっています。

私たちの郷土では、どうなっているのでしょうか。

郷土の教育についていろいろな仕事をするために、教育委員会ができています。どんな人を先生としてむかえるか、学校にどういうせつびをするか、というようなことをきめます。

教育委員は、郷土の人たちがえらび出します。どんな人をえらぶかは、郷土の教育にとってたいせつなことです。

郷土の役所

郷土にはどんな役所があって、どんな仕事をしているのでしょうか。

村には村役場、町には町役場、市には市役所があります。

左の絵は、町役場のしくみをあらわしたものです。

町長は、町の人たちから選挙によってえらばれます。町長を助けて働いている人たちは、地方公務員とよばれて、役場のいろいろな仕事をうけもっています。

村役場や市役所のしくみも、町役場とにています。

大きな町や市には、警察署、公共職業安定所、保健所、地方事務所などの役所もあります。また、県の政治の中心には県庁があって、それぞれ郷土の生活をよくするために、仕事をうけもって努力しています。

村にも、村役場のほかに役所がありますが、町や市にくらべると、少ないでしょう。

地方議会

県（都、道、府）、町（市、村）のことを、地方公共団体といいます。

県でも町でも、そこに住んでいる人たちは、自分たちの代表者として、地方公共団体の議員を選挙します。議員は、県であれば県議会議員、町であれば町議会議員とよばれます。議員の任期は、ふつう四年です。

地方議員は、県ならば県議会、町ならば町議会というように、地方議会を作って、郷土の人たちにかわって、郷土のことをいろいろ相談してきめます。どんなことをきめるのでしょうか。

町役場のしくみ

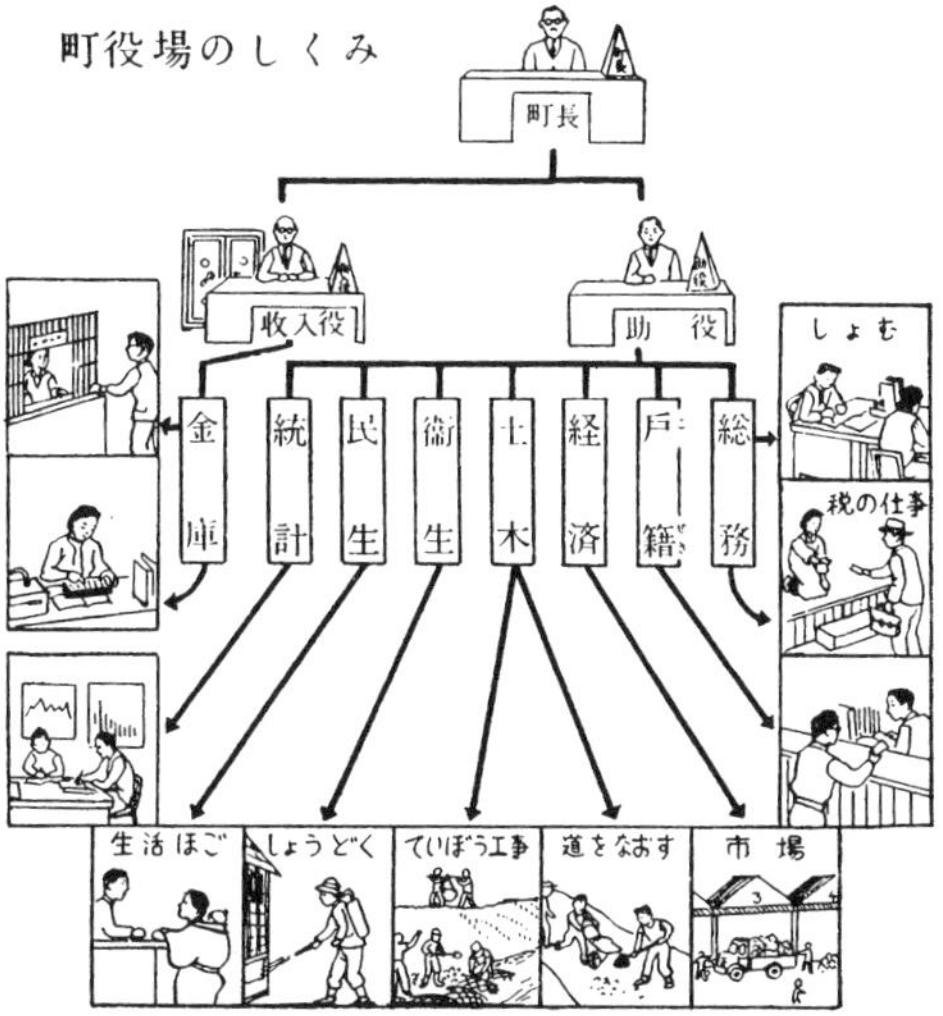

郷土のきそくを新しく作ったりあらためたり、予算をきめたりします。また、学校や公民館や図書館をたてるとか、水道をひくとか、衛生せつびをととのえるとか、産業をさかんにする計画をたてるとか、道路や橋の工事をするとかについてもきめます。

このように、郷土の人たちに関係の深い、たいせつなことがらは、すべて地方議会できめるのですから、郷土の生活をよくするために私たちの代表者として、まずりっぱな議員をえらんで、地方議会におくるようにしましょう。

地方議会できめたことは、県ならば県庁、町ならば町役場が行っていきます。

地方の政治と国の政治

郷土の生活をよくしていくためには、郷土の人たちが自分たちでよく考えて計画をたてなければなりません。

それで、地方自治といって、国としてはこまかいことまでいちいちさしずはしないで、地方公共団体ができるだけ自分たちでやっていくようにしています。

しかし、何から何まで地方公共団体がきめてよいでしょうか。町がそのなかだけで使える貨幣を作ったり、かってに外国と条約をむすんだりしたら、国の政治はうまくいかないにちがいありません。

それで、地方公共団体がしてはならないことが、いろいろきめられています。それは、国が国民ぜんたいの幸福や利益を考えて、政治を行うものだからです。

地方の政治がよく行われるように、国が助けることもいろいろあります。

住宅がたりない地方へは、金をかして家をたてやすくしています。地方の開たくや、港の改良や修ぜんにも、金を出して助けます。

火さいの害や風水害が大きいときには、地方公共団体の費用だけでは、まにあいませんから、国がおぎなってやります。

地方公共団体や国が、たくさんの仕事を進めていくための費用は、どこから出るのでしょうか。

それはおもに税金からです。

私たちが、地方公共団体におさめる税金を地方税といい、国におさめる税金を国税といいます。私たちは、酒、たばこ、塩、さとう、写真機などを買うときにも、税金をおさめているし、また汽車にのったり、えい画を見たりしても、税金をはらっています。

もしも私たちが税金をおさめなかったら、地方公共団体も国も、仕事が何もできなくなります。めいめいがその力にかなった税金をおさめることは、国民のたいせつな義務です。

3　国の政治を正しく行うために

日本国憲法

私たちは、五月三日を憲法記念日として、祝っています。今の憲法が、昭和二十二年五月三日から、行われるようになったからです。憲法は、国の政治のしくみをさだめた、一ばんたいせつなきそくであって、つぎのようなことがきめてあります。

国の政治は、国会と内閣と裁判所が、分担して行い、国会がその中心です。

天皇は、国民からうやまわれますが、ちょくせつ政治には関係しません。

国のきそくは、国民が選挙した議員が集まった国会によってきめられます。政治は、国民によって行われるわけです。

国民は、男も女も同じ権利をもっています。

国民はたれでも、思うことをいい、自分のすきな宗教を信じ、自分の力にかなった教育をうける権利があります。

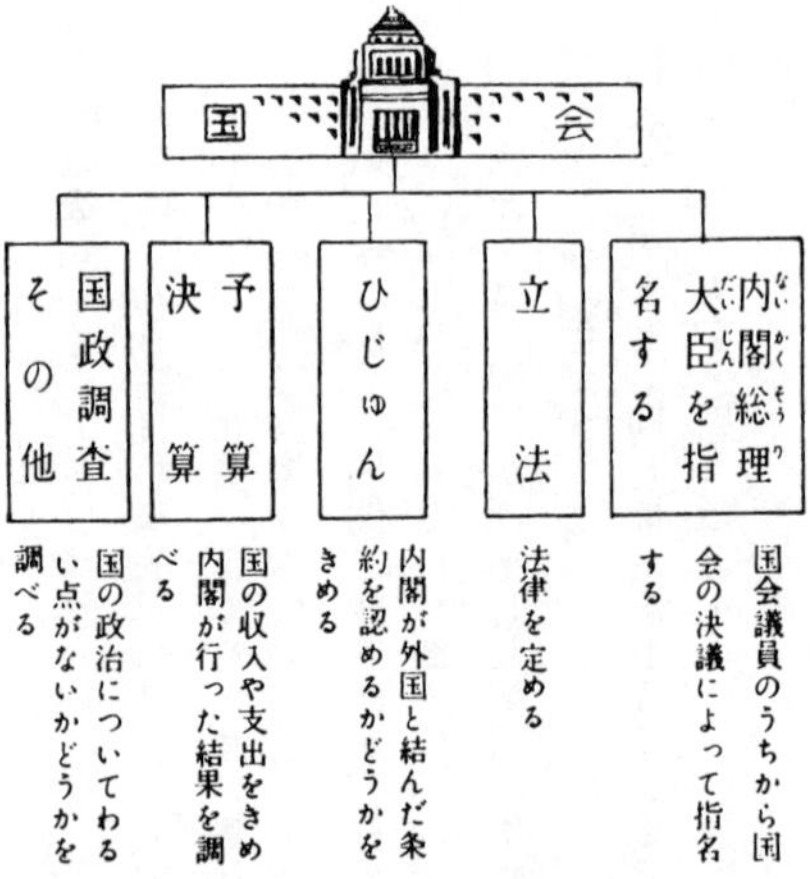
国会
内閣《ないかく》総理《そうり》大臣《だいじん》を指名する
国会議員のうちから国会の決議によって指名する
立法
法律を定める
ひじゅん
内閣が外国と結んだ条約を認めるかどうかをきめる
予算決算
国の収入や支出をきめ内閣が行った結果を調べる
国政調査その他
国の政治についてわるい点がないかどうかを調べる

日本の国の政治は、すべてこの憲法にもとづいて、行われているのです。

国会の仕事

国会では、国民の選挙した国会議員が、国の法律を定めたり、予算をきめたり、そのほか国としてたいせつなことがらを、相談してきめます。相談をねんいりにするために、国会は衆議院と参議院との二つからできています。

上の表は、国会できめるおもなことがらをあらわしたものです。

国会は、毎年一回開かれます。必要があれば、臨時に開かれることもあります。

国会できめたことがよいかわるいかによって、国民が幸福になるか不幸になるかがきまります。国の政治が、国民の選挙した国会議員によって行われるということをよく考えて、りっぱな議員を国会におくるようにしなければなりません。

内閣の仕事

国会できめたことは、内閣が行っていきます。

内閣は内閣総理大臣と、国務大臣とでできています。内閣のことを、政府ともいいます。政府には、いろいろな役所があって、それぞれ仕事をうけもっています。政府の役所を、官庁といいます。それぞれの官庁は、どんな仕事をうけもっているのでしょうか。つぎの表を見て、

国の政治のしくみ

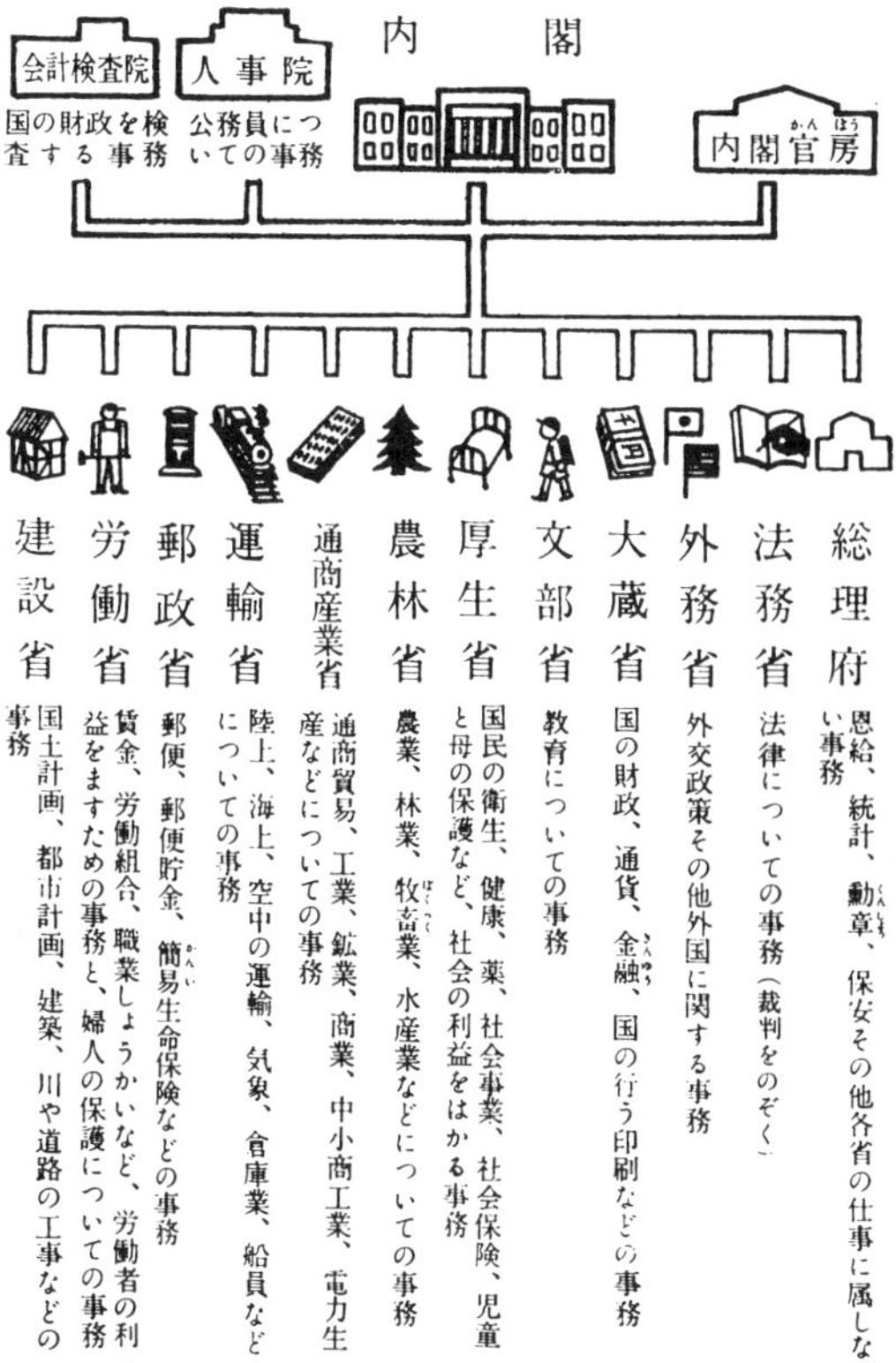
内閣
会計検査院
国の財政を検査する事務
人事院
公務員についての事務
内閣官房《かんぼう》
総理府
恩給、統計、勲章《くんしょう》、保安その他各省の仕事に属しない事務
法務省
法律についての事務（裁判をのぞく）
外務省
外交政策その他外国に関する事務
大蔵省
国の財政、通貨、金融《きんゆう》、国の行う印刷などの事務
文部省
教育についての事務
厚生省
国民の衛生、健康、薬、社会事業、社会保険、児童と母の保護など、社会の利益をはかる事務
農林省
農業、林業、牧畜《ぼくちく》業、水産業などについての事務
通商産業省
通商貿易、工業、鉱業、商業、中小商工業、電力生産などについての事務
運輸省
陸上、海上、空中の運輸、気象、倉庫業、船員などについての事務
郵政省
郵便、郵便貯金、簡易《かんい》生命保険などの事務
労働省
賃金、労働組合、職業しょうかいなど、労働者の利益をますための事務と、婦人の保護についての事務
建設省
国土計画、都市計画、建築、川や道路の工事などの事務

話しあってみましょう。

官庁で仕事をしている人たちを、国家公務員といいます。国家公務員は、国民ぜんたいのために働いているのです。

国を代表して、外国へは大使、公使などがいっております。

裁判所の仕事

裁判所は、社会の安全をみだすものがあったときとか、あらそいがおこったときなどに、法律によって公平にさばくところです。

どんなばあいに、裁判が行われるのでしょうか。

人のものをぬすんだり、らんぼうをしたりして、罪をおかしたと思われるものは、警察でとらえて、裁判にかけます。また、かした金をかえさないとか、名誉をきずつけられたとかいうようなとき、うったえをおこして、どちらが正しいか、さばいてもらうこともあります。

裁判所には下から上へ簡易裁判所、地方裁判所、高等裁判所、最高裁判所という段階があって、裁判にまちがいのないように、だんだん上の裁判所で裁判をやりなおしてもらうことができます。

家庭のあらそいをおさめるためには、家庭裁判所があります。

また最高裁判所は、国会で作った法律が憲法にそむいているとみとめれば、その法律を無効にすることができます。裁判が公平に行われるように、裁判は公開することになっています。

このように裁判所は、国民の権利をまもることにつとめているのです。

むかしの政治と今の政治

政治のしくみやしかたには、うつりかわりがあります。

江戸幕府の時代には、将軍や大名がかってに、きそくも作り、政治も行い、裁判もするというやりかたでした。また士、農、工、商という身分のきまりがはっきりしていました。村には名主とか庄屋とかよばれる人がいて、上からの命令を伝えました。名主や庄屋は、たいてい家がらがきまっていて、たれでもなれるというものではありませんでした。このように、いっぱんの人たちは、政治に口をはさむことができなかったのです。

明治になって、憲法がきめられ、国民の代表者が議会に集まって、政治のことを相談するしくみになりました。身分のちがいもなくなり、たれでもどんな職業にもつくことができるようになりました。村長や町長がえらばれて、村や町の政治をうけもつことになりました。

しかし、まだむかしからの考え方が、かなり強くのこっていたので、昭和二十二年に今の憲法が生まれたのです。今の憲法には、人間の権利はたれでも同じであることを、はっきりいっています。この憲法の考え方が、私たちの生活のすみずみまで、ゆきわたるようにしましょう。

4　りっぱな議員をえらぶために

人々の希望と政治

たれでも、健康で働けることを、のぞんでいるでしょう。

みんなの健康をまもってくれるために、保健所、水道、下水など、いろいろなしせつがあります。このようなしせつの費用は、どこから出ているのでしょうか。郷土や国の費用で、まかなわれているのです。

だから、健康で働けるようにというみんなの希望と、郷土や国の政治とは、きりはなすことのできない関係があります。

よい政治が行われるようになってから、病気で死ぬ人もだんだんへってきました。伝せん病をふせいだり、赤んぼうの死ぬのをもっと少なくしたりすることなど、医学の進歩ばかりでなく、政治の働きを必要とすることが、まだたくさんあります。

私たちには、国や県や町や村に、こうしてほしいというういろいろな希望があります。それは、自分のためだけのかってな願いではなく、みんなのためになる希望でなければなりません。クラスの生活をよくするために、郷土の生活をよくするために、国ぜんたいの生活をよくするために、どんなことを希望したらよいでしょうか。

学校、公民館、図書館、道路、橋、汽車、電車、郵便、電気、ガスなど、私たちの身のまわりのどれ一つをとってみても、郷土や国の政治と関係のないものはありません。

みんなのえらんだ地方議員、国会議員と、村長、町長、市長、知事などが、みんなの希望をもとにして相談して、これからする仕事をきめます。きまったことは、役場や県庁や官庁が実行します。

だから、国民の生活がよくなるのも悪くなるのも、おもに政治のよしあしによるのです。

りっぱな政治家

国の政治も地方の政治も、国民がちょくせつにたずさわっているのではありません。自分たちの代表者として、国会議員や地方議員、県（都、道、府）知事や、町（村、市）長などを選挙して、政治をまかせるのです。

こういう政治家が、りっぱな人であるかないかによって、私たちの毎日の生活は、よくもなり悪くもなります。その理由を、これまでに勉強したことをもとにして、考えてみましょう。

自分の利益だけしか考えないような人。

よい悪いを、正しく判断できないような人。

おおぜいの意見できめたことに、したがわないような人。

責任をおもんじないような人。

もしも、こんな人たちが政治にたずさわったら、どうなるでしょう。

私たちは児童会の委員を選挙します。どんな人がりっぱな委員といえるでしょうか。それをもとにして、りっぱな政治家とはどんな人のことか、話しあってみましょう。

正しい選挙

日本人は二十歳になると、たれでも選挙をする権利があります。

選挙をするには、一人一人が投票所にいって、自分のえらぼうと思う人の氏名を書いて、投票箱に入れるのです。

選挙するということは、みんなに与えられたたいせつな権利ですが、また一人一人がはたさなければならない、たいせつな義務でもあります。投票をしにいかないのは、どんな政治が行われてもかまわないという、無責任なたいどです。

選挙のときには、自分に投票してもらいたいために、金や品物をおくったり、おどかしたりする人がありましたが、みんなが選挙のたいせつなことを知ってきたので、そういうことはだんだん少なくなりました。

私たちは自分でよく考えて、みんなの幸福のために、まじめに努力してくれるようなりっぱな人に、すすんで投票しなければなりません。

そして、自分たちのえらんだ人が、みんなの幸福と正義とのために、ほんとうに働いているかどうか、また選挙のときにやくそくしたことをはたすために努力しているかどうかを、よく気をつけていなければなりません。

とりわけ、国会議員の選挙はたいせつです。

正しい選挙が行われ、そして国の政治が正しく行われるためには、国民の一人一人が、ものごとを正しく判断できる力を、身につけるようにつとめなければなりません。

（小学校社会科教科書『日本の社会』一九五四年、実業之日本社）

選挙と政治（学習指導の手引）

一　単元設定の理由

一

私たちの生活が幸いになるかどうかは、政治ときわめて深いつながりをもっている。政治が一部の人の手ににぎられて、勝手にうごかされるようなこともなく、よりよい生活に対する人々の希望が、いつも政治に活かされるようにするためには、なによりもまず政治についての関心を深めねばならない。

政治の如何はまた、選挙の如何にかかっている。国民の一人一人が情実にとらわれず、りっぱな人物を見ぬき、公正な選挙を行い、自分の選んだ代表のうごきに関心を持つようにすることが強く要望されているのはそのためである。

二

小学校のもっとも上級学年にあるこの期の児童たちは、学校生活の全般にわたって指導的な地位にたっている。全校自治会、各種の班活動の運営にあたっては、今までにない自治的な尊い体験を身につけている。どうしたら自分たちのねがいである楽しい学校生活がうまれるだろうか。そうした数々の問題、それらの解決の仕方、協力の仕方、いずれも、地方や国の政治を理解する上に、この上ない機会を提供している。

三

この単元は、私たちの生活がいかに政治と深いつながりを持っているか、選挙の如何がどのように私たちの生活にはねかえってくるかというようなことについて、児童なりに目をひらかせる上に大きな意味をもっている。

二　単元の目標

(一) 理解

1　学級、学校、P・T・Aなどを例にして、こうした団体がしごとをしていくためには、代表者を選んでしごとを進めていく組織になっていることを知らせる。
2　私たちの日常生活と政治とは、密接な関係があること。
3　政治は政治家のみにまかせるのではなく、国民のひとりびとりが関与すべきである。
4　正しい政治が行われるためには、りっぱな議員を選ばねばならない。
5　りっぱな議員の選出には、各個人の正しい判断力が必要である。
6　政治の仕方は、むかしからしだいに民主化されてきた。

(二) 態度

1　よい学級、よい学校にするために積極的な関心をもって努力する。しごとに責任感をもつ。

学級や学校でおこる、いろいろな問題を自主的に協力して解決する。
暴力を否定する。
奉仕的な行動をする。
2 批判力、正義観、正しさを貫く勇気をもって人を選ぶ。

㈢ 技能

1 学級や学校の問題を、できるだけ自分たちで相談し、協力し、処理できる。
2 見学したり、調査したり、面談したりして得た資料を要領よくまとめられる。
3 この単元で学んだ大切な言葉をつかいこなせる。

三 単元取扱い上の注意

1 現在の政治についての批判をこころみたり、政党に関することに深入りしたりするのはさけるようにしたい。
2 政治の機構や組織についても深入りする必要はない。むしろ、それらの制度や施設が本来私たちの生活を幸福にするためにあるということ、および、それらがどのような機能をはたしているかを、児童の経験をもとにして理解させることに、主眼をおくようにしたい。
3 政治に関する専門用語を使うようなばあいには、そのことばの意味をはっきり理解させておくことが必要である。
4 大人の社会の、しかも複雑な政治に関することが多いから、つとめて身近な生活と結んで学習を進めるようにしたい。
5　選挙が実施されるような機会にあったならば、できうる限りその機会をうまく利用するようにしたい。
6　むかしの政治について歴史的な学習が行われるが、それはあくまで現在の政治を理解させるためのうらづけとして扱う態度をはずれないようにしたい。
7　この単元は、つぎの単元「平和」、「人の一生」にきわめて密接な関係がある。

四　大切な言葉

政治、義務教育、教育委員会、地方税、国税、官庁、地方公共団体、地方公務員、国家公務員、議員、議会、国会、内閣、政府、裁判所、衆議院、参議院、国務大臣、内閣総理大臣、憲法、大使、公使

五　学習指導計画

㈠　予備調査

1　単元調査
(1)　全校児童会やP・T・Aの組織としごと。
(2)　自分の土地の教育費が全予算の中でどのくらいの割合をしめているか。その財源はどうなっているか。

（3）土地の役所のしくみ。
（4）最近、それぞれの地方議会できめたことで、児童に理解しやすい、具体的ないくつかの例。
（5）国として、自分の土地のどんなしごとに金を補ってくれているか。
2　児童調査
（1）児童は、学級や学校の委員選挙のときに、どういう観点で人を選んでいるか。
（2）児童は役所のしごと、国の政治、憲法などについて、どんな問題をもっているか。

（二）準備

1　教師の準備
（1）郷土の地図、県政地図、日本地図。
（2）日本国勢図会、県勢要覧、郷土の政治要覧。
（3）政治に関係した読物。
（4）幻燈、正しい会議のあり方、正しい選挙その他。
（5）選挙標語やポスターを集めておく。
（6）役所、税務署、警察署、裁判所などと連絡し、児童の質問にこたえてもらう、見学させてもらうなどの交渉。
2　児童の準備
（1）郷土地図、日本地図。
（2）各種年鑑類。

（3）郷土読本に類するもの。

（三）学習展開の一例

【導入】

1　学級や学校の自治会（児童会）のこの頃の運営ぶりを話しあい反省してみる。

2　学校の備品を買いいれたり、修理したりするのはだれが費用を出しているのか、という問題を自由に話しあう。

3　選挙の機会があれば、その話しあい。

4　選挙ポスター、標語、選挙の写真などを利用して自分たちの知っていることを発表しあう。

このようにいろいろ考えられるが、ここでは1の方法をとった場合の展開例をあげてみる。

1　学校生活をよくするために

【指導の要点】

1　学級や学校の生活をよくするために、自分たちはどのように努力しつつあるかを反省しあい、委員を選んでしごとをまかせ、みなが協力するしくみは児童会（自治会）だけでなく、先生やP・T・Aのしごとにも共通していることに気づかせる。

2　学級や学校をよくしていくためにおこってくる問題例えばみなの意見をどのようにとりあげていくか、民主的な会の持ち方はどうあったらよいか、きまったことに対しては、みながどういう態度であったらよいかなどということは、地方政治、国の政治をこれから学習していくうえに共通してくるきわめて大切な問題であるから、軽く扱わないようにしたい。

●クラスのいろいろな係

1　よいクラス生活をおくるには、どのような点にみなが努力したらよいか話しあう。
　自治会は大切な役わりをはたしている。
　自治会の民主的な運営の必要。
　きまったことに対する全員の協力。
　りっぱな委員を選ぶ。
　自分の分担したしごとへの責任を果すなど。

2　話しあったことが実際にあらわれるように相談する。

●全校児童会

1　全校児童会が、どういうしくみになっているかをはっきりして、代表制になっていることがなぜ必要か、代表制の場合はどんなことに気をつけねばならないかなどを話しあう。

2　委員の選び方、選ばれた委員の心がまえについて意見を出しあう。
　全校児童会がりっぱに役わりをはたすのには委員は責任感をもって積極的に行動する。
　みなの意見が児童会に反映するようにする。
　きめられたことが行動にあらわれるように、方法をよくくふうする。

みなはこれに協力するなど。
これら話しあいが実践されるよう導く。

●P・T・A

1　学校生活をよくするためには、先生はもちろんP・T・Aもいろいろ努力してくださることを教科書を読んだり、先生の話から理解する。

2　P・T・Aのしくみをしらべる。
よい学校にするために、先生も父母も努力している。P・T・Aは委員制になっており、しごとをわけあってさまざまな努力をはらっている。

児童自身どういう協力をしたらよいか理解する。

2　郷土の生活をよくするために

【指導の要点】

1　学校は公共施設の一つであって、諸経費は国や地方によってまかなわれている。つまり、よい学校にするということは地方や国の政治と結びついているということに気づかせる。

2　教育のために努力してくれる教育委員は、地方の人たちから選ばれ、その地方の人々の意志を代表してよい学校をつくるために努力していることを理解させる。

3　役所が郷土の生活をよくするために、しごとをうけもって努力していることを理解させ、それらのしごとは地方議会できめられるのであって、それは地方の人々の意志が反映してあらわれてくる。つまり、地方の人たちは自分たちの意志を、政治のうえにあらわすことができるのだということをつかませるようにしたい。

4　また地方の政治は、国の政治ときりはなしては考えられないことに気づかせる。

5　役所の機構にくわしくふれるよりは、生活のごく小さな問題まで政治に関係をもっているという事実に多くふれるようにしたい。そして、政治は自分たちの意志で動かしうるのだということをはっきりさせる必要がある。

●郷土と学校

1　学校を建てたり、維持したりする費用はどこから出ているのかを考えさせる。
学校は公共の施設であり、費用は地方や国で負担している。
病院、保健所などの公共施設も同様である。

2　教育委員というのはどんなしごとをしているかしらべる。
郷土の教育について、教育委員会の役わりは大きい。
郷土の人たちによって教育委員は選ばれる。
郷土の教育については、郷土の人々の意志があらわれるしくみになっていること。

●郷土の役所

1　郷土の役所へ、家の人たちはどのようなときにでかけるか話しあう。
　役所と家との関係

2　郷土の役所とそのしごとをしらべる。
　機構は土地によりちがうが、教科書を参考に整理。
　町長や村長はその土地の人によって選ばれている。
　地方公務員は、その土地のために働く人々である。
　警察署、公共職業安定所、保健所などのしごと。

・地方議会

1　全校児童会が、学校の自治活動の上に大きな役わりをはたしていることと同様、地方自治の上にもそうした機関がないだろうかということについて話しあう。
　地方議会の必要性及びその役わり……議決機関
　　その地方の人々の手によってその地方の人々の幸福な生活をめざしている。

2　地方議会の構成についてしらべる。
　地方公共団体の議員定数……人口により違う。
　議員の任期……四年
　地方議会のしごと。
　　議決をすること。その地方のきまり（条例）を制定したり改廃したりする。

歳入歳出予算をきめる。決算を認定する。
地方公共団体の事務の監督をするなど。
地方議会できめられたことは、県（道、都、府）庁、市町村役場によって実施される。

• 地方の政治と国の政治

1 教科書を読んで、地方に自治をまかせてはいるが、国として地方にゆるさないしごとにどんなものがあるかをしらべる。
地方公共団体のできない国の事務。
司法に関する事務。
刑罰及び国の懲戒に関する事務。
国の運輸、通信に関する事務。
郵便に関する事務。
国立の教育及び研究施設に関する事務。
国立の病院及び療養施設に関する事務。
国立の航行、気象及び水路施設に関する事務。
国立の博物館及び図書館に関する事務。

2 地方にはどのような国の出先機関があるかまとめてみる。

3 国が地方公共団体のしごとをどのようにたすけているかを先生から聞く。

一例、学校結核予防費補助、六三制整備費補助、生活保護費補助、保育所母子寮などへの補助、保健所費へ補助、都市計画事業の補助、庶民住宅建設補助、失業対策費補助など。

4　地方公共団体や国がしごとをしていく上の費用が、どのようにしてまかなわれているかをしらべる。

教科書の円グラフをみる。統計年鑑をみる。

5　国や地方の税にどのようなものがあるかを、家で聞いて話しあい、まとめてみる。

国税、直接税……所得税、法人税、相続税など
間接税……酒税、物品税、関税など
地方税

3　国の政治を正しく行うために

【指導の要点】

1　政治の根本には、人間の基本的な権利を尊重する憲法の精神があることを理解させる。
2　日本の憲法の大略を理解させる。
3　国の立法、司法、行政の三権分立について、それぞれの機関のもつ意味、しごとの大略について理解を深める。
4　現在の政治の底に流れている考え方（憲法の精神）が、どのような過程をへて生まれてきたかを、特に江戸時代の頃とくらべ、国民のための政治の進歩に関心をたかめる。

●日本国憲法

1　憲法記念日の意味を話しあう。
2　憲法はなぜ大切なのか話しあう。
3　憲法にきめられた主なことを整理する。
　教科書、学習事典類を参考に

●国会の仕事

1　教科書によって、国会のしくみ、主なしごとを整理する。
　二院制の意味……慎重な議決
　国会の最高の立法機関、国民の意志の反映
法律はだれかがかってにきめるのでなく、国民どうしの約束である。
議員が国民の意志を代表して議決に当る。
国会の主なしごと（教科書による）

●内閣の仕事

教科書によって内閣の役目と、しくみの大略を学ぶ。
内閣総理大臣と国務大臣とがなる。

国会できまったことを諸官庁がそれぞれうけもってしごとをする。
国家公務員は国民全体のために働いている。
大使、公使は国を代表して外国に派遣されている。

●裁判所の仕事

1　裁判所はどのような役目をもっているところか、話しあう。
裁判所の権限　あらゆる法律上の争いについて公の判定をし、これによって憲法その他の法規が正しく行われるようにする。つまり国民の権利を保護する。

2　裁判が公平に行われるようにするために、どのようにことが行われているかしらべる。
裁判所は外部からのどんな力によっても動かされない。
不服の申したてをして、裁判をやりなおしてもらうことができる。（第三審まで）
裁判は公開することになっているなど。

●むかしの政治と今の政治

1　今の憲法できめられている政治のしくみや、個人の権利が、むかしはどうであったかを学ぶ。
江戸時代の幕府政治と対比してみる。
立法　将軍や大名によってきそくが作られた。
一般の人は口を出せなかった。

行政　名主、庄屋が村で上からの命令を伝えた。
彼らは通常世襲であった。
司法　武士階級に有利に行われた。
個人の自由　学問、信教、言論、居住すべてにおいて、自由は制限され、階級性が強かった。

2　明治憲法の誕生について先生から聞く。
明治憲法　藩政をやめ、階級制を廃し、公議によって政治をしていこうという改革であったが、天皇に主権をみとめ、大きな権利をもたせていた。政治の上における男女の差や平等といいながら華族をみとめ、信教の自由をときながら、神社を国教のように取扱っていたなどの欠点をもっていた。

4　りっぱな議員をえらぶために

【指導の要点】

1　政治家のよしあしが政治に関係し、政治家のよしあしはそれを選ぶ人々の認識に関係していることをつかませる。

2　したがって、如何に選挙が大事な役わりをはたしているかということに気づかせ、正しい選挙のためにどのようなことが必要であるかを考えさせる。

• 人々の希望と政治

1　教科書をよんだり話しあったりして、健康な生活ということが、政治とどう結びついているかをつかみとる。
健康な生活は一人でいくらがんばってもできない。
社会の協力が必要である。
人々の声が施設やきまりになって現われる。
これは健康な生活だけのことではない。

●りっぱな政治家
どのような人を政治家としておくったらよいかを、児童会の選挙の例から考えてまとめてみる。

●正しい選挙
1　選挙権はどうなっているかしらべる。
2　選挙のしかたを聞く。
あらかじめ選挙の参観をする機会があると、大そう有効である。
家の人や、役場の人に聞くのもよい。
3　選挙についての心がまえを話しあう。
棄権は政治への無関心のあらわれ。
利害にとらわれず公正に。

選んだあとも政治をみまもるように。

【終末】

私たちの学校生活をよくするために、どうしたらよいかを、今までの学習をもとにして研究する。

・児童会のあり方

きまりのきめ方、協力のしかた。

学校生活をよくするためにほしい施設で、自分たちの力で考えられるものなど。

学校生活のためにこれら事項をいかすように努力する。

（四）学習効果をあげるためのくふう

1　一斉に同一問題を話しあい、討議したり、グループに分れていくつかの問題をそれぞれしらべたり、ある時は個別に学習を進めるといったように、学習の形を問題に応じてくふうする必要がある。

2　こうした単元では、児童にしらべることを要求したばあい、児童が材料を入手することの困難から、いたずらに労力と時間を空費するおそれがある。そのために、その資料を通して学習を深めていこうとする大事な次のねらいがおろそかになりやすい。

このような心配をなくすためには、なんでも児童にしらべさせようとする学習のしかたをとらず、ときには先生が説き聞かすこともあるし、資料を理解しやすいように整理して与えることも考えねばならない。

（小学校社会科教科書『学習指導の手引』一九五四年、実業之日本社）

終章　憲法の芽を生やせられないか

——柳田國男最終講演

日本民俗学の頽廃を悲しむ（講演要旨）

私が柳田でございます。今日は急な催しなので、だしぬけにやって来て、これという計画もありませんが、この機会を作りたいとは思っていました。

千葉県との関係は、実家の親の墓と兄の墓があり、時間が間に合わなく、泊まれといわれた時にことわる口実がなく、こっちをまわって行こうという妙な考えを起こし、お目にかかる機会を作ったわけです。

隠居老人のごとく、大分渡してしまって、あとどうなるか。猫も杓子も民俗学というが、そうでもなさそうなのがまじっている。で私の様に欲望のないのが現れて、苦労をしている。

戦後の状態は今までの学問をすればいいのでなく、老人が心を休めて世を（このあと聞き取れず）……。

私は半分は郷土みたいで、ここはしゃべり易い。最近十年か十五年は縁がないが、友達も出来ました。それで怒るかもしれないこともいっていい。喰ってかかられてもいい。これからどうなるかを一つの主題として、学問に携わる人の心を動かしてみたい。

民俗学を無造作に使うが、あれには色々問題がある。民族学と民俗学は、支那ではアクセントが違う。日本は同じですが、民族学の会があるのに、あの字は使いたくない。俗の字はくせもので、俗にこういうとか、俗は俗人とか、まとまった意味がない。支那で訳して、使ったのを日本にもって来たと思う。

私も人真似で、滑稽だが、十年前に文集を出した時に、あなたの本を読むと、民俗学が二つ使ってあり、話一つ一つで意味が違うといわれた。そこで理くつの合う方にしてくれと答えたが、それからは使わないことにした。それで日本民俗学と使っている。民族学会の様に複数で、Sのつく奴は、これは別。

民族学協会だが、渋沢さんが中心でやっている、日本民族学協会は民族の文字で、日本と協会がついている。私は使わない様にしている。それでは使わないのにはどうするか。

これは歴史もあるし、初めてこの学問が出た時は英国にしかなかった。英語しか知らない時代で英語だけでやっていた。それがのちに仏国やドイツでもやる様になって、まぎらわしくなった。英国における民俗学はフォークロアで、これは一定の定義があり、歴史があって、よくわかっています。

それから七、八十年後、ドイツが作ったのに、フォルクスクンデがある。フォルクとはネーションに当たる。沢山の国民の生活、ヘルケル、フォルクスクンデ、単数、ドイツのみ。VOLK——ドイツは、もとのおこりは同じ。国民のでいい。フォルクは、学問を離れた馴れ馴れしいもの。これは百年から百五十年前に英国で作った。

普通人の、学問のない人の人生知識に対して、いい名がなかった。俗人古代学ともいったものである。バルガア、トムスという人がフォクロア（LORE）といい、昔の学問という古い語で、学の字がある。人の持たない知識を持っていて、それを教えてくれる人、それがロアで、フォルクは家人によろしく、「マイ　ベスト　ウイセス　フォーク」で、親しみのある語であります。ロアは、メデシンロア（民間薬）やポイントロアとか、上品なことばで、レールニング、ラーニングと縁のあるものです。古風な、古くさい知識、農民たちの知識、普通人の知識、それがフォークロア、昔ものの持っている知恵。

五十年は話題に出たのみだが、一八七〇年ごろから雑誌が出て、それが続いている。古冊子があった。雑誌はのちには薄くなった。英国のみのことでは問題出しつくした形。少しいやになったのは、英国の農民生活の材料になればいいというので、アフリカやオーストラリアを書くから、今は余り気に入らないが。私はただ一人で、日本人で入会していました。でも大戦争で連絡が絶えた。今更外国のことで苦労する必要もなく、ロンドンの大学に事務所があったが、今は会費も切れたかと思う。今から三年前に見せてくれた人があり、又再びやっているようで、一人だけ読んでいる人がある。

インダストリアル・リボリューションが成果をあげたので、古いものは残っていなく、これは面白くない。

私らが学問を始めた時分には、この影響を受けた。

日本は歴史が古い。そこで残っていることは事実だが、書いてあることは限られています。神武天皇からのしばらくのちは、何も書いてない。崇神天皇まで。その後も書いてあることはごくわずかです。国のないほこりのみで、迷いを散ずることは出来ない。

外国の例も参考にしだしたが、国学者の領域、それのみでは駄目です。今日は同じ農民といっても、人を指図出来る人と、物を作るのみの人もある。東北は米を作っても、自分らは稗や粟を食べている。わからないと答えるのが正直で、理屈はつけられない。全然昔からの痕跡がないならあきらめるが、わかるかも知れないことがある。唯年代をはっきりさせられないが、昔はこうだったとか。

「史」は「フヒト」といった。文章で書けるから「史」であって、奈良朝から、東の史・西の史。朝鮮から来た百済《くだら》の子孫がそれです。世の中をどうして暮らしたかわからない。六国史が終わりで、しばらく似たものを作らず、京都のことを書くが、その他はわからない。なかったのではないが、その証拠にはそれではわからない。

歌は大変はやった。恋愛は歌から始まった。だれまで、歌をよむだけの能力や経験があったかわからない。ほとんどわからない。

あせりぬいている時に、民間伝承、フォークロア、コモン、普通人の過去史、常民信仰、これが出来るかどうか。しかし楽観した。日本人は混合が少ない。百済人も来ているが、段々同化してしまって、甲乙の差が違うとわかる位、一般性を帯びている。

文字を当てにしないでいると、英国の田舎を調べるより、東京の周囲でもわかる。これが最初の動機で、成功するかしないかわからぬながら、モノマニヤック、学問を盛んにするために、少しずつ世の中から注目され出した。

あらかじめ方法を必要とする。縁もゆかりもないものを取りあげ、その間に共通点を見出す。足利時代のこと、太郎冠者は主人におもねったが、地主はどういうものだったか。さかのぼればのぼるほど不たしかになる。五百年前、三百年前の農民の生活は、どれだけ幸いで、どれだけ不幸だったか。用途を限定してやりました。

こういう楽しみがあると、いざなったので、面白いものといったので、やや弊害が出てきた。民俗学で、お化けの研究、職業婦人（色をひさぐ婦人）の生活をしらべている。一九六〇年には、知らぬでもいいこともわかってくる。それはなまくらもの、楽しみをしながら生活してゆく人が多い。これがふえた。日本の将来には、判断することは出来ないが、ある程度までは、ここまではいえるということをいいたい。

十数年に学会つくってやっているが、共同研究で、遠方の縁もゆかりもない所を比較してやってゆく。そこに共通点のない所が面白い。ここにもある、そこにもあるという形跡を残しているので、昔の（このあと聞きとれず）。

村の結合、このころ村が大きくなったが、山あいの一かたまりの中で、その間の折り合いをどうつけているか、説明できないと困るんです。今は有力者の顔でどうするとかいうようになったが、それはいやです。しかしそれが選挙です。隣の人とちっとも考え合わさず、個人が判断を持っているべきです。大勢だといわれるとまけてしまう。新かななどはきらいです。投票なども、頼まれたから、違ったのを投票するとわかるから。普通選挙やりつつ、そうでない。十人か十五人が大声で叫ぶと、他の人も反対しない。これが一人一人の自由選挙でない。この形をなくして、一人一人が自分の生活から割り出したもの。

その時代がどうしたら来るか。日本人は事大主義で駄目というが、頼まれたらやる。そこの個人の自由と縁のない選挙。これが長く続くと、ヤマカンな、暴れものの仕事が成功すると思います。自然の力で自分の衆望を集めるには、地方の公共団体から始めるべしです。自分の自由意志があるか、それをどうしたらよいか、少しでも反省して、先方がそういかなかったら、私は、自分の思う選挙が出来るようにしたい。

憲法の芽を生やせられないか。はっきりわかるかどうか知らないが、上にいるものが、一々聞くことが出来ないから、今の傾向ならこっちが多いとか、こうするとかの用意が必要です。昔は氏族制度があり、利害を考えた。自分の一族のために。角をためて牛を殺すといったが、今のように金銭の必要はどうか。そんなに金がいるのに、何百万円使ったといいつつ、やかましくいう人はない。運動員を使い、金をばらまく人もあるが、これは元来、それを許す人種だったか。あきらめるか。

上に対する内緒ごとを、少しも秘密でなく、隠しごとをみて、日本の昔からの流風で、習俗で、一国の歩くべき道かどうか。世の中を改良する道がないか、吾々の心がけで直せないか。英国で選挙の腐敗した時代があって、本が出来たが。教育の力か、正しいことを教える人があって、運動もさせないで、運動は金もらうことと思っていた。一人一人が現金と引き換えにやった。それは少ない。一般の人気が常識で、世の中の常ではないか。それと知らずにいるのはどうかと思う。

学問は国のためにならねば、する必要はないと思う。道楽にしている人は何も考えない。学問の種類を楽しみ、面白いだけでやってはいけない。エロチックの本が（親子の間で読めない）、今はないが、今もまだ駄目です。私は教育は大事と思います。歴史が教育にあるなら、昔の経験を少しでも生かせというわけです。現在は疑いから出発した調査が必要と思う。何か歴史の中に書いてないか。フォークロア（普通人の知識）の中に、何かないか。

人が見ていなければ、してもよい。『蒙求』の中に「天知る地知る人が知る」とある。たれか隠れた所にいて、いいとかわるいといっている人があるうちはよかった。それがおとろえてしまった。国学の先生はそのような傾きの人で、先祖の、子孫の幸福を考えている。見ているんだと、先祖が見ているといった時代がある。道徳をおさえたわけです。人さえ知らねばいいでなく、神様は知っている、自分の信じている仏様も。自分の身内に近いあいつが、世にいるが、下手なことをいわぬとよいがということになる。先祖のたれかが聞いている。そんな感じを持つ。善悪をみずから批判するか。指導者のいる、その出発点が知りたい。

若い人は何を聞いても新しいが、その中に何かためになるもの、生活のためになるもの、それを探す。皆を幸福にする方法として考えてみるべきです。常識として持っていない人はない。今の世に通用しないという人がある。人間の過去、日本人の過去はわかっていない。唯方法をもってすれば、周辺はわかる。日本人は同じ人種で、同じ祖先だから、お互いに知り合って、百里の遠くの人も。

昔のことを文字以外で知るのは、郷党でかねて注意しているものを、知己を得ていい。日本民俗会員、縁の深い、知識のない方へゆくと、会員がいるから、そこへ頼み調べる。長い間に積り積もってゆく。気がとがめたことは同じ。必ずしも法律のしんさ（このあと不明）。

親の代まではこんな習慣があった……。

話が少し抽象的になった。

私は初めて学問始めた時は、面白くて、目を丸くさせたが、今は学問は世の中のためになるようにしたいと思っている。このままだと、世の中はもっと悪くなると思う。外からは日本人は元来……（この部分不明）といわれるが、日本人も自暴自棄になっていて、学問の実用を余りいわないが、むしろ今日まで考えなかった。

近ごろ、カラカラと笑うことを書いていいというが、何のためにこの学問をするのかという人を探したい。二人きりで話し合った時、それで学問やっているのかときかれた時に、答えられるようにしたいものです。私のやっているのは大したものでないが、友だちにきかれた時、念頭においておきたい。

雑誌は切れ切れならいいが、やはり、これだこれだとわかるようにしたい。地方にある雑誌は五十人か三十人のみで読んでいるが、珍本になるのみでなく、もっと広く、東北の人と九州の人にきいて、疑いを送ってみたまえ。わかる人はわかる。わからぬ人はそのままわからぬ。千葉県の民俗会に当てはめると、遠くの人との連絡を考えていないから、日本の四十三県は都会について注目されている。県下の患を共にする。遠くの人を先にして近所の人はあとにせよ。こんなことがあるから、今書こうと思っていることが書ければ、時代と共に学問は変化する。人のニヤリと笑うのをやるのみでない。実用を考えたい。

今日は日曜でないので、……（不明）、何をいうかは好奇心でない。来なかったとしても同じでは、私もいやです。学校やお役所も思いがけない知識を供給してくれます。具体的なことは会員にきくとよい。不審をいだくかどうか、お互いの間で助けるとよい。戦争後郵便賃が五円になった時、おこった人があるが、葉書でもこまかく書けば随分書ける。日本の国内の人が知り合いになれるよう、この会の目的にしたらよいと思う。

単刀直入にいうが、今日流行の民俗学は奇談・珍談に走り過ぎる。平和の中にあるのがいい。思い出せば、ああそんなことだったか、それでいい。

私のように無茶苦茶に書いたものもあるが、こんなこともいっていると、自分でも珍しがる。実は愛国心を、国のどうなるかを解決するようにしたい。果たして老人の愚痴か、何か意味を持たせて欲しい。共々にいくらかでも、今の時世の不安を片付けてゆくようにしたい。他人の分までもお考え願いたい。

私は千葉県に長い歴史がある。千葉県の人でも、郷土出身者のようになっている。友だちも多い。東京との間に、神奈川県が盛んだから、交互に会場を作ったらどうか。人と人との交通をやるとよい。選ばれている人、書いたものを雑誌に出している人とつき合うといい。

謄写版も金かかるが、一時は盛んだった。三十ぐらいあったが、今は十ぐらいしかない。三百か四百冊出したが。たれか一人、珍本を作るためにおいておいて、しまっておくと珍本になるよ。

（呵々）

私も気楽すぎた。日本は今は憂うべき時期です。で、このまま過ぎて、特長のない国にしないことです。ベトナムぐらいになるだけ。東南アジアの小国と同じになってはいけない。政治の問題は気になる。これが憂うべきものなら、それを基礎から固めておくとよい。疲れたからこの辺で。

（『伊那民俗研究』第三号、平成四年一二月二五日、柳田國男記念伊那民俗学研究所）

編者解説――もう一度、「公民の民俗学」に向けて

大塚英志

柳田國男の書物なり思想が魅惑的であり、そして同時に全体像が捉えにくいのは、その双極性とでもいうべき思想の分裂に目が届かないからだ。一人の人間の思想なり学問が一貫した合理性を持つという思い込みはそもそも錯誤でしかないが、それに囚われた瞬間、私たちは柳田國男という人を見失う。

柳田國男の学問は敢えて図式化してしまえば「ロマン主義的文学」と「公民の民俗学」の二極の間を往復し、その上、しばしば一つの主題がその双方の文脈で語られる。この解説ではそのことをふまえた上で一方の極である「公民の民俗学」について概観する。

双極の一方の「ロマン主義的文学」の代表はといえば、柳田に触れた者の多くが最初に虜になる一群の「山人論*」であろう。この列島の先住民の末裔たる山人の実在を伝承と現在の狭間に立論するもので、その魅惑たるや柄谷行人に文明論を一冊語らせるほどである。「日本人」の起源を虚構＝神話上の古代にまで遡り、「日本人」としての「私」を担保させようとするロマン主義的な思考は、この「山人」と同様に『海上の道』に於ける「南洋」や『先祖の話』に於ける「先祖」イメージとして繰り返し彼の中で表象化される。その柳田のロマン主義的想像力については

同時代にあっては、例えば与謝野晶子が『明星』誌上で憧れとともに書き遺しているように、明治のラファエロ前派とでもいうべき田山花袋、島崎藤村らの文学グループの中核にあった新体詩の詩人・松岡國男の詩的想像力に何より由来する。松岡とは柳田の養子入り前の旧姓であり、明治期に刹那《せつな》、存在した新体詩の代表的詩人がその人である。

対してもう一方の「公民の民俗学」とは柳田民俗学をいわゆる「経世済民」の学として評価するかつては良く知られた文脈に近い。しかし注意すべきはそれが「学問」でなく、公共性の社会運動論とでもいうべき実践の設計としてなされた点だ。つまり柳田なり民俗学者がその学問を以て社会や人々にコミットするのではなく、ある時は柳田によってためらいがちにそう呼ばれた「常民」その人たちが、自己認識と社会変革のツールとして自らそれを使いこなすインフラをつくるための社会運動論として、それは一貫してあった。

その運動に於ける方法論の中核にあるのが、社会や習慣をある意味、理系的に観察する「自然主義」である。柳田にとって「自然主義」が「文学」ではなく社会観察を踏まえた社会変革の運動であったことは、後述するように盟友・田山花袋の死に際して「自然主義運動」に於けるその貢献を評価したことでも明らかである。

このように、多くの人々が当然のようにひとつのものとしてとらえようとする柳田の「民俗学」とは、二極の往復、あるいは二重露光の「重ね撮り写真」としてある。

その具体相は柳田の書の細部にいくらでも見て取れる。『遠野物語』を一例として示せば、序文の一説「自分も亦一字一句をも加減せず感じたるまゝを書きたり。」に於ける意味の二重性であろう。一方では「加減せず」の四文字ではグリム兄弟のロマン主義文学集である『グリム童話集』の同様の文言と重なり、他方では「感じたるまゝ」の部分は、近代的な自我を以て自然科学的な観察を行う方法論を当時意味した、明治期の文壇用語であった。事実、柳田の周辺で田山花袋や国木田独歩や島崎藤村が多用している。こういう二重性を踏まえれば『遠野物語』の「外国に在る人々」という献辞さえ、前者の文脈では同書は海外にあっても日本を忘れるなという民族主義的な民譚集となり、後者の文脈では、近代日本の現在を外部からの観察者の視線で見据えよ、という他者性に満ちた書物にもなるのだ。

本書が扱うのは序でも触れたように、その後者の部分、つまり社会を観察し変革していく運動を設計することに関わる部分、ひらたく言えば、民主主義及び主権者教育に関わる論考である。ぼくは必要に応じて柳田のこの側面を「公民の民俗学」と読んできたが、そういう名付けの類は実のところどうでもいい。それは柳田自身が彼の「学問」を生涯どうにも名付けかねていたからである。ロマン主義的な方向にせよ公共的な方向にせよ柳田の学問は、アカデミックな名付けから逸脱していく。それがこの人の「学問」の魅力である。

だからこそ、ここで注意しておきたいのはその生涯で繰り返された、ロマン主義と公共性の交代が、いかなる契機でなされたのかという問題だ。その双極性には、当然だが一定の規則性がある。それは捉え難い彼の「学問」の全体を理解する手懸りにもなる。

柳田のロマン主義文学から公共性の運動への明らかな転換は少なくとも三度、なされている。タイミングとしては、日露戦争、関東大震災、十五年戦争の敗戦の直後である。これらの出来事を「国難」と呼ぶのはいささか時代錯誤的であり、戦争と自然災害を引っくるめて「厄災」と呼ぶ安易さもためらわれる。しかし少なくともそれは大衆一般に危機が及んだ出来事であった。最初の転換、つまり柳田の最初の社会化と重なる日露戦争は、勝利後の狂騒とは別に十一万数千人の戦死者を出した。総動員数に対する戦没率は病死を含め約三〇%とも推察され、その犠牲が大衆や「社会」そのものに広く及んだ「危機」であったことは確かだ。関東大震災や十五年戦争の敗戦もその限りで同様に大衆の危機である。

そしてこの三つの時期は、この国が民主主義に向かおうとした三度の転換点とも重なり合うことは言うまでもない。即ち、日本に於ける社会主義の勃興期、大正デモクラシー、戦後憲法の制定による戦後民主主義の出発という、この国の近代で幾度も繰り返される民主化への胎動が柳田の転換の背景には常にある。

この解説ではその三度の転換を軸に柳田の「公民の民俗学」運動を概観する。

最初の社会化以前の柳田はロマン主義の中にあった文学青年だった。そもそも明治前半の自由民権運動の時代は幼少年期であり、「神戸の叔母さん」の許に出奔したり（四歳、一八七九〔明治十二〕年）、祠の前を掘ると古銭が出てきてその刹那、昼間なのに天井に星を見る（十三歳、一八八八〔明治二十一〕年）など「神隠しに遭いやすい」、つまりロマン主義的な感受性を発揮した多くの挿話を自ら語っているのはよく知られる。その神隠しに遭いやすい少年が多感な青年期をロマン主義的な新体詩の詩人・松岡國男として生きて、ようやく「詩のわかれ」を決意するのが農商務省に入省する一九〇〇（明治三十三）年のことである。これ以降、柳田は日露戦争を挟む形で明治国家の官僚として生きることになるが一方では、文学を書かない文学者として文壇の一角を占め西欧文学を花袋ら仲間と熟読する。その中で柳田の「学問」の方法論的基礎となる自然主義が構築される。それは自然科学的な観察を花袋のように「私」やその周辺に向けるのではなく、社会や習慣や歴史、いわゆる「第二の自然」に向けるものだ。

同時に柳田は、社会政策論を思想の基調に置くようになる。東京大学初代綜理・加藤弘之が唱え、明治国家の基本原理でさえある社会進化論的な「優勝劣敗」の社会が必然として生み出す問題を、社会という主体が「社会問題」として受け止め解決すべきだという考え方だ。そして農業政策にコミットしようとする。

その中で山民社会の経済システムに原始共産制を見る『後狩詞記《のちのかりことばのき》』（一九〇九年）を書き、農政学の書として『時代と農政』（一九一〇年）を刊行する。

この時期は後の二度の転換ほどに劇的ではなく、新体詩という青春の文学と別れはしたものの、彼の文学の作りかえ（例えば、社会・習慣を記録する「自然主義文学」としての『遠野物語』の執筆）と、農政学の構築のための、学びの時期でもあるとも言える。

それでも、この時期、柳田は自分の学問は社会政策論だと自覚していることは確認しておいていい。彼は新聞記者にこう言い放つのである。

△日本の中で社会主義の人であるとか、又は社会問題を研究するという人でも、見渡す処真面目にヤッて居る人が実に鮮《すくな》い様に見えます、（中略）社会問題の研究は元より結構な事

である計りでなく、私も実際此側のものなのです
（「柳田法制局参事官の談片」『河北新報』一九〇二年八月二二日、河北新報社）

無論これは国家官僚としての社会主義思想への牽制の意味がある。しかしそうであっても自分は「社会問題の研究」の「側のもの」と言い切る。それが柳田の自負でもある。

柳田が花袋とともに共有したと述懐する「自然主義運動」の時代がこの時期である。柳田は観察という自然科学の方法を花袋のように「文学」でなく社会政策の基礎に給すべく、「社会」や「習慣」の記述に用いようとしたが、全体としてはロマン主義と農政学の二重写しのままであることは否めない。柳田の山人への視線は現在では植民地政策との関係が批判されるにしても、台湾先住民族や被差別部落といった今のことばで言えばマイノリティーに向かいもした。

その中で柳田なりに「公民の民俗学」とそうでないものの線引きをしようとしていた。明治末から大正初めの南方熊楠との論争が知られるが、柳田は狭義の「民俗学」は「趣味」に過ぎず、自分が試みているのはルーラル・エコノミー、地方経済学だと南方に啖呵を切っているのは印象的だ（「記者申す」『郷土研究』第二巻第七号、郷土研究社、一九一四年）。

大正天皇の即位礼で、いわば「近代日本」の他者であるサンカの煙を見上げもし、大正八年末、官僚生活に別れを告げ、向こう三年間の国内外の自由な旅を条件に朝日新聞入りをする。

柳田は再びこのあたりからロマン主義へと向かう。

この時期の柳田は生涯を通じては決して良好な関係と言えなかった弟・松岡静雄とともに、第

一次世界大戦で赤道以北の太平洋諸島が日本の委任統治領となったのをきっかけに「南洋」への関心を拡大させる。その中で「第二几上南洋談」（一九一八年）、「几上南洋談」（一九一九年）を執筆する。そして一九二一（大正一〇）年頃から列島を南下して沖縄に至るところで新渡戸稲造の推挙でジュネーヴの国連行きが決まるのだ。柳田の南洋への関心は「日本人とどんな縁故があるか」（『故郷七十年』）、つまり起源論であり、「几上南洋談」でも「シージプシイ」、つまり海洋漂泊民への言及があり、戦後の『海上の道』に連なるロマン主義的起源論へと強く傾斜している。しかし国連の委任統治委員としてジュネーヴに赴任した、ということはロマン主義的山人論が同時に「台湾」先住民への植民地政策論であったように、「南洋」も結果的にはロマン主義と政治のダブルミーニングであった。

その「南洋」への起源の旅は前述の通り沖縄で中断するが、ジュネーヴでは戦時下、日ユ同祖論者となり翼賛会でジェームス・チャーチワードの奇書『失われたムー大陸』の翻訳に関わる藤沢親雄《ちかお》と親交をもったり、そのロマン主義の軸足がいささか危うい印象さえある。

その柳田が一転して再び社会化するのは、ジュネーヴからの岐路、関東大震災の報を受けた後である。

大正十二年九月一日の関東大震災のことはロンドンで聞いた。すぐ帰ろうとしたが、なかなか船が得られない。やっと十月末か十一月初めに、小さな船をつかまえて、押しせまった暮に横浜に帰ってきた。ひどく破壊せられている状態をみて、こんなことはしておられないという気持になり、早速こちらから運動をおこし、本筋の学問のために起つという決心をした。

（『故郷七十年』一九七四年）

「本筋の学問」に戻る、「運動をおこ」す、と宣言したわけである。晩年の回想録の記述であるから後付けと穿って見ることも可能だが、「本筋の学問」という言い方の中に、それ以前、柳田がいわば脇道なり寄道にあったと意識したことがうかがえる。何よりその「本筋の学問」と「運動」が一体となって意識されていることは重要である。事実、「こちらから運動をおこ」すというこ とばに偽りなく、帰国（一九二三年）から翌一九二四年にかけて少なくとも十か所の講演を精力的に行って、それをまとめたのが『青年と学問』（一九二八年）である。

そして重要なのは、柳田がリセットしようとした「学問」の目的である。それは普通選挙施行に足る選挙民の育成である。日本では一九二四年六月に満二十五歳以上の成年男子に選挙権が与えられた（女性たちが選挙権を手にするのは残念ながら戦後まで待たなくてはいけない）。日本人の起源論から帰還した柳田は、普通選挙に備えた「学問」の必要性をこう説く。

今が今まで全然政治生活の圏外に立って、祈禱祈願に由るの外、より良き支配を求めるの途を知らなかった人たちを、愈々《いよいよ》選挙場へ悉く《ことごと》連れ出して、自由な投票をさせようという時代に入ると、始めて国民の盲動ということが非常に怖ろしいものになって来る。公民教育という語が今頃漸く唱えられるのもおかしいが、説かなければわからぬ人だけに対しては、一日も早く此国此時代、此生活の現在と近い未来とを学び知らしめる必要がある。しかもそれを正しく説明し得るという自信をもって居る人がそう多くないらしいのである。ここに於てか諸君の新らしい学問は、活きて大に働かねばならぬのである。（『青年と学問』一九二八年）

「政治生活の圏外」にあるものを「選挙場へ悉く連れ出」すとは、普通選挙のことを言っているのである。柳田の言い回しを踏まえれば、農業の行く末を宗教儀礼に托すのでもなければ、きっといつか良い政治家が現われて何とかしてくれるとただ待ち続けるのでもなく、一人の有権者として投票して議員を選ぶことで自ら問題を解決しうる新しい時代になったのである。

ここで柳田が「公民教育」と言っていることにも改めて注意しなくてはいけない。「公民」とは滅私奉公する国民でなく「普通選挙」における主権者のことを指している。「公共性」としての「公」の形成に参画しうる有権者こそが「公民」なのである。重要なのは柳田だけがこの時期、このような「公」についての考えを持っていたのではないということだ。

投票の一瞬は国家の百年
国政は船の如く投票は櫂の如し

これらは普通選挙施行に向けたポスターの標語であるが、有権者の投票によって「国家」「国政」という「公」が初めて決定づけられるのだという この時代の「公民」観が端的に示されている。

先の『青年と学問』からの引用で柳田が「国民の盲動」への危惧を述べていることに注意しておきたい。これは民主主義につきまとうポピュリズムのリスクである。今も繰り返し指摘される問題だ。

そして、有権者が必ずしも自らにとって正しい選挙をするわけではない、ということは『青年と学問』再版の翌年から始まる十五年戦争に、普通選挙で選ばれた議会が向かっていった事実を以て明らかになってしまう。このような有権者が自分たちにとって正しい選択をできないことがあるというこのリスクはこの国の「現在」も含め、今も継続する問題だと言える。

だからこそ柳田は普通選挙を前にして「公民教育」、つまり主権者教育を主張したのだ。改めて『青年と学問』において、この一節が「公民教育の目的」と題されていることに注意しよう。

そして「諸君の新らしい学問」はそのために、つまり「公民教育」のために必要とされる、と説く。ここで柳田が「私の学問」と言っていないことも大切である。柳田は農村の「青年」たちに自ら「公民教育」、つまり今のことばでいう主権者教育の担い手になるための学問を興すべきだ、と言っているのだ。

このことからも柳田の「学問の本筋」が「主権者教育運動」であることははっきりわかる。柳田は上からの主権者教育でなく、選挙民が自ら主権者たらん、という運動を起こそうとしているのである。

柳田の中ではこの時期、その「学問」を「郷土研究」「民間伝承論」「民俗学」と数多ある候補の中から彼の学問の名を定めることに躊躇《ちゅうちょ》があった。それは彼のやろうとしていることが「公民」を育む運動であり、「学」より「教育」の名の方がふさわしいからである。だから、同じ講演の中で学問が何の役に立つのかという問いに「学問のみが世を救う」と信じるようになった、と心情を吐露するのだ。

柳田は約束通り朝日新聞に入社、論説委員として普通選挙制定に向け社説などで論陣を張ることは、これもよく知られるところだ。本書にもそのいくつかを収録した。「社説」がまだ社会に説得力を持っていた時代であり、柳田はいわば大正デモクラシーに合流したと言える。

しかし『青年と学問』にはもう一つ重要な文脈がある。

それは現在の日本国憲法に於ける前文や九条へと連なる思考でもある。『青年と学問』はある意味、序で述べた柳田の「憲法」遺言に通底する書でもあるのだ。

『青年と学問』の中で柳田國男はこう言う。

申す迄も無く国防の第一線は、毒瓦斯《ガス》でもなければ潜水艇でも無い。先ず国と国との紛争を解決すべきものは、討論であり主張であり、不当なる相手方の反省であり屈伏であるわけだが、現在各国の持って居る国際道徳は、不幸にしてまだ我々の個人道徳と、同列にまでも進んでは来て居ない。（同）

柳田は軍事力でなく、外交的交渉によって国際紛争を解決すべきだと言っているのだ。これは第一次世界大戦を経てパリ不戦条約に結実する理念である。柳田は、しかし「国際道徳」は「我々の個人道徳と、同列」に達していない、という。「個人道徳」とはこの文脈ではこの後述べる平和主義である。ただし、「我々の個人道徳」を「我々日本人の個人道徳」と誤読してはいけない。「国際道徳」と、それぞれの国に生きる個人の道徳の乖離が存在していて、日本も例外ではないと言っているのだ。そして「個人道徳」を「国際道徳」にしていくにはまず国家の道徳を「個人道徳」と一致させる必要がある。その手段が普通選挙である。

この「個人道徳」とは以下に語られるような「世界一般」の「考え」に対応する。

> 併し世界一般から言うならば、もう沢山だと考え出したものが遥かに多数を占めて居る。遅々たる歩みには相違ないが、今や何か之に代るべき手段を発見しようということに、世の中がなって来たのである。代るべき方法はそう多く有るべき理由が無い。　（同）

戦争必要論を唱える政治家もいるが、「世界」中の「一般」の人々の「個人道徳」は戦争は「もう沢山」でそれ以外の「代るべき方法」が必要だとしている、と柳田は草の根平和主義を説く。だから、この個人の道徳から国家の道徳、つまり「公」を構築され、さらにそれが国家間の「公」、つまり「国際道徳」が作られていく道筋を柳田は構想する。そのためには「自ら知り」「争いの原因と結末とを考える」学問が必要だと柳田は考えるわけだ。このように「学問の本筋」とは国内の問題のみならず、平和を可能とする「国」作りに有権者がコミットするための「考え」を養う「学問」としても構想されていることがわかるだろう。
このように柳田は普通選挙に向けた期待を語り新しい学問の必要性を説く。
しかし、期待は裏切られる。その憤りの中で、むしろ「公民の民俗学」は輪郭を明瞭にする。柳田は一九二九年秋頃から朝日新聞社の企画「明治大正史」の「世相篇」(『明治大正史世相篇』)の準備を始めるが、それは結果として当初の構想とは大きく違ったものになったようだ。柳田が考えたのは新聞社の企画らしく「過去六十年の、各地各時期の新聞をも渉猟」し、その記事を資料として「歴史」を書くことにあった。しかし、その構想はあっさりと崩れる。

ところが最後になっておいおいと判って来たことは、これだけ繁多に過ぎたる日々の記事ではあるが、現実の社会事相はこれよりもまたはるかに複雑であって、新聞はわずかにその一部をしか覆うていないということである。記録があれば最も有力であるべき若干の事実が、偶然にこの中から脱しているということであった。新聞は決して前代の史官のように、伝うるに足る事蹟の選択はしないのだが、それでも生活の最も尋常平凡なものは、新たなる事実として記述せられるような機会が少なく、しかも我々の世相は常にこのありふれたる大道の上を推移したのであった。

(『明治大正史世相篇』一九三一年)

新聞は「生活の最も尋常平凡なもの」は記事とならないと指摘する。だから「ありふれたる大道」の上にある「我々の世相」の歴史は描けぬ、という。柳田が彼の「学問」で描こうとするのは一貫して、ありふれた人々のありふれた日々の習慣の蓄積である。だから柳田は従来の歴史学が偉人や英雄たちの歴史、そして非常時の歴史を描いてきたことに常に懐疑的である。にも関わらず、新聞は「異常時」を好んで報道する。しかし歴史は退屈な日常の繰り返しである。それは新聞では報道されない。新聞社にあって柳田が実感したのはこのような新聞の「記録」としての不完全さである。柳田の「学問」が「震災」や「戦争」に呼応するのはそれが「日常」の危機だからである。そして柳田は戦争も含めた目の前の解決すべき問題の原因は、しばしばその「日常」の中に潜んでいると考えている。例えば『明治大正史世相篇』は、この国で普通選挙が機能しそこなった理由をムラ社会の共同性のあり方に見出す。つまり「社会問題」解決のためには「日常」(ムラにあっては「民俗」)の正確な記録が必要なのだ。だからこそ、この時期、柳田の中で日常を記録する作法が問題となる。

この『世相篇』を執筆している最中である一九三〇年五月、田山花袋が逝く。このことは柳田の「学問」にとって極めて大きな意味を持つ。花袋は明治青年としてロマン主義的な文学を当初は共有し、やがて文学と民俗学という違う領域を生きるが、その関係は生涯の盟友と形容していい。何故なら「自然主義」という方法を彼らは共有し、そしてその応用の仕事で別々の途を歩んだからである。その事実は東京朝日新聞に寄稿した「花袋君の作と生き方」(一九三〇年)で何より明らかだ。この追悼の一文で、生きている間は少しも誉めなかった花袋を自然主義運動の同伴者として初めて語るのである。

だから文芸はまず個々の実験者が、各自の分担した部分をありのままに報告してくれる様に、改造せられる必要があったわけで、それが協力して新たなる人生観を組立てるというまでは、あるいはまだ意識せられて居なかったかも知れぬが、兎に角に自然主義運動の、自然の論理はそこへ行かねばならなかった。そうして今では既に予期以上の承認を受けて居ると私は思う。

（「花袋君の作と生き方」一九三〇年）

柳田にとって自然主義とは、社会や習慣を自然科学者のように冷静に観察する方法である。その意味で彼の「学問」の方法上の根幹を成す。特に「運動」としての彼の学問にとってはこの方法の普遍化は不可欠だった。つまり自然主義という「方法なり態度なり」を「どこまで押しひろめていけるか」が重要であった。それが「運動」とあえて柳田が書いた意味であった。対して花袋はその観察を私を中心とするミニマムな世界に向けた。つまり私小説である。しかし、花袋式自然主義でも人は自分のミニマムな日常を観察する態度は一般化し、それはやはり花袋の功績だった。この方法の拡大によって人々が自らの人生の記録が可能になったのは事実であり、その記録が「協力して新たなる人生観」、つまり公共性の構想へと進むことが柳田の運動の向かう先であった。柳田が自分たちの自然主義はまだそこまでは行けていないなと死んだ花袋に語りかけるような文章である。

柳田の「学問の本筋」はこのように「自然主義」という自然科学的な記録の方法論を模索した明治期からの連続としてある。

この時期、柳田は公共へと向かうことばのあり方を他方では「世間話」という語で呼んでいることも留意しておこう。これは現在、都市伝説の意で使われる「世間話」ではなく、新聞などのジャーナリズムなどのことばのあり方をいう。つまり「世間」についての「話」である。「世間」とは後述する柳田の戦後における社会科教科書づくりの中で「社会」や「公共」の意味で柳田が採用しようとする語である。だから「世間話の研究」(一九三一年)の中で、ジャーナリズムは人々の発することばを「是を正しい歴史にして行く機関」として不完全だ、つまり新聞は「公共性」を構築するメディアとしては未熟だと説くのだ。

このように一連の論考の中で柳田が観察記録の方法としての「ことば」を繰り返し問題としていることに注意したい。彼の言う「ことば」とは観察という方法によって担保された個人のことばである。この方法化されたことばの獲得、確立によって初めて「公共性」構築への参加、即ち主権者たり得る、ということになる。

だとすれば、この時期、つまり「公共の民俗学」の確立期に於いて重要なのは、「個」の問題であるということになる。

再び『世相篇』に戻れば、同書では、前半は人々が実際に生き、五感を以て経験したこと、つまり、「実験」を記録する「歴史」として、「眼に映ずる世相」や「恋愛技術」について豊かに語られる。いわば「日常史」として目論まれる。だが、後半に行くにつれて例えば「伴を慕う心」と章タイトルは穏当ながら「附和雷同」「群の行動」など「群衆」に筆が向かう。そして近代の日本に「国が一つになったということを案外に新しくなった国」であるが故にそれが嬉しくて

「群の快楽」に「我を忘れ」ている、と痛烈に皮肉り、最後にこう同書は閉じるのだ。

乃ち我々は公民として病み且つ貧しいのであった。

（『明治大正史世相篇』一九三一年）

柳田の「学問」の理念とは裏腹に、普通選挙が実施されると「選挙民」（有権者）ならぬ「選挙群」が「顔で投票を集められる親分」なりの「一個の中心人物」によって投票行動をした、つまり今のことばでいえば「空気」や「同調圧力」に流されて投票した。ムラ社会の古い共同性が民俗習慣と不可分な形で近代に持ち越され「普通選挙」と結びつき、いわば民主主義の機能不全が起きたのである。だから「無意味なる団結を抑制して、個人を一旦は自由なものにすること」が必要だと主張する。

そのことを『明治大正史世相篇』後半で柳田は憤り、その果ての怒りと決意が結実したのが先の一文である。

「公民」としての貧しさとは当然、愛国心の欠如などではない。「個」としての「ことば」の不在である。つまり、それを以て観察、記録し、公共性の構築の術を考えるという、投票の前提となる主権者としての能力を未だに選挙民が有していない「貧しさ」である。その状態を病んでいるとさえ柳田は言う。それ故、『世相篇』は本書の口絵にも敢えて収録した同書の口絵写真が示すように、普通選挙施行の告示を見上げる子供に「一等むずかしい宿題」のキャプションを付すのだ。そうやって主権者教育なくしてこの国の民主主義はない、と柳田は有権者を何より諫めるのである。

その「宿題」がしかし果たされることはなかったのは言うまでもない。柳田の主権者教育としての「学問」は「選挙群」を「選挙民」とすることが叶わず、そして日本は普通選挙で選んだ議会が指名した内閣が戦争へと突入し、国民はそれに当初は喝采を叫んだことは当時の新聞雑誌でいくらでも確認できる。

戦時下、柳田は国語教育に於いて自分の考えを自分のことばで話すことを主張してはいる。

正しく言いたいのは「めいめいの思うことを」なのである。それをわざわざ教えてくれる人は、教育者以外には有ろう筈が無い。永い間に覚え込んだ沢山の言葉を、自在に組合せてこそ自分の思ったことが言える。文句丸呑みだったら鸚鵡じゃ無いか。自分の生活とは言えないでは無いか。

（「教育と国語国策」一九四三年）

憤りというよりは絶望に満ちている。しかし、戦時下の彼の生活を記録した『炭焼日記』は「異常時」の「日常」を記録する目論見であることはわかるが、柳田邸を奇譚の類を持って岡田建文が訪ねる様などが書き残され、そこにはロマン主義への揺り戻しがうかがえもする。そもそも戦時下、その視線は山中の狼や猪、犬猫、あるいは日常や「小さきもの」に向けられ感情的に寄り添う印象がある。それはかつて花袋の自然主義が小さな日常の「私」しか描き得ぬことを憤った柳田にとっては、やはり後退でなかったか。いずれきちんと論じるつもりだが、「生活」や「日常」は大政翼賛会の推進する新体制のキーワードでもあり、戦時下との危うい棲み分けを感じもする。

他方、東宝などの文化映画関係者と接近し、記録映画や写真と民俗学の「記録」との整合性についての試みがあったことが確認できる。いわば、「記録」の新しい方法の模索である。しかし文化映画が国策映画の中核にあったことを考えれば、それは同時に柳田の方法と戦時下の方法の近さを意味する。そして一九四五年、敗戦の前に『先祖の話』に着手する。同書の動機に、戦争によって家の永続が絶える「日常」の「危機」としてあったと好意的に捉えることができるが、やはり柳田のロマン主義的弱さが、「先祖」「家永続」というファンタジーに向かったのは否めない。そう言う柳田の戦時下についてはいずれ別の場所で論じたい。「公民の民俗学」はやはり頓挫したのである。そのことは否定できない。

そして、敗戦を迎える。

柳田が『展望』創刊号用に「喜談日録」を執筆するのは敗戦の日を挟み、この『先祖の話』を書き上げた後のことである。

柳田は敗戦直前、日記にこう記している。

> 八月十一日　土よう　晴あつし
> 早朝長岡氏を訪う、不在。後向うから来て時局の迫れる話をきかせらる。夕方又電話あり、いよいよ働かねばならぬ世になりぬ。
> （『炭焼日記』一九五八年）

ここで伝えられたのは言うまでもなくポツダム宣言受諾である。注意したいのは柳田の決意は、敗戦が確定する前に、はやるようになされていることだ。そこには戦争という災厄を許した「公民の民俗学」の頓挫への忸怩たる思いがあったと想像していい。

「喜談日録」で柳田がまず強調したのは「国語」、やはり、ことばの問題である。選挙民が「公民」たりえなかったのは、ことばの技術の不在にあったというのが柳田の総括である。

言論の自由、誰でも思った事を思った通りに言えるという世の中を、うれしいものだと悦ぼうとするには、先ず最初に「誰でも」という点に、力を入れて考えなければならない。もしも沢山の民衆の中に、よく口の利ける少しの人と、多くの物が言えない人々とが、入り交って居たとすればどうなるか。事によると一同が黙りこくって居た前の時代よりも、却って不公平がひどくなることがあるかも知れない。自由には是非とも均等が伴なわなければならぬ。故に急いで先ず思うことの言える者を出来るだけ沢山に作り上げる必要がある。

（「喜談日録」一九四六年）

第一に「「誰でも」という点に、力を入れ」る、つまり、「ことば」という技術の民主化である。なぜなら「国語」とは、自らの意志を発し、議論するツールであり、そういう技術を持った人たちを「急いで先ず思うことの言える者を出来るだけ沢山に作り上げる」ことなくしては、民主主義は、ありえないからである。だから、美しい日本語の維持存続を柳田は必ずしも主張しない。「ことば」は何より使えなくては意味がない。これは一見、昨今の国語教育をめぐる議論を連想させるが、柳田はあくまで民主主義という目的のために「使える」言葉を標榜する点で決定的に異なる。その結果、普通選挙、民主主義のための「ことば」立て直しこそが柳田にとって戦後の国語教育の根幹となる。その時、戦時下、何故、選挙民は沈黙したのか、言葉を発しなかったのか、と柳田は改めて問いかける。

所謂軍国主義を、悪く言わねばならぬ理由は幾つでも有るだろうが、ただ我々の挙国一致を以て、悉く言論抑圧の結果なりと、見ることだけは事実に反して居る。独り利害の念に絆されやすかった社会人だけでは無く、純情にして死をだも辞せざる若い人たちまでが、口を揃えてただ一種の言葉だけを唱え続けて居たのは、勿論強いられたのでも欺かれたのでも無い。言わば是以外の思い方言い方を、修練するような機会を与えられなかったのである。一方には又或少数者の異なる意見というものは、国に聴き方の教育が少しも進んで居ない為に、抑圧せられるまでも無く、最初から発表しようとする者が無かったのである。（同）

戦時下、人は自由にことばを発し得なかった。それを単純に軍国主義の責任に転嫁してやり過ごすことを柳田は許さない。そもそも、人々がことばを発し得なかった理由として、二つの問題の所在があると柳田は指摘する。

一つは「言い方」、つまり相手に伝えるコミュニケーション技術である。そして、もう一点、柳田は「思い方」、つまりどう考えるか、という作法の不在を指摘する。ではこの時、必要とされる「思い方」とは何か。何をどのように「思え」ばいいのか。いうまでもなくそれは「公共性」としての「公」である。それを怠り「公」の構築や運営を不用意に政治家や軍部に委ねてしまったが、今度は、それは許されない。

しかし、改めて「公」「公共」の設計を考えようとした時、もう一つの教科、即ち社会科の存在が問題となる。それは、まさに「公共性」の教育をこの国が外部から求められることを意味した。

敗戦後の一九四六年、GHQの要請で派遣されたアメリカ教育使節団の第一次報告書を踏まえ、アメリカ型のソーシャルスタディーズ、即ち社会科の導入に舵を切る。敗戦前の修身、国史、地理に替わる総合科目が社会科であった。

この時期、柳田は序で述べたように、日本国憲法の成立に枢密顧問官として立ち会う。同時に教育基本法制定の審議にも加わっている。そして憲法等の審議の役目を終えて枢密顧問官が廃止されると、一九四七年には文部省の社会科教育研究委員となる。つまり柳田は戦後の社会科をつくった一人であった。まずこの事実を確認しておこう。

その中で柳田自身の考える「社会科」もまた、具体的につくられていった。柳田の許を成城学園初等科の教員が訪ねてくるのは一九四六年五月、この時から「話し方教育」、つまり「国語」についての研究会が始まる。そして、翌四七年四月にはやはり成城学園初等科の教員らと社会科教育についての談話会が開かれる。

この成城の教員たちとの対話は『柳田國男先生談話社会科の新構想』（一九四七年）としてまとめられる。

この時、柳田や成城の教師たちの間で問題となったのは、社会科に於ける「ソーシャル」や「シビック」という概念についてである。

歴史と地理を三つに分けてシビックス、ジェオグラフィー、ヒストリーというようにして教えるのと、地理、歴史を一つにして教えていくのでは教え方が大分違うと思います。一つにして教えるということになると、アメリカのような先進国ですらも歴史に該当するものを三分の二教えておりますから、残りのシビックス（公民科）というのは、何を教えたらよいかわれわれにもわからないのです。地理や歴史から離れて純然たるシビックスということになると、一種の宗教的のものになってしまうのではないか。

（『柳田國男先生談話社会科の新構想』一九四七年）

「シビック」は「公民科」と訳されたが、戦前の柳田の中に既に「公民」の頓挫が経験としてあったのはいうまでもない。

だから柳田は社会科の目的をこう言い切る。

大きくなって選挙民になった時に、はてなと考える資料をずいぶん六年の間に与えることができると私は思う。

（同）

それはアメリカの民主主義におもねっての発言ではない。この国で民主主義のための学問を起こそうとし、頓挫した忸怩からなる発言である。では、一体、「選挙民」とは社会科教育においていかにして可能となるのか。それは、具体的にはどのような知を必要とするのか。

柳田の答えはこうだ。


大きな世界の表面における自分の立っておる地位を教えるということは、ほとんど永久に近いような長い間の開きを教えると考えて、意識させるようにしていけば、言わず語らずの間に歴史というものが非常におもしろくなって、今日までのように国史々々でやかましくいっておった時代の歴史知識よりは大きいものがこの六年間に与えられるのじゃないか。(同)

柳田は社会科の総合性が可能にする「公民」とは歴史の中に子供が自らを位置付けることで可能になると考えている。それは知識の領域ごとに分断された教科では不可能なのである。空間=地理(「大きな世界の表面」)と時間=歴史(「永久に近いような長い間の開き」)の中に自分を位置づけることで自分の「地位」、つまり立ち位置を知る。それが普通選挙を可能にする「公民」の足場になる。やはり総合科目としての社会科で初めて可能になることがわかる。そしてこのような感受性を最終的に柳田は「史心」と呼ぶことになる。これは誰かから与えられた歴史観ではなく、自ら発見する、それぞれの歴史観だ。戦時下の、上からの単独の歴史観の対極にある思考である。

だからこそ同時に社会科における「公」や「社会」がアメリカの社会科の輸入、それこそ「押し付け」であってはならない。

柳田は社会科、国語科の教科書編纂を進める一方、戦前に試みた彼の学問の再度の体系化を「民俗学教本」の制作という形で試みる。その作業を命じられたのは柳田門下でありながら生涯、民俗学者ではなく地理学者と名乗った千葉徳爾《とくじ》である。千葉は柳田の初期の仕事、狩猟に関する研究を継承するが、柳田門下では自然科学的素養を併せ持つ。その千葉に柳田が託した二組の教本の草稿のカードが残っている。そのうちひと組の方に「クガイ」の項目があるのに驚く。

○クガイという語
田舎にて今葬礼の附合だけに用う。それも漸く忘れて「義理」の語これに代る。

ツラダシ
公界という文字がもととなるべし。遊女の苦界に沈むということももと一つ。

（仙石家譜）元和元年条。（資料十二―二十一―四〇八）

（中略）

公の人々に交わることが公界であろうか。遊女などの苦界も公界なりしならん。女の常の生活は私であった。表向又社交もクガイといった。村の公共事務をそういう土地あり。

いわゆるおっくうなこともクガイというか。苦難なという人も多し。今ならば社交。

（「民俗学教本案」柳田為正／千葉徳爾／藤井隆至編『柳田國男談話稿』一九八七年）

網野善彦が『無縁・公界・楽』で日本の中世における公共概念を論じるよりずっと前である。その意図を千葉はこう理解する。

はじめにクガイという言葉が出てきて、そのつぎにゲンザン、あるいはゲンゾという公式の対面のこと、三番目に正月の食物・食事のことが出てくるのをみれば、柳田先生の新構想は、事例を社交・公共の場での日本人の態度、慣習を中心として示し、そこから話を展開しようとされたのではなかろうか。

（千葉徳爾「第二部解説」柳田為正／千葉徳爾／藤井隆至編『柳田國男談話稿』一九八七年）

つまり、「ソーシャル」「シチズン」「パブリック」といったものに対応する概念を民俗文化に読み、まさに民俗学そのものを「公共」を思考する学問に再構築しようとしていたことがわかる。こういった「社会」概念の検討は「世」という語の再検証にも向かう。戦時下、「世間話の研究」で公共性としての「世間」という概念を論じたが、柳田は改めて社会科との関係でこういう。

社会科というものは「世の中」と言っていることと同じだということを力説しなければならぬ必要があると思います。

世ということは、田舎では家の一代々々ということで集合的な意味をもっておるのだから、

> 人の世はどうだろうなあ。世の中、人の世、世渡りそういうふうなことになるのだろうと思います。

（『柳田國男先生談話社会科の新構想』）

「世間」、「世の中」とはムラという内部の外にある公共的な領域である。この「世の中」によってムラ相互が繋がる。だから柳田の学問は、その「公共的なことば」の設計へと向かう。戦時下、「公共的なことば」としてのジャーナリズムを「世間話」とあえて呼んだ理由はここにある。だから柳田は自分の学問を「公共を考えることば」に留めず、それをいかに公共財にしていくか、を問題とする。「知」の公共化が柳田の学問が最後に目指すところである。

先の千葉が託された「教本」カードのもう一組にはこうあることからうかがえる。

> 博学というものはこの点で無能ともいえる。中世のような時代には、これでもよかったが、現代には索引を公共の所有にすべき時である。
>
> 一国一民族共同の疑問に正しく答えることは、自分のみの利益ではない。若し、自分はかく解するということを語るならば、次にはこれを共同の知識とすることが出来る。

（「民俗学」柳田為正／千葉徳爾／藤井隆至編『柳田國男談話稿』一九八七年）

実は柳田は戦時下、データベース概念のない時代、民俗語彙の「索引」をつくろうとしていた。

柳田の中にデータベースという知の公共性のイメージがwebよりもはるか前にあったことに驚く。そもそも柳田は戦前、幾度か彼の運動のための雑誌をつくろうとし、その都度、協力者のアカデミシャンと決別する。それは柳田が民俗事象を運動の参画者が報告し共有する投稿雑誌を構想し、学術雑誌を希望するアカデミシャンと衝突するからである。柳田にとっては「知識」とは「共同」のものでなくてはならない。社会科とはこの共同の知を用いて「一国一民族共同の疑問」、つまり国や社会システムの設計について「想い」(考え)、そして「話す」(対話し議論する)、そうやって共同の知を以て考え語り、「公」の形成に参画する人々が「公民」イメージであり、その意志決定の手続きとして「選挙」がある。

かくして完成した柳田の社会科教科書はこう「選挙」について語る。

このことは、いっぱん国民がだいたい、その親分とあおぐような権力者の推せんや強制にしたがって、盲目的に投票していることの証拠である。すなわちかれらは、自分個人としてはほとんど判断しないで、選挙にのぞんでいるのである。これでは、正しい民主主義の発達する政治は成りたたない。(中略) めいめいが他人にたよらないで、自分自身の責任において、しかも親分子分のような縦の関係でなしに、社会全体として横に協力しあっていくようにならなくてはいけない。

(中学校社会科教科書『社会』一九五四年)

民主主義に参画できる個人たれと中学生に説くのだ。

しかし、柳田のこのような社会科構想は頓挫する。「公民の民俗学」は再び敗れるのだ。柳田の教科書が完成する一九五〇年初頭には、社会科解体と戦前回帰への動きが顕著になる。

現在の社会科に対するさまざまの厳しい論難は、純粋に教育のためを考え、日本の子供の将来を憂えての論としてよりも、多分に政治性をもつようでみる。日本の独立を確保し、アメリカの植民地化から脱却する手段としての戦後色払拭という意図から、すべて一括して否定し、その中で社会科をも葬り去ろうとする傾向がないでもない。われわれはそういう政治的な一種のたくらみとは別に、素直に昭和二十年八月十五日直後のわれわれの感慨に立ち戻って、あのときに何がこのような悲惨な事態をもたらしたかを、お互いに真剣に考え合ったことを思い起すべきである。

（柳田國男・和歌森太郎『社会科教育法』一九五三年）

事実として真剣に教師らと話し合った柳田の言葉は重い。こういった社会科への批判はまるで三〇年後の新自由主義史観の教科書の登場を予見するようだ。加えてその総合性や編集方針が知識の記述の有無を問う教科書検定制度と一致しない。知識を偏重しない態度は受験にも不向きと捉えられる。

柳田は『海上の道』に着手、またもやロマン主義起源論を彷徨う。

こうして見たとき、なんだ、「公民の民俗学」は敗北しっぱなしで、結局はロマン主義に逃避することの繰り返しだと思うかもしれない。しかし、柳田國男の本来の資質はロマン主義的な文学にある。明治期の花袋ら柳田周辺の人々の回想を読めば、詩人・松岡國男がどれほど特別な存在だったかわかる。「山人論」にせよ『海上の道』にせよ、学術的仮説としてはとうに無効となっても、その想像力は私たちを魅惑する。にも関わらず、彼は繰り返し自分の学問はそういう文学あるいは「趣味」の領域に止まってはいけないと、社会のための学問、民主主義のための学問を繰り返し標榜する。

そのような柳田に対し言葉の上でマウントを取ることは簡単だ。だが、一体、私たちは、社会のための学問、民主主義のための学問を手にすることができているのか。民主主義の根幹をなす普通選挙を私たちは実行し得ているのか。

その未達成は当然だが柳田の責任ではない。柳田の「運動」は同時に「学問」であり、それは「学ぶ」というとても面倒で持続的な努力を必要とする。柳田は有権者が勉強を怠れば民主主義も普通選挙も達成できない、と言っているのだ。明治期の農政学の時代にあっても農民に「学び」を求めていて、この態度は一貫している。

だからぼくにはこの国の近代が未だ民主主義や普通選挙を達成できないどころか放擲しかけているようにさえ見えるのは、つまりは「主権者」のサボタージュにこそ責任があると考える。要するに私たちは民主主義のために学ぶことに怠惰なのである。

死を前にして柳田が「憲法の芽を生やせられないか」と訴えた相手が彼のアカデミック化した民俗学の弟子たちでなく、地方の教師たちであったのは示唆的だ。「芽を生やせられないか」と最後にもう一度、教育に訴えかけたのだと言える。

そして、この講演のなされた一九六〇年五月十三日という日にも注目しておきたい。五月十九日に衆議院日米安全保障条約等特別委員会で新条約案が強行採決される直前、国会前が人々のデモで埋め尽くされた時期なのである。柳田はそれをどう受け止めたかは記録にないが振り絞るかのように発せられた「憲法」の語は、その人生の四度目の大衆の危機とデモクラシーの機運に際して、彼の最後の「公民の民俗学」への回帰だったのかとも思える。明治三〇年代、新体詩と決別し、ぎこちない所在で「社会問題」を語って以降、彼の学問はロマン主義との間を往復しつつ、社会、そして公共性をこの国に根付かせる運動を構想しては敗れた。「憲法」はその学問の象徴として最後に彼の脳裏にあったと言える。

だが、講演の最後、柳田は「日本は今は憂うべき時期」「政治の問題は気になる」と言うが、「疲れたからこの辺で」と不意に終わる。

この時、柳田國男は八五歳である。疲れて、当然である。

だからこそ、今、私たちは柳田に替わって、この国の民主主義がまだ未完成であることを、自戒を込めて呟かなくてはならないはずだ。

我々は公民として病み、且つ貧しいのである、と。

＊ 大塚英志編『柳田國男山人論集成』（角川ソフィア文庫、二〇一三年）に柳田のロマン主義的山人論を網羅してある。

[著者]

柳田國男（やなぎた・くにお）

1875年兵庫県生まれ。出生名は松岡國男。幼少期より文学的才能をあらわし、のち「文学界」その他の雑誌に抒情詩や短歌を発表。東京帝国大学法科大学政治学科を卒業後、農商務省農務局に勤務。法制局参事官、内閣書記官、貴族院書記官長などを経て、東京朝日新聞の客員（のち論説委員）となる。国際連盟委任統治委員や枢密顧問官も務めた。「経世済民の学」として民俗学を興し、日本各地の生活文化を調査・探訪、「日本民俗学の父」と称される。1949年、日本学士院会員、1951年、文化勲章受章。1962年没。主な著書に『遠野物語』『山の人生』『明治大正史世相篇』『木綿以前の事』『桃太郎の誕生』『先祖の話』『海上の道』『故郷七十年』など多数。

[編者]

大塚英志（おおつか・えいじ）

1958年東京都生まれ。まんが原作者、批評家。神戸芸術工科大学教授、東京大学大学院情報学環特任教授を歴任後、現在、国際日本文化研究センター教授。まんが原作に60年安保と投石少年ら「恐るべき17歳」を扱った『クウデタア〈完全版〉』（KADOKAWA）など、評論に『「彼女たち」の連合赤軍』（角川文庫）、『公民の民俗学』（作品社）、『大政翼賛会のメディアミックス』（平凡社）、『感情天皇論』（ちくま新書）、『ミュシャから少女まんがへ』（角川新書）など多数。